»Unabhängig sein ist mein heißester Wunsch«
Malwida von Meysenbug

ZUM BUCH

Malwida von Meysenbug ist eine der Aktiven der 48er Revolution in Deutschland – und sie ist eine der wenigen, die Demokratisierung und Freiheit nicht nur auf die Männer bezog, sondern auch auf die Frauen. Sie will sie befreien von »christlichem Dogma, Konvention und Familie«. Eine unerhörte Forderung für eine Tochter aus adeligem Haus, deren Vater geheimer Kabinettsrat und später Staatsminister am Hofe des Kurfürsten von Hessen-Kassel war.
Malwida von Meysenbug war eine sehr gebildete, im Leben wie im Denken unabhängige Frau. Ihre Biographie ist gekennzeichnet von dem Konflikt, ihr persönliches Glück mit ihren moralischen und politischen Ansprüchen zu verbinden. Trotz aller Schwierigkeiten und Rückschläge hat sie nie aufgehört, für ihre Überzeugung zu kämpfen, daß den Frauen das Recht auf Selbstbestimmung zusteht.

ZUR AUTORIN

Dr. Barbara Leisner hat Kulturgeschichte, Volkskunde und Archäologie in Kiel, München und Wien studiert. Sie hat verschiedene Sach- und Jugendbücher veröffentlicht. Unter anderem engagiert sie sich für den Erhalt und die Erkundung des Ohlsdorfer Friedhofs in Hamburg, einem der kulturhistorisch interessantesten Friedhöfe der Welt.

BARBARA LEISNER

*»Unabhängig sein ist
mein heißester Wunsch«*

*Malwida
von Meysenbug*

ECON & LIST TASCHENBUCH VERLAG

Veröffentlicht im Econ & List Taschenbuch Verlag 1998
Der Econ & List Taschenbuch Verlag ist ein Unternehmen der Econ & List
Verlagsgesellschaft
Originalausgabe
© 1998 by Econ Verlag München–Düsseldorf GmbH
Umschlagkonzept: Büro Meyer & Schmidt, München – Jorge Schmidt
Umschlagrealisation: Tabea Dietrich, Constanza Puglisi, München
Titelabbildung: Malwida von Meysenbug um 1898
Foto: Bildarchiv Preußischer Kulturbesitz, Berlin
Lektorat: Dr. Doris Mendlewitsch, Düsseldorf
Gesetzt aus der Rotis
Satz: Josefine Urban – KompetenzCenter, Düsseldorf
Druck und Bindung: Ebner Ulm
Printed in Germany
ISBN 3-621-26515-6

INHALT

Malwida hatte Zeit, soviel Zeit wie schon lange nicht mehr. In Florenz waren sie und Olga endlich zur Ruhe gekommen. Olga war inzwischen sechzehn. Unter Malwidas Obhut war sie zu einem zarten, jungen Mädchen herangewachsen. Im allgemeinen galten die Mädchen in diesem Alter zwar schon als erwachsen und warteten nur noch auf einen Heiratskandidaten. Doch Malwida fand, daß Olgas Ausbildung noch lange nicht abgeschlossen war. Deshalb bekam sie weiterhin regelmäßig Unterrichtsstunden.

Diese Zeit lag jetzt frei vor Malwida. Sie fühlte sich wieder gesund und konnte sich endlich auf das konzentrieren, wonach sie schon immer Sehnsucht gehabt hatte: Sie konnte sich dem Schreiben widmen. Sie hatte so viele Ideen gehabt. Mehrere Texte, seit langem angefangen, warteten auf sie. Sie hatte sie immer wieder zurückstellen müssen, weil die Übersetzungen und Artikel wichtiger gewesen waren, die Geld einbrachten. So war sie nicht dazu gekommen, ihre eigenen Ideen in Ruhe zu Ende zu verfolgen.

Sie wollte endlich ihre Erinnerungen vollenden. Schon damals, im Jahre 1853, als sie gerade nach England geflohen war und ihre ersten Sommerferien in Broadstairs an der Themsemündung verbrachte, hatte sie daran gedacht, daß sie die Erfahrungen und Erlebnisse aufschreiben müßte, die gerade hinter ihr lagen. Von den weißen Klippen hatte sie über das Meer geschaut. Dort, weit hinter dem Horizont, lag Deutschland, ihr verlorenes Vaterland. Wie war es dazu gekommen, daß sie Familie und Heimat hatte verlassen müssen? Eigentlich hatte sie nur ihr Leben selbst in die Hand nehmen, ihre eigenen Gedanken zu Ende denken und sie auch vertreten wollen. Für einen Mann wäre das nichts Besonderes gewesen. Aber eine Frau mit eigenem Willen? Eine unmündige Tochter aus adeliger Familie, die sich für die Demokratie einsetzte und die Aristokratie, den Stand, aus dem sie selbst stammte, abschaffen wollte? Das war eine Kampfansage an die ganze gute Gesellschaft der kleinen deutschen Residenzstadt, in der sie ihre Jugend verbrachte.

Dann waren die Revolutionsjahre 1848/49 gekommen. Überall waren Aufstände und Barrikadenkämpfe für die Demokratie losgebrochen, gefolgt von den scharfen Maßnahmen der monarchistischen Reaktion: Revolutionäre wurden zum Tode verurteilt, ins Gefängnis geworfen, einige entkamen ins Exil. Malwida hatte sich damals von ihrer Familie gelöst und war nach Hamburg gegangen. Sie hatte die Spannungen zu Hause nicht mehr ausgehalten. Zwei Jahre später, in Berlin, kam die Haussuchung, die sie dazu gezwungen hatte, das Land zu verlassen. Seitdem hatte sie stets selbst für ihren Lebensunterhalt sorgen müssen. Nein, die Zeit, die hinter ihr lag, war nicht leicht gewesen.

Sie hatte immer ein Tagebuch gebraucht, um sich durch das Schreiben Klarheit über ihre Gedanken und Gefühle zu verschaffen. Zwischendurch hatte sie auch schon einzelne Episoden ihrer Memoiren aufgeschrieben. Aber erst jetzt, fast zwanzig Jahre nach der Flucht, würde sie ihren Vorsatz von damals zu Ende bringen können.

Sie würde den jungen Frauen von heute von ihrem Leben und von den Vorurteilen erzählen, gegen die sie hatte ankämpfen müssen. Wenn nur eine Frau diese Geschichte lesen würde, wenn sie einer einzigen Frau helfen würde, sich selbst und ihre Stellung in der Männergesellschaft zu verstehen, dann wollte sie zufrieden sein. Frauen würden einmal aufhören, nur als Heilige oder Huren angesehen zu werden, sich selbst zu Puppen oder zu Sklavinnen – das kam im Endeffekt meist auf das gleiche hinaus – der Männer zu machen oder dazu gemacht zu werden. Wenn ihre Erinnerungen auch nur einer Frau helfen würden, gemeinsam mit den Männern als freie und gleichberechtigte Persönlichkeit an ihrer eigenen Selbstverwirklichung als Mensch zu arbeiten, dann hätte die Mühe des Schreibens sich gelohnt. Das wollte sie diesen Blättern mit auf den Weg geben.

TEIL I

Aristokratische Jugend
(1816 – 1844)

Ihre Gedanken wanderten zurück nach Kassel, wo sie am 28. Oktober 1816 geboren worden war. Sie sah das Zimmer ihrer Mutter mit den bemalten Wandbespannungen wieder vor sich. Sie hatte die Bilder immer so gern betrachtet. Manchmal lebte sie richtiggehend in den fremdartigen Landschaften mit Palmen und Schilfrohr, merkwürdigen Häusern, exotischen Vögeln und Tieren und hörte in ihrer Phantasie die Vögel singen und das Meer rauschen.

Sie stand neben ihrem großen Freund, einem jungen Maler, der oft zu Besuch kam. Er hatte sie an die Hand genommen und erzählt, daß in dem einen Häuschen ein Zauberer wohnte, der Blumenbach hieß. Ihm gehorche die ganze Natur. Er lasse die Bäche im Winter unter dem Eis erstarren und befehle den Blumen, sich in die Erde zurückzuziehen und zu schlafen, damit sie dann im Frühling gut ausgeschlafen und strahlend schön ans Licht kommen könnten. Neben dem Haus war ein Storch auf langen Beinen gemalt, der seinen Schnabel an die Brust gedrückt hielt. Das sei Blumenbachs Diener, hatte der Maler gesagt, der stehe dort immer und warte auf die Befehle seines Herrn.

Kleine Märchenfrau hatte er sie damals genannt, manchmal auch Mallekind: ein kleines blondes Mädchen, das immer wieder zutraulich zu ihm kam, um sich ein Märchen oder ein neues Bildchen für ihre papierne Puppengesellschaft zu erbetteln. Oft nahm er sie auf seine Knie, um ihr eine der Geschichten zu erzählen, die er gerade bei seinen Freunden, den Gebrüdern Grimm, gehört hatte.

Sie konnte davon nie genug bekommen. Hexen und Feen, der Teufel und seine Großmutter, aber auch die alte Sage vom Kyffhäuser, wo der Kaiser Barbarossa seit Jahrhunderten auf die Einigung des

Malwida als kleines Mädchen. (unbekannter Maler;
Abbildung: Nationalarchiv der Richard-Wagner-Stiftung Bayreuth)

deutschen Vaterlandes wartete, prägten sich ihr tief ein. Sie wußte
nicht, daß in den Märchen weibliche Lebensideale verschlüsselt
beschrieben waren. Aber solche Bilder, wie das der Frau Holle, die
die Glücksmarie mit Gold und damit mit Lebensglück und Lebens-
erfolg überschüttet, weil sie Mitleid zeigt, sich selbst und ihrer wei-
sen Ratgeberin treu bleibt und die Aufgaben und Pflichten ihres

Lebens erkennt und erfüllt, verankerten sich tief in ihrer Seele und wurden zu einem unbewußten Leitmotiv ihres Lebens.

Malwidas Mutter zog damals gern talentierte junge Menschen zu sich heran. Sie stammte aus einer geachteten, alteingesessenen bürgerlichen Familie der Stadt. Ernestine Rivalier – Malwidas Familie war damals noch nicht geadelt worden – galt als sehr belesen. Bei ihr sammelte sich ein eigener Kreis von interessanten, schöpferischen Menschen: Akademiker, bildende Künstler, Musiker und sogar Theaterleute wurden eingeladen, obwohl Schauspieler damals eigentlich gesellschaftlich noch nicht anerkannt waren. In diesem Kreis wurde diskutiert, vorgelesen und musiziert.

Die Kinder durften immer dabeisein. Malwida mochte die Hausmusiken am liebsten. Ihre großen Geschwister – sie war das neunte Kind – spielten schon Instrumente. Wenn sie durch Gäste unterstützt wurden, konnten sie ein richtiges kleines Orchester auf die Beine stellen. Werke von Mozart, Beethoven und Louis Spohr, der zu dieser Zeit Musikdirektor in Kassel war und ebenfalls den Kreis der Mutter besuchte, standen dann auf dem Programm.

Malwidas Vater, Carl Philipp Rivalier, kam aus einer alten Hugenottenfamilie. Er hatte unter dem Kurfürsten Wilhelm I. einen Posten bei der Zensurbehörde. Kassel war eine der vielen kleinen Residenzstädte Deutschlands, in denen die adeligen Häuser nach dem Fall Napoleons schnell wieder ihre alte absolutistische Macht hatten aufleben lassen.

Als Malwida klein war, lebten die Eltern in einem großen Haus mit Garten. Ihre elf Jahre ältere und damit älteste Schwester, Julie, bemutterte sie. Malwida liebte sie heiß und hing, so oft sie konnte, an ihrem Rockzipfel. Die Mutter hatte sowieso genug zu tun. Nach Malwida kamen noch drei weitere Kinder auf die Welt. Wie üblich hatte die Mutter jung geheiratet. Mit neunzehn war der erste Sohn gekommen. Im Abstand von ein bis zwei Jahren wurden dann die älteste Schwester, drei Brüder, eine weitere Schwester und zwei weitere Brüder geboren. Der letzte, William, war drei Jahre älter als Malwida. Zwei Jahre nach ihr kam Laura auf die Welt. Als Kinder waren sie beide unzertrennlich gewesen.

Drei Schwestern: Laura, Louise und Malwida. (von links nach rechts;
Foto: Nordrhein-Westfälisches Staatsarchiv Detmold)

Dann wurde Caroline geboren, die nur ein Jahr alt werden sollte.
Das tote Schwesterchen hatte Malwida noch vor Augen. Die Kin-
derwärterin hatte ihr davon erzählt. Obwohl die Mutter es verboten hatte, führte sie sie zu der Glastür, hinter der Caroline in einem
kleinen schwarzen Kasten lag. Sie sah aus, als ob sie schliefe, weiß
wie Schnee und mit Blumen bedeckt. Damals war Malwida mit
ihren fünf Jahren noch zu klein gewesen, um sich viele Gedanken
zu machen. Drei Jahre später hatte der Tod des kleinen Bruders, der
kein Jahr alt wurde, sie nachhaltig beschäftigt.
Ihre Betten standen noch im Schlafzimmer der Mutter. Es war
Winter. Das Baby war schon seit einigen Tagen krank. An diesem
Morgen war Malwida von einem ungewohnten Geräusch wach
geworden. Der Ofen wurde angezündet. Aber das war es nicht. Da
weinte jemand. War das die Stimme ihrer Mutter? Die alte Tante,
die bei ihnen lebte, sagte gerade, daß das Kind jetzt bei Gott sei. Da
begriff Malwida, daß ihr Brüderchen gestorben war. Sie ließ sich

13

nicht anmerken, daß sie schon wach war, und weinte still in ihr Kissen hinein. Es war ein Geheimnis um das Sterben. Diese Vereinigung des Bruders mit Gott, von der die Tante geredet hatte – sie verstand das nicht und wagte doch nicht, danach zu fragen. Sie hatte Angst, den Kummer der anderen durch ihre Fragen zu vergrößern und mit ein paar Belanglosigkeiten abgewiesen zu werden.

So verging der Tag in bedrückender Stille, bis am Nachmittag eine ihrer kleinen Freundinnen zu Besuch kam. Sie wollte das tote Baby sehen und wurde in das Zimmer geführt, wo der Bruder aufgebahrt war. Aber als Malwida und Laura mit hineinwollten, hieß es, sie müßten draußen bleiben. Eine Welle der Empörung stieg in Malwida auf. Man hielt sie also für zu schwach, den schmerzlichen Anblick zu ertragen. Man hielt sie für unfähig, das Unglück zu begreifen. Das war ungerecht und gemein! Ausgerechnet sie, die sich so zurückgehalten hatte, wurde jetzt schlechter behandelt als jedes dahergelaufene fremde Kind. Sie traute sich nicht, etwas zu sagen. Sie vergrub sich stumm in ihren Groll. Dieses Mißtrauen verwundete sie tief. Auch jetzt noch, als sie sich wieder daran erinnerte, fühlte sie den Schmerz über die alte Verletzung.

Hatte damals ihr Vertrauen schon einen ersten Riß bekommen, oder war sie ungerecht? Eigentlich hatte sie doch eine schöne Kindheit gehabt. Die allerersten Jahre erschienen ihr noch heute licht und unendlich heiter. Ihr hatte doch nichts gefehlt. Sie hatte nicht schon von klein auf mitarbeiten müssen wie die Kinder in den armen Familien. Sie war bedient und behütet worden. Sie hatte sich wohl gefühlt im Kreis ihrer Geschwister, war aufgehoben gewesen im Schoß ihrer großen Familie.

Später hatte der Ernst des Lebens angefangen. Laura und Malwida bekamen zusammen Unterricht. Die Familie war inzwischen umgezogen. Der Vater hatte Karriere gemacht. Sie wohnten in einem größeren Haus ganz in der Nähe vom Kasseler Schloß in einer Wohnung über der fürstlichen Kanzlei. Sie hatten einen Hauslehrer, der jeden Vormittag kam und ihnen Lesen, Schreiben und Rechnen beibrachte. Natürlich lernten sie auch, weibliche

Handarbeiten anzufertigen. Der Strickstrumpf und das Stickmustertuch gehörten einfach dazu. Aber sie mußten sich nicht jeden Nachmittag damit herumquälen wie die meisten ihrer Freundinnen, die zur Schule gingen.

Malwida fand den Unterricht zu Hause viel besser als die Schule. Sie lernte dort mehr. Außerdem mußten die anderen nach dem Mittagessen wieder in die muffige Schulstube zurück. Sie dagegen hatten frei und durften in den Garten, wo jedes Kind sein eigenes Beet für Blumen und Gemüse besaß, wo sie Robinson spielen oder die Entdeckung neuer Welten aufführen konnten. Als sie größer wurden, machten sie auch Ausflüge in die nähere Umgebung. Malwida liebte die Natur, den Wald, die Wiesen und die Blumen und genoß ihre Freiheit nach Herzenslust.

Damals fing sie auch an, sich für das Theaterspielen zu begeistern. In Kassel gab es ein Hoftheater. Die meisten Aufführungen fanden im Frühjahr und im Spätsommer statt, wenn viele Fremde zu den Messen in die Stadt kamen. Als Malwida gerade acht Jahre alt war, gab man dort zum ersten Mal Carl Maria von Webers neue Oper »Euryanthe«. Die Kinder hatten in diesem Jahr ein Puppentheater geschenkt bekommen. Man konnte es mit verschiedenen Szenenbildern ausstaffieren. Die Puppen führte man an langen Drähten über diese Bühne. Die Geschwister stellten natürlich die neue Oper auf ihren Spielplan. Malwida war Feuer und Flamme. Sie arbeitete wochenlang daran, sie so schön wie möglich in Szene zu setzen. Die Geschwister sprachen und sangen die Rollen selbst und ließen dazu die Puppen auftreten. Alle halfen mit, und der Malerfreund war für so manches Puppenkleid verantwortlich.

»Euryanthe« ist eine höchst romantische Oper. Zwei Grafen verwetten all ihr Hab und Gut auf die Treue von Euryanthe, die mit dem einen verlobt ist. Durch eine Intrige wird sie unschuldig schuldig. Ihr Verlobter, Graf Adolar, will sie in einem finsteren Wald töten. Da taucht eine fürchterliche Schlange auf, und Euryanthe wirft sich ihr in den Weg, um ihn zu schützen. Er erschlägt die Schlange. Seine Wut ist verraucht; er tötet Euryanthe nicht mehr, sondern verläßt sie. Nach weiteren Verwicklungen stellt sich am Ende natürlich ihre Unschuld heraus, und die Liebenden finden zusammen, während ihre bösen Gegenspieler ins Verderben stürzen.

Der große Tag der Aufführung kam heran. Stühle wurden geschleppt und in Reihen aufgestellt. Das Theater stand erhöht auf einem Tisch. Eltern, Geschwister und Freunde bildeten das hochverehrte Publikum. Die Oper begann. Alles lief hervorragend, bis William sich einen Spaß erlaubte und anstelle der bösen Nebenbuhlerin schon die große Schlange auftreten ließ. Die Zuschauer brachen in Gelächter aus. Malwida aber hatte sich mit einem solchen Ernst in dieses Spiel um Lebensglück und Treue hineinvertieft, daß sie völlig schockiert war. Sie ließ den Vorhang fallen und schluchzte hemmungslos. Er hatte die ganze heilige Stimmung zerstört. Er hatte alles kaputtgemacht! Es dauerte eine ganze Zeit, bis sie sich wieder soweit beruhigt hatte, daß man das Spiel fortsetzen konnte.

Sie hatte diesen Vorfall nie vergessen. Es war ihr noch so manches Mal passiert, daß andere die Dinge, die ihr besonders wichtig waren, nicht zu würdigen wußten und verdarben. Ihr war inzwischen bewußt, daß sie sensibler und intelligenter war als die meisten anderen Menschen. Sie konnte vieles nicht einfach ohne nachzufragen hinnehmen, worüber sich andere überhaupt keine Gedanken machten. Wenn sie etwas fesselte, dann war sie viel ernster bei der Sache, als man es üblicherweise von einem weiblichen Wesen erwartete.

Mit den Büchern ging es ihr genauso. Sie übten eine geradezu magische Anziehungskraft auf sie aus. Wenn sie nichts zu tun hatte, saß sie über einem Buch. Sie konnte stundenlang lesen und vergaß dabei ganz und gar ihre Umgebung. Sie lebte so intensiv in den neuen Welten, die die Bücher ihr erschlossen, daß sie oft nicht einmal hörte, wenn sie gerufen wurde.

Natürlich durften die Kinder sich nicht einfach irgendein Buch aus dem Schrank ihrer Mutter nehmen. Kinder durften nicht alles wissen, was es in der Erwachsenenwelt gab. Bestimmte Bücher waren verboten, sie galten als schädlich für die Entwicklung kleiner Mädchen. Malwida hätte eigentlich jedesmal die Mutter fragen müssen, ob sie ein Buch haben durfte. Es war jedoch damit zu rechnen, daß diese dann eine andere Aufgabe für sie hatte. Für Mädchen gab es immer genug zu tun, sie mußten handarbeiten oder im Haushalt helfen. Aber Malwida hatte solche Lust zu lesen. So ging sie manchmal heimlich zum Schrank und holte sich neuen Lesestoff.

Dabei wurde sie immer von heftigen Gewissensbissen geplagt. Ihr Zwiespalt wurde schließlich so groß, daß sie beschloß, gegen die Bücherleidenschaft anzukämpfen. Es fiel ihr schrecklich schwer, keine Bücher mehr aus dem Schrank zu stibitzen. Manchmal schaffte sie es einfach nicht. Aber schließlich hatte sie sich selbst fest im Griff. Zum ersten Mal in ihrem Leben hatte sie etwas Unerlaubtes getan, und zum ersten Mal hatte sie sich selbst besiegt. Sie war sehr stolz auf diese frühe Probe ihrer Willenskraft.

Ihre Mutter allerdings machte sich damals schon Sorgen um sie. Dem Bruder schrieb sie, Malwida habe sich geistig auf eine merkwürdige Art entwickelt, so daß ihr dabei oft ängstlich zumute wäre. Dieses Kind war ungewöhnlich wißbegierig. Sie hatte eine viel raschere Auffassungsgabe und mehr Phantasie als alle anderen Töchter. Die Mutter fürchtete, daß es schwer werden würde, sie später einmal zu verheiraten.

Das war im Jahr 1828, als Malwida gerade zwölf geworden war. Ihre älteste Schwester Julie, die mütterliche Vertraute ihrer kindlichen Freuden und Nöte, hatte im Jahr davor geheiratet und war zu ihrem wesentlich älteren Mann, August Funk von Senftenau, nach Detmold gezogen. Malwida war die Trennung unendlich schwer gefallen. Jetzt schloß sie sich eng der Mutter an, die für ihre Kleinen erstmals mehr Zeit hatte, nachdem die großen Geschwister fast alle aus dem Haus waren.

2. Stöcke und Steine – ein jähes Erwachen

Der Vater hatte damals viel zu tun und war selten zu Hause. Malwida war einmal unbemerkt Zeugin, wie die Eltern sich heftig stritten. Die Ehe litt unter der Stellung des Vaters am Hofe des Kurfürsten. Der Vater war inzwischen aufgestiegen. 1821 hatte der alte Kurfürst Wilhelm I. das Zeitliche gesegnet. Sein Sohn war ihm als Wilhelm II. auf den hessischen Thron gefolgt. Malwidas Vater war ein Jugendfreund des neuen Kurfürsten, der ihn bald zu einem seiner engsten Vertrauten und Berater mit dem Titel eines Geheimen Kabinettrates erhoben hatte.

Wilhelm II. war noch als Prinz – Jahre vor dem Tod seines Vaters – aus dynastischen Gründen mit Prinzessin Auguste, der Tochter des preußischen Königs, verheiratet worden. Dem Paar wurden mehrere Kinder geboren, von denen ein Sohn und zwei Töchter das Kindesalter überlebten. Die Ehe war ein Desaster. Auguste war intelligenter als ihr Mann, und er machte diesen Unterschied durch Gewalttätigkeit und Jähzorn wett. Als er an die Regierung kam, lebten sie schon seit sechs Jahren getrennt. Anlaß dafür war seine bürgerliche Geliebte, Emilie Ortlepp. Auguste hatte erfahren, daß ihr Mann diese Frau in der Nähe des Schlosses einquartiert hatte, wo er sie ständig besuchte. Darauf folgte eine heftige Auseinandersetzung, bei der ihr Gatte mit Fäusten auf sie losging. Auguste verlangte die Scheidung. Anstatt dessen wurde ein offizieller Vertrag geschlossen, durch den ihr Haushalt von dem ihres Mannes getrennt wurde.

Schon vorher hatte Emilie dem Kurprinzen ein erstes Töchterchen geboren. Fast jedes zweite Jahr folgte ein weiteres gemeinsames Kind. Wilhelm II. war von ihr fast bis zur Hörigkeit abhängig. Emilie fürchtete seine Wutausbrüche nicht, sondern warf so lange mit Geschirr um sich, bis er einlenkte. Schon am Tag, nachdem der alte

Kurfürst gestorben war, ließ sie ihren gesamten Hausstand ins Schloß transportieren – unter den Augen der Truppen, die vor dem Schloß versammelt waren, um den Eid auf ihren neuen Herrscher abzulegen. Zehn Tage später wurde sie als Gräfin Reichenbach in den Adelsstand erhoben und verlangte danach denselben Respekt, der der legitimen Gattin des Kurfürsten gebührte.

Die neue Gräfin sicherte sich rasch eine einflußreiche Stellung. Bald ging nichts mehr ohne sie. Der Kurfürst fragte sie stets um Rat. Praktisch bestimmte sie bei Hofe und im Staat, wer etwas zu sagen hatte und wer nicht. Wer für die legitime Kurfürstin eintrat, hatte bei ihr keinen guten Stand. Daß dieses Verhalten zum Streit innerhalb der kurfürstlichen Familie führen mußte, war klar. Zwar arrangierte sich Auguste mit dem Vorhandensein der Gräfin Reichenbach, doch ihr Sohn, der junge Kurprinz, weigerte sich, sie anzuerkennen.

Auch Malwidas Mutter konnte ihre Abneigung gegen die neue Gräfin nie ganz überwinden und benahm sich nur gerade so höflich, daß man es ihr nicht als Ablehnung auslegen konnte. Das reichte dem Vater nicht, der einer der engsten Berater des illegitimen Paares und ein Vertrauter der Gräfin war. So ging der Riß, der sich nach der Thronbesteigung Wilhelm II. im Land auftat, quer durch Malwidas Familie.

Durch den kurfürstlichen Familienzwist kam es zu vielen unerfreulichen Szenen, so daß Wilhelm II. sich nicht ohne Grund Sorgen um seine Mätresse machte. Falls ihm etwas zustoßen sollte, würde sie in keiner besonders sicheren Position sein. Deshalb ließ er für sie aus dem Staatssäckel zwei böhmische Güter erwerben und schickte Malwidas Vater in geheimer Mission nach Wien, wo er Emilie zur österreichischen Staatsbürgerschaft verhelfen und für einen unanfechtbaren habsburgischen Adelstitel sorgen sollte. Nach acht Monaten kam Malwidas Vater mit dem erwünschten Titel zurück. Zum Dank wurde er zum Freiherrn von Meysenbug geadelt.

Im Volk aber murrte man, daß für die Gräfin Reichenbach so viel Geld ausgegeben wurde, während das Land sonst arm war und für notwendige öffentliche Ausgaben niemals genug Mittel zur Verfügung standen. Der Fürst erhielt Drohbriefe und überzog aus Furcht seine Untertanen mit einem bis dahin nicht gekannten Polizeiterror. So war es kein Wunder, daß die Wut des Volkes immer größer wurde. Der Kurfürst zog es bald vor, die meiste Zeit außerhalb seines Landes zu verbringen. Malwidas Vater mußte das Paar begleiten.

Im Sommer 1830 erreichten Kassel die ersten Nachrichten von der Pariser Julirevolution. Schon das Wort Revolution versetzte Malwida in Aufregung. Ihr Vater hielt sich mit dem Fürsten und seiner Mätresse in Karlsbad auf. Fast gleichzeitig mit den Berichten aus Paris hieß es, der Fürst sei gefährlich erkrankt. Stürmisch verlangten die Liberalen, der Thronerbe und seine Mutter sollten zurückgerufen werden. Gerüchte kamen auf, daß Malwidas Vater den Erbprinzen vorsätzlich nicht unterrichtet habe, damit dieser sein Anrecht auf den Thron nicht geltend machen könne. Wenn der Kurfürst sterbe, habe das Land in einer so kritischen Zeit keine Regierung. Möglicherweise sei genau das beabsichtigt, um den legitimen Erben von seinem Thron zu verdrängen, hieß es.

Gegen das Haus der Meysenbugs erhoben sich erstmals Fäuste. Die ganze Familie begann sich um den Vater zu sorgen, besonders aber Malwida, die ihren Vater über alle Maßen verehrte, obwohl sie ihn nur selten sah. Auch wenn er sich einmal den Kindern widmete, so hatten die Söhne immer im Vordergrund gestanden. Doch gerade deswegen waren die wenigen Stunden, die er mit ihnen verbracht hatte, für die kleinen Mädchen stets ein Fest gewesen. In Malwidas lebhafter Phantasie war seine ferne Gestalt zu einem grundgütigen und wunderbaren Menschen angewachsen.

Der Erbprinz reiste, als er von der Erkrankung seines Vaters hörte, umgehend nach Karlsbad, wo es zu einer Aussöhnung kam. So erreichten die Residenzstadt bald bessere Nachrichten. Der Fürst schien außer Gefahr zu sein und hatte sich auf den Rückweg begeben. Aber ehe er in Kassel ankam, hatte die Pariser Julirevolution auf Deutschland übergegriffen. Auch in Hessen brachen Unruhen aus. Schlösser wurden gestürmt, Zehntregister – die damaligen

Steuerlisten – verbrannt, Zollstationen verwüstet. In Kassel wurden die Bäckerläden geplündert, weil die Brotpreise erhöht worden waren, obwohl sich das Getreide verbilligt hatte.

In der Stadt forderte man die Einberufung des Landtages. Nur darin sahen die Bürger eine Möglichkeit, den vielfältigen Problemen ein Ende zu machen. In einer Adresse an den Kurfürsten hieß es, daß die Steuerlasten für die Einwohner langsam unbezahlbar geworden seien, sich immer weniger Möglichkeit zum Erwerb des Lebensunterhaltes finde, viele Mitbürger schon verarmt seien, andere den Untergang ihres Wohlstandes vor Augen sähen und der Landmann, der keinen Kredit bekomme, der Verzweiflung nahe sei. Außerdem fürchtete man, daß sich die Unruhen noch vergrößern würden, wenn die Gräfin Reichenbach nach Kassel zurückkehrte.

Der Fürst wurde von diesen Vorfällen unterrichtet, als er mit der Gräfin die Grenze erreichte. Er schickte Malwidas Vater voraus. Die Volkswut richtete sich besonders deshalb gegen die Reichenbach, weil sie inzwischen nicht nur ihre Kinder, sondern auch wagenweise Möbel und andere Einrichtungsgegenstände aus Kassel hatte wegbringen lassen. So kehrte der Kurfürst gezwungenermaßen allein zurück. Malwida sah ihn zu Fuß vom Schloß in das Ministerium gehen. Er war blaß und merklich gealtert, sein Gang war unsicher und sein Haar ergraut.

Wenig später wurde ein großes öffentliches Fest gefeiert: Der Kurfürst hatte die geforderte neue Verfassung versprochen und sich offiziell mit seiner legitimen Gattin und dem Erbprinzen versöhnt. Malwidas Vater wurde mit der Ausarbeitung des Gesetzeswerkes beauftragt. Doch er hatte weiterhin die Volksmeinung gegen sich. Man beschuldigte ihn, insgeheim die Verfassungsgebung zu behindern. Der neu einberufene Landtag setzte eine Überarbeitung des vorgelegten Entwurfs durch. Malwida sah, wie ihr Vater unter dem Druck der Verhältnisse immer ernster wurde, und ergriff leidenschaftlich Partei für ihn. In dieser Zeit zog der Kurfürst in seine Sommerresidenz nach Wilhelmshöhe. Nur die Fürstin blieb mit ihrem Sohn in der Stadt. Die Gemüter waren immer noch erregt.

Man forderte, daß der Kurfürst endgültig mit der Gräfin Reichenbach brechen sollte. Man fürchtete, daß ihre Rückkehr noch im letzten Moment die weitgehenden Zugeständnisse des Kurfürsten in Frage stellen könnten.

Am 8. Januar 1831 erhielt die neue Konstitution Gesetzeskraft, mit der die absolutistische Macht des Kurfürsten erheblich eingeschränkt wurde. An diesem Tag wurden die neuen Minister feierlich vereidigt. Zum Abschluß nahm der Kurfürst vom Balkon des Schlosses Bellevue einen Fackelzug entgegen und hörte mit der Kurfürstin die Ansprache an, die der Bürgermeister an ihn hielt. Als sich die Reihe der Fackelträger öffnete, flammte ein »Altar der Liebe« auf. Der Kurfürst zog in einer Aufwallung der Rührung seine legitime Gattin an sein Herz. Tausendstimmiger Jubel antwortete ihm. Malwida blickte von oben auf das leuchtende Flammenmeer. Die Feierlichkeit ergriff sie. Sie empfand die Freude und die Dankbarkeit der Menschen von ganzem Herzen mit.

Aber am nächsten Morgen verkehrten sich Zustimmung und Jubel mit einem Schlag in wütenden Haß. Mit rasender Schnelligkeit verbreitete sich eine unglaubliche Nachricht in der Stadt: Die Gräfin Reichenbach sei am frühen Morgen unter falschem Namen in Wilhelmshöhe angekommen. Man erinnerte sich, daß der Kurfürst in den letzten Tagen Ernennungen und Ordensverleihungen vorgenommen hatte, die nur ihr Freude machen konnten. Ein populärer Ministerialrat war nach Hanau versetzt, während der verhaßte Meysenbug zum Minister des Äußeren ernannt und mit einem hohen Orden geehrt worden war.

Am nächsten Tag wuchs die Erregung von Stunde zu Stunde. Gegen Mittag war der große Platz zwischen dem kurfürstlichen Schloß und der Kanzlei, über der die Meysenbugs wohnten, von wütenden Menschen erfüllt. Sie warfen Steine, Kupfermünzen und Knüppel gegen die Fenster. Dann nahmen immer mehr Menschen den Ruf auf: »Bürger raus!« Ein großer Mann stürmte voran. Alle folgten ihm durch die Königstraße den Toren zu. Sie wollten nach Wilhelmshöhe marschieren und das Schloß stürmen. Das Geschrei und die Wut der Menschen zogen wie ein breiter Strom an Malwidas Haus vorbei. Sie wußte nicht, was sie davon halten sollte: Waren das die gleichen Menschen, die vorgestern noch dem Kurfürsten zugejubelt hatten?

Bleierne Stille legte sich über die Straße, nachdem die wilde Meute durchgezogen war. Die Zurückgebliebenen wagten sich nicht aus ihren Häusern. Der Zug würde mehrere Stunden brauchen, um zum Lustschloß und wieder zurück zu kommen. Das große Haus war wie von einer Lähmung befallen. Der Vater war in Wilhelmshöhe. Nur die Mutter, eine alte Tante, zwei Dienstmädchen und ein Diener hielten sich in der Wohnung im zweiten Stock auf. In der fürstlichen Kanzlei ein Stockwerk tiefer saß der alte Schreiber, wie ein Soldat auf seinem Posten. Malwida stand zusammen mit Laura am Fenster. Sie hatten sich die Menschenmasse von oben angesehen. Auch William, der jüngste unter den Brüdern, war bei ihnen. Eine Weile redeten sie über die Geschehnisse, dann verstummten sie und warteten nur noch.

Malwida verließ beunruhigt ihren Aussichtsplatz und wanderte durch das Haus. Was passierte jetzt wohl draußen am Lustschloß? Was würde die Meute tun? Was würde mit dieser schönen Frau und ihren noch schöneren Kindern passieren, die alle haßten? Es gab keine Antworten. Die Erwartung von etwas Schrecklichem lag in der Luft. Sie hatte das Gefühl, als ob die ganze Welt in diesem Augenblick den Atem anhielte. Stunden vergingen. Bei jedem Ton rannte sie zum Fenster. Man konnte die lange Straße hinunter bis zum Tor sehen. Von dort führte der Weg zum Lustschloß. Jetzt hörte sie in der Ferne Lärm. So mußte der Ozean rauschen, den sie nicht kannte. Dann sah sie die dichte schwarze Masse, die immer näher kam. Das Rauschen schwoll bedrohlich an. Der Anführer schwang seinen dicken Stock. Es sah aus, als ob ein Riese die schwarze Menschenmauer führte. Wie gebannt stand sie am Fenster. Die Menge kam immer näher. Man konnte schon einzelne wütende Gesichter in dem wogenden Haufen erkennen. »Bitte, laß sie vorbeiziehen.« Malwida wiederholte diese Worte wie eine stille Beschwörung. »Laß sie nicht stehenbleiben.« Sie hatte Angst, ein dicker Knoten saß in ihrem Hals, und ihre Magengrube fühlte sich eiskalt an. Der Anführer hielt direkt unter ihrem Fenster an und brüllte haßerfüllte Verwünschungen hinauf. Malwida verstand nicht, was er sagte, aber seine Stimme ließ sie erzittern. Die Mutter riß sie vom Fenster weg. Da zersplitterten auch schon die Scheiben unter den Steinwürfen. Junge Leute hatten das Pflaster aufgerissen.

Derbe Stöcke hämmerten unten gegen die Tür. William war geistesgegenwärtig genug gewesen, die schweren Türflügel zu verriegeln, als er den drohenden Lärm in der Ferne gehört hatte. Gegen die dicken Eichenbohlen konnten sie zunächst nichts ausrichten. Aber wie lange würden sie standhalten? Plötzlich brachen sich zwei junge Offiziere einen Weg durch die Menschenmassen: der Erbprinz und sein Adjutant! Sie stellten sich schützend vor die Tür. Mit lauter Stimme befahl der Prinz den Demonstranten, nach Hause zu gehen. Wünsche und Forderungen sollten gehört und befriedigt werden. Von der anderen Seite des Platzes ertönte der Generalmarsch. Die Bürgerwehr war aufmarschiert und drängte die Demonstranten ab, den fürstlichen Truppen in die Arme, die sie ohne Blutvergießen auseinandertrieben.

Es war noch einmal gutgegangen. Aber für Malwida hatte sich die ganze Welt verändert. Die glückliche Sorglosigkeit ihrer Kindheit war mit einem Schlag vorbei. Sie hatte einen Blick in eine andere Welt getan, der ihr die Augen für größere Zusammenhänge öffnete. Sie begann sich jetzt für die politischen Ereignisse zu interessieren. Auch wenn sie zwischendurch noch mit ihren Puppen spielte, sie stand auf der Schwelle zum Erwachsenenleben und nahm ihre Umwelt mit anderen Augen wahr.

3. Heimlicher Aufbruch –
Flucht und Wanderjahre

Malwidas Vater wollte nicht mehr in Kassel bleiben. Er bat den Kurfürsten um einen Gesandtschaftsposten, den dieser ihm widerstrebend zusagte. Malwida wußte, daß sie bald in eine neue Heimat abreisen würden. Sie war hin- und hergerissen: Wenn sie sich all das Neue vorzustellen versuchte, das in der Fremde auf sie wartete, erfaßte sie die Vorfreude mit einem solchen Hochgefühl, daß sie fast über den Wolken zu schweben schien. Aber im nächsten Augenblick konnte sie in tiefste Traurigkeit versinken, weil sie daran dachte, daß sie ihre Freundinnen, ihre Schulstunden, ihre Lieblingsplätze, ihr ganzes vertrautes Leben würde aufgeben müssen.

Dann kam alles anders. Anfang März entschloß sich der Kurfürst, der Stadt den Rücken zu kehren, in der man ihn mit seiner geliebten Gräfin nicht zusammenleben lassen wollte. Er verlegte seine Residenz nach Hanau. Als man ihm dort zu verstehen gab, daß die Anwesenheit der Gräfin Anlaß zu Unruhen geben würde, siedelte er in die Frankfurter Vorstadt Sachsenhausen über und richtete sich dort mit seiner Geliebten häuslich ein. Malwidas Vater mußte ihn begleiten und bei ihm bleiben. Den vertrauten Ratgeber, der zugleich als Privatsekretär, Unterhändler und Abgesandter fungierte, wollte das Paar auf keinen Fall missen.

Malwidas Eltern fürchteten, daß die Entfernung des Kurfürsten wieder zu Attacken gegen ihre Familie führen würde. Nach seiner Abreise war der Haß auf sie noch größer geworden. Deshalb sollte die Mutter mit ihren beiden jüngsten Töchtern – den letzten Kindern, die noch zu Hause lebten – Kassel verlassen und dem Vater folgen. Aber es schien zu gefährlich, ihre Abreise offen zu verkünden. Sie war ein deutliches Zeichen, daß der Kurfürst nicht zurückzukommen gedachte. So durfte niemand erfahren, daß und wann sie aufbrachen. Malwida konnte sich nicht einmal von ihren besten Freundinnen verabschieden. Sie flohen regelrecht aus der Stadt: An einem kalten Wintermorgen standen sie lange vor Tagesanbruch leise auf. Ihre Sachen waren noch in der Nacht gepackt worden. Die große Kutsche stand vierspännig vor der Tür. Ohne Umarmungen und Küsse, Winken und Rufen, ganz still und heimlich stiegen sie ein und fuhren durch die menschenleeren, schneebedeckten Straßen ihrem unbekannten Schicksal entgegen.

In den ersten Monaten nach seiner Abreise regierte der Kurfürst sein Land von seinem neuen Wohnsitz aus. Später ging er nach Wilhelmsbad am Main, wo er den Sommer verbrachte. Die Meysenbugs zogen immer mit. Das neue Ministerium in Kassel aber konnte auf Dauer einen solchen zweiten Regierungssitz nicht zulassen. Die Lage spitzte sich so zu, daß der Kurfürst schließlich einen Ausweg annahm, den man ihm von mehreren Seiten aus vorschlug: Im Herbst setzte er den Kurprinzen zum Mitregenten ein und beauftragte ihn für die Zeit bis zu seiner Rückkehr mit der alleinigen Regierung des Landes. Das kam einer Abdankung gleich. Im folgenden Winter ließ sich der Kurfürst am Frankfurter Untermainkai eine weitläufige Villa bauen. Im Sommer bezog er gewöhnlich mit der ganzen Familie eine Besitzung in Baden-Baden, wo er vormittags spazierenging und nachmittags am Spieltisch zu finden war. Die Familie Meysenbug lebte in seiner unmittelbaren Nähe.

Dieses neue Leben nur mit den Eltern und der jüngeren Schwester Laura, fern von allen anderen Verwandten und Bekannten, war für die fünfzehnjährige Malwida verheerend. Sie befand sich mitten in der Entwicklungsphase vom Kind zur jungen Frau und war extrem empfindlich geworden. Ihre Stimmung konnte von einem Moment zum anderen in ihr genaues Gegenteil umschlagen. Sie hätte jetzt dringend eine stabile Umgebung gebraucht, die sie aufgefangen hätte. Statt dessen war sie ganz aus ihren gewohnten Kreisen herausgerissen. Ihr fehlten die geistigen Anregungen durch den Kontakt mit interessanten Menschen und die Bücher, die in Kassel selbstverständlich zum Leben dazugehört hatten. Ihr fehlte jeglicher Unterricht, der ihren Verstand beschäftigt und gefordert hätte. In einem Lebensalter, in dem alle ihre Sinne weit offen waren, in dem sie geradezu begierig danach war, neues Wissen aufzunehmen und zu verarbeiten, war sie ganz auf sich selbst angewiesen.

Am liebsten hätte sie damals eine höhere Schule besucht. Aber die gab es nur für Jungen. Ein Mädchen dorthin zu schicken, war eine völlig abwegige Vorstellung. Auch zu Hause erhielten die Töchter nur in absoluten Ausnahmefällen gründlichen Unterricht. Allgemein war die Meinung verbreitet, daß es sich nicht lohnte, teure Lehrer, die ein langes Studium hinter sich hatten, für sie anzustellen. Ein solcher Unterricht führte nur dazu, daß ihnen später kein Mann recht war. Außerdem war man der Ansicht, daß gebildete Frauen, falls sie überhaupt einen Mann abbekamen, ihre Hauswirtschaft völlig vernachlässigten.

Mädchen bekamen Religionsunterricht. Sie durften lesen, schreiben und rechnen lernen. Wenn sie ein wenig französisch sprechen und malen konnten, war es auch nicht schlecht. Handarbeiten, Klavierspielen, Singen und Tanzen waren sogar ein unbedingtes Muß. Weibliche Wesen sollten sich munter unterhalten können und die ernste Welt der Männer durch ihre Schönheit und ihren Liebreiz erhellen. Sie sollten umsichtige Hausfrauen und liebevolle Mütter werden. Aber wozu mußten sie ihren Verstand schulen? Wenn Malwida davon gesprochen hätte, daß sie gern mehr lernen wollte, hätte sie möglicherweise zu hören bekommen, daß ein Mädchen die Klugheit der Welt nicht brauche. Ihre Bestimmung sei nicht die Welt, sondern das Haus und die Liebe eines Mannes.

Ihre Mutter konnte sich nicht einmal dazu entschließen, die beiden Jüngsten in eine der Pensionen oder höheren Töchterschulen zu geben, die gerade in Mode kamen. Dort erhielten junge Mädchen den letzten gesellschaftlichen Schliff. In der Wintersaison, die auf die Flucht aus Kassel folgte, wurde Malwida sich schmerzhaft bewußt, daß sie nicht einmal gelernt hatte, wie man sich in der besseren Gesellschaft richtig benahm.

In Frankfurt gehörten die Eltern zum Kreis des reichen Kurfürsten und hatten entsprechend viele Bekannte. Wenn sie auch noch nicht im gesellschaftsfähigen Alter waren, so wurden doch auch die beiden Schwestern Meysenbug oft eingeladen. Ein sogenannter Kinderball bescherte Malwida die schrecklichsten Stunden, die sie bis dahin erlebt hatte. Ein Wagen holte sie ab und brachte sie zu einem palastartigen Haus. Am Fuß der Freitreppe warteten die beiden jungen Söhne der Familie mit weißen Glacéhandschuhen und dem Hut in der Hand auf die Gäste, um ihnen aus dem Wagen zu helfen und sie zum Eingang hinaufzugeleiten. Oben an dem Portal stand die Tochter des Hauses, die nur wenig älter war als Malwida. Wie eine vollkommene Dame begrüßte sie die beiden Neuankömmlinge und stellte sie sofort mehreren Freundinnen vor. Malwida erschien dieses anmutige Mädchen mit seinen vollendeten Manieren als eine anbetungswürdige Schönheit.

Schon das große Haus und die Begrüßung schüchterten Malwida ein. Bald fühlte sie sich unter den Aristokratenkindern nur noch klein, unscheinbar, entsetzlich linkisch und dumm. Sie konnte sich nicht einmal richtig unterhalten. Die jungen Damen und Herren sprachen fast nur französisch. In aristokratischen Kreisen gehörte es einfach zum guten Ton, sich in dieser Sprache auszudrücken. Nur im Bürgertum sprach man deutsch miteinander. Die junge Gastgeberin beherrschte sogar mehrere Sprachen geläufig. Malwida dagegen verstand fast kein Wort, antwortete nur einsilbig mit Ja oder Nein und wagte nicht zu gestehen, daß sie überhaupt nicht wußte, wovon die Rede war.

Noch schlimmer wurde es, als der Tanz anfing. Sie kannte die modernen Kontretänze nicht, die auf ihrer Tanzkarte verzeichnet waren, und sie traute sich nicht, einfach mitzumachen. Sie hatte zuviel Angst, alles durcheinanderzubringen und sich entsetzlich zu blamieren. So behauptete sie, das Tanzen bereite ihr Kopfweh. Den ganzen Abend blieb sie auf ihrem Platz sitzen und durfte dabei auch noch ihrer Schwester Laura zuschauen, die unbefangen auf deutsch antwortete, wenn man sie französisch anredete, und nicht den Ehrgeiz hatte, alles perfekt zu machen, sondern einfach mittanzte und lachte, wenn sie Verwirrung stiftete. Laura jedenfalls amüsierte sich hervorragend, das sah man.

Malwida saß mutterseelenallein auf ihrem Stuhl am Rand der Tanzfläche, schaute den fröhlichen Tänzerinnen in ihren schönen Kleidern zu und sank immer mehr in sich zusammen. Sie, die sich in ihren Träumen als Heldin fühlte; sie, die glaubte, zu Höchstleistungen fähig zu sein; ausgerechnet sie stand abseits, spielte auf diesem glänzenden Fest überhaupt keine Rolle und wurde von niemandem wahrgenommen. Es war zum Heulen. Sie war nahe daran, wirklich in Tränen auszubrechen. Tief enttäuscht kam sie nach Hause zurück. Eines wußte sie ganz genau: Sie wollte sich auch so bewegen, reden und weltgewandt benehmen können wie die anderen, und sie mußte unbedingt tanzen lernen.

Bei der Mutter setzte sie durch, daß man eine französische Gouvernante engagierte. Malwida war glücklich, als ein fester Stundenplan aufgestellt wurde. Aber sie wurde wieder enttäuscht: Sie fand die neue Erzieherin bald ziemlich ungebildet. Auf alle Fragen, die über das Standardwissen hinausgingen, konnte sie nicht antworten. Malwida stellte andauernd solche Fragen. Zudem fühlte sie sich von dem gekünstelten Benehmen der Französin abgestoßen und fand sie häßlich. Nur die französischen Bücher, die sie ihr zu lesen aufgab, verschlang Malwida mit Begeisterung. In ihnen lebte sie in einer eingebildeten Welt höchster Tugenden, erlebte schreckliche Verfolgungen und Verbrechen und atmete auf, wenn das Gute schließlich glorreich über das Böse triumphierte.

So hatte sie sich tief in sich selbst eingesponnen. Aber sie hatte sowieso immer schon viel mit sich selbst abgemacht. Es gab sowieso niemanden, dem sie sich mitteilen konnte. Die Mutter wurde immer verschlossener. Sie hatte selbst genug mit der unerfreulichen Situation zu tun, in der sie sich befand. Auch sie hatte alle ihre Freunde und geistigen Anregungen verloren, und sie mußte sich auch noch zusammennehmen, um die Gräfin Reichenbach nicht zu verärgern, von der die Familie jetzt fast vollständig abhängig war. Laura, die kleinere Schwester, verstand überhaupt nicht, was mit Malwida los war. Laura war immer sanft und ruhig. Die inneren Qualen und dramatischen Aufregungen, unter denen Malwida zu leiden begann, waren ihr völlig fremd. Wieso war Malwida bloß immer so nervös? Eigentlich war doch alles in Ordnung.

Aber für Malwida war überhaupt nichts mehr in Ordnung. Wenn sie von irgendeinem Verbrechen oder Laster reden hörte, wenn wieder einmal eine Mordgeschichte kursierte oder – natürlich nur hinter vorgehaltener Hand – über ein gefallenes Mädchen gesprochen wurde, das ein uneheliches Kind bekommen hatte und seinen Lebensunterhalt als Prostituierte fristete, dann schien ihr immer, daß auch sie zu solchen Handlungen fähig sein könnte. Diese geheimen Gedanken flößten ihr Angst ein. Kein Mädchen ihres Alters, ja kein weibliches Wesen überhaupt durfte so denken und fühlen. Tausendmal war ihr gesagt und gezeigt worden, daß Mädchen sanft und lieb zu sein hatten. Sie wollte diesem Idealbild so perfekt wie irgend möglich entsprechen.

Unterschwellig spielte natürlich die Sexualität eine große Rolle, auch wenn Malwida sich darüber keine Rechenschaft ablegte. Sie konnte es auch gar nicht. Sie besaß noch nicht einmal Worte dafür. Der eigene Körper war ein Thema, über das man nicht sprach. Mußte man einen Körperteil benennen, so bediente man sich vager Umschreibungen. Brust und Busen zum Beispiel galten als Hals, anstelle von Bauch sagte man Magen, und vom Gesäß sprach man schon gar nicht. Malwida war, wie alle kleinen Mädchen, entsprechend prüde erzogen worden, obwohl sie als Kind mehr Freiheiten genossen hatte, als sonst üblich waren. Man brachte den kleinen Mädchen frühzeitig bei, keine sexuellen Bedürfnisse zu haben oder sie sofort zu unterdrücken. Für ihre späteren Lebenschancen hatte die Jungfräulichkeit eine enorme Bedeutung. Deswegen ließ man sie am besten gar nicht erst auf dumme Gedanken kommen und beaufsichtigte sie ständig. Um die Frage zu beantworten, wo denn die kleinen Kinder herkamen, erfand man damals die berühmte Geschichte vom Klapperstorch, der die Mutter ins Bein gebissen habe.

Wäre Malwida doch einmal neugieriger geworden und hätte ihre Mutter genauer befragt, so hätte sie sicher eine der Standardantworten aus den Erziehungsbüchern zu hören bekommen. Dort riet man dazu, einem solchen Töchterchen nur einmal ernst zu sagen: »Es wäre nicht gut für dich, wenn du so etwas wüßtest, du mußt vermeiden, davon sprechen zu hören.« Man erwartete, daß ein recht sittsam erzogenes Mädchen daraufhin eine Scheu empfinden würde, von Dingen dieser Art reden zu hören. Malwida fragte lieber erst gar nicht.

Ihr Körper hatte sich in den letzten beiden Jahren verändert. Auch das regelmäßige weibliche Unwohlsein, wie man es damals nannte, setzte ein. Man hatte ihr gesagt, daß sie nun zur Frau geworden sei. Aber was das wirklich bedeutete, wußte sie nicht. Wie alle jungen Mädchen erwartete sie, daß ein wunderbarer Mann kommen und sie als Mutter seiner zukünftigen Kinder zu sich holen würde. Davon, wie diese Kinder zustande kommen sollten, hatte sie nur vage Vorstellungen, die sie sich aus den Bemerkungen der Köchinnen und Dienstmädchen zusammengereimt hatte. Sie versuchte, alles zu verdrängen, was nicht in die allgemeine Idealvorstellung der jungfräulichen Makellosigkeit paßte. Aber je mehr sie solche Gedanken beiseite drängte, desto stärker kam das Verdrängte an anderer Stelle wieder zum Vorschein: Sie war bald so überspannt, daß sie jedesmal von einer schrecklichen Aufregung erfaßt wurde, wenn sie von einem Verbrechen hörte. Manchmal geriet sie in Wachträume, in denen sie sich selbst in die gerade aktuelle Geschichte verwickelt sah. Schlafstörungen quälten sie, und ihre Schilddrüse begann verrückt zu spielen, so daß es Tage gab, an denen ihr überaktiver Kreislauf ihr heftig zu schaffen machte. Auch ihre Augen begannen leicht hervorzutreten, die Folge eines gestörten hormonellen Gleichgewichts der Schilddrüse, das bei jungen Frauen häufig auftrat.

In der Familie hatte niemand einen Blick für ihren ungesunden Zustand. Vielleicht hätte es genützt, wenn sie sich richtig auf das Lernen hätte konzentrieren können. Aber ihre Gouvernante war keine Hilfe. Sehr bald konnte sie diese Frau kaum noch ertragen.

Schließlich beklagte sie sich bitterlich bei ihrer Mutter über sie. Diese war bereit, die ungeliebte Lehrerin zu entlassen. Die Gouvernante kam ihr zuvor. Sie hatte das Gespräch im Nebenzimmer mit angehört und verlangte wütend ihren augenblicklichen Abschied. Damit hätte Malwida zufrieden sein können. Aber ihr Gewissen plagte sie. Sie hatte jemandem weh getan. Die bösen Worte, die sie über die Gouvernante gesagt hatte, lasteten wie ein schwarzer Flecken auf ihrer Seele. Sie mußte diese Schuld abwaschen. So schickte sie der Französin einen Brief hinterher, in dem sie sich bei ihr entschuldigte und um Verzeihung bat.

Nach zwei Jahren wollte die Mutter nicht mehr in der unmittelbaren Nähe der Gräfin Reichenbach bleiben. Sie beschloß, sich mit den beiden Mädchen in Detmold niederzulassen, wo ihre älteste Tochter verheiratet war. Praktisch lief das auf eine Trennung der Eltern hinaus, denn der Vater blieb bei seinem Dienstherrn und besuchte sie nur selten an ihrem neuen Wohnort.

Detmold war die kleine Residenzstadt des kleinen Fürstentums Lippe. Das Stadtbild wurde von einstöckigen Fachwerkhäusern geprägt, deren Giebelseiten zur Straße zeigten. In der Stadtmitte lagen die Kirche und das wenige Jahre vorher neu erbaute Rathaus. An die Kirche grenzte der Schloßbezirk. Man mußte nicht weit gehen, um die umliegenden Hügel und Wälder zu erreichen. Das Leben spielte sich hier geruhsam und ländlich ab. Jeden Morgen wurde das Vieh in den Straßen zusammengetrieben, um vor dem Stadttor zu weiden. Sofort nach dem Austrieb mußten die Fußwege gesäubert werden. Am Mittwoch und am Sonnabend fand nachmittags eine Generalreinigung statt. Ströme von Wasser ergossen sich dann in die Rinnsteine, und man spülte und scheuerte überall. Trotzdem gab es üble Winkel in der Stadt, besonders entlang der Stadtmauer. An ihr klebten armselige Hütten und Schweineställe. Dunghaufen erschwerten in diesen Gassen das Durchkommen.

Als sie sich in Detmold ansiedelten, war Malwida schon über das Alter hinaus, in dem junge Mädchen normalerweise konfirmiert wurden. Erst nach der Konfirmation begann das Erwachsenenleben. Da auch Laura schon in das passende Alter gekommen war, bekamen beide in Detmold sofort Konfirmandenunterricht. Zweimal in der Woche besuchten sie Pastor Althaus in seinem Arbeitszimmer, um private Religionsstunden zu erhalten. Malwida schien er so schön wie Christus, mit einem Lächeln des Wohlwollens auf den Lippen und von großer Güte. In seinem Zimmer herrschte eine sanfte, mystische Atmosphäre. Sie fühlte sich bei ihm in einer anderen Welt. Ihre empfängliche Seele sehnte sich nach Höherem. Sie hoffte, durch ihn den Glauben und die Offenbarung der Wahrheit zu empfangen und das Geheimnis des Lebens zu finden – das Wort, das für immer ihr Sein bestimmen sollte.

So fiel die christliche Lehre bei ihr auf fruchtbaren Boden. Von jetzt an nahm sie es sehr ernst mit dem Heil ihrer Seele. Sie bemühte sich um christliche Askese, wollte den Sieg des Geistes über ihr Fleisch erringen und strebte nach christlicher Vollkommenheit. Folgerichtig beschloß sie, die Welt mit ihren Versuchungen zu fliehen, und weigerte sich, die Familie in das Theater zu begleiten, obwohl sie bis dahin eine begeisterte Theaterbesucherin gewesen war. Um nicht an Gesellschaften teilnehmen zu müssen, erfand sie eine Ausrede nach der anderen. Die Familie verstand ihr merkwürdiges Benehmen überhaupt nicht mehr. Als sie erklärte, sie müsse Gott mehr gehorchen als den Menschen, hielt man sie – wie konnte es anders sein – für völlig überspannt.

Natürlich ließ sich eine solche Vollkommenheit nicht lange durchhalten, schon gar nicht, wenn man gerade erst siebzehn war. Auch in Malwida erwachte damals mit voller Kraft die Neugier auf alles, was die Welt an Schönem zu bieten hatte. So erlebte sie ihre Konfirmationszeit als ein Jahr, in dem Zweifel und Verzweiflung mit jugendlicher Heiterkeit und Lebenslust abwechselten. Sie war hin- und hergerissen zwischen dem Wunsch nach mystischer Selbstaufgabe im Glauben und den skeptischen Gedanken, die die christliche Lehre in ihrem wachen Verstand auslöste.

Die Dogmen von der Erbsünde und der Erlösung durch Christus verwirrten sie. Sie sah nichts als Widersprüche, besonders in der Schöpfungsgeschichte: Einerseits sollte Gott die höchste Weisheit und Güte sein und hatte den Menschen mit der Fähigkeit zur Freiheit geschaffen. Andererseits verlangte er blinden Gehorsam gegenüber allen Autoritäten – gegenüber den weltlichen Fürsten ebenso wie gegenüber den Kirchenoberen, die alle genau wußten, was Gott der Herr von den Menschen wollte. Das paßte irgendwie nicht mit der Fähigkeit zur Freiheit zusammen, fand sie.

Und weiter: Wieso wurde in der Schöpfungsgeschichte der Mensch aus dem Paradies vertrieben, sobald er durch den Sündenfall selbst zu beurteilen begann, was gut und böse war? Wieso lastete die Erbsünde auf den Nachkommen des ersten Menschenpaares; eine Sünde, die schließlich kein Nachfahre mehr selbst begangen hatte? Warum stand von Anbeginn an fest, daß Christus als ein Mensch, der zugleich Gott und nicht Gott war, sich opferte, um die Menschheit von einer Sünde zu retten, die sie nicht begangen hatte? Ketzerisch fragte sie sich, worin denn wohl das Verdienst Christi bestand. Gegenüber der göttlichen Ewigkeit, in die er durch seine Himmelfahrt aufstieg, wo er in der Herrlichkeit zur Rechten Gottes thronte, konnte ihm doch der kurze Moment des irdischen Leidens am Kreuze nicht viel ausgemacht haben.

Andererseits wünschte sie sich innig, fest glauben zu können. Ihre eigene Skepsis machte sie todunglücklich. Sie steigerte sich immer mehr in lange Gebete, in denen sie inbrünstig um den Beistand Gottes und die Gnade des wahren Glaubens flehte. Zum Glück fand sie in dieser Zeit in einer jungen Nachbarin eine Freundin und Vertraute, mit der sie brieflich die Zweifel, die sie quälten, austauschen konnte. In ihren schier endlosen Ergüssen tauchte immer wieder der Wunsch auf, zu sterben, sich völlig in eine abstrakte Vollkommenheit zu versenken, frei zu werden von den irdischen Fesseln und mit entfalteten Flügeln dem Ideale zuzueilen. Mit heimlicher Befriedigung konstatierte Malwida damals ihre schwankende Gesundheit, die der Mutter große Sorgen machte.

So kam der letzte Sonntag im Juni des Jahres 1834 heran, an dem Malwida und Laura zusammen mit sechzig anderen Jugendlichen konfirmiert werden sollten. Das öffentliche Examen hatte sie schon glänzend bestanden. Dogmen und Lehre kannte sie in- und auswendig. In der gedrängt vollen Kirche hatte sie mit fester Stimme ihre Antworten gegeben. Man hatte sie auch weit hinten noch gut gehört, obwohl sie sonst vor Schüchternheit oft kein Wort herausbrachte. Am Freitag vor dem großen Tag versuchte der verehrte Pastor Althaus – mit Tränen in den Augen –, sie noch einmal für die Heiligkeit und Wichtigkeit der bevorstehenden Feier zu begeistern. Malwida sog seine Worte auf wie ein Schwamm. Mit ganzer Seele hoffte sie, durch die Konfirmation die Offenbarung der ewigen Wahrheit zu erhalten und durch die göttliche Gnade in ein neues ideales Wesen, ohne Fehler und Flecken, verwandelt zu werden. Zum Schluß verlangte Althaus von allen eine geschriebene Beichte ihrer Überzeugungen. Sosehr sich Malwida auch nach Vollkommenheit sehnte: Sie wagte es nicht, ihm bei dieser letzten Gelegenheit vor der heiligen Handlung ihre umfassenden Glaubenszweifel zu gestehen.

Zur Vorbereitung auf das Abendmahl, an dem auch Malwida und Laura nach der Konfirmation zum ersten Mal teilnehmen sollten, fand kurz davor eine Andacht statt. Für Malwida war das Abendmahl der wichtigste, aber auch der geheimnisvollste Teil der ganzen Zeremonie. Obwohl sie sich skeptisch fragte, wie man sich das Wunder der Umwandlung von Brot und Wein in den Leib und das Blut Christi erklären sollte, fühlte sie sehr wohl, daß sie eigentlich nicht fragen durfte, weil das Wunder eben nur existierte, solange man nicht fragte, sondern glaubte. Während der Andacht verlas Althaus die übliche Vorbereitungsformel: »Wer unwürdig isset von diesem Brot oder trinket von diesem Wein, der ißt und trinkt sich selbst zum Gericht.« Als Malwida diese Worte hörte, überfiel sie ein tödlicher Schrecken. Der Pastor fuhr mit der Frage fort, ob jeder seine Sünden aufrichtig bereue und zum Tische des Herrn mit dem Wunsche gehe, durch sein Blut losgekauft zu werden. Alle Anwesenden bejahten diese Frage fest. Nur Malwida bekam keinen Ton mehr heraus und zitterte. Sie hörte nichts mehr vom weiteren Verlauf der Andacht. Alles verschwamm vor ihren Augen. Sie verstand nicht, daß die anderen sich so wie immer benahmen. Sie selbst fühlte sich, als ob sie am Vorabend eines furchtbaren Gerichts angelangt wäre, bei dem für die Ewigkeit über sie entschieden würde. Die Verantwortung lastete zentnerschwer auf ihrer Seele. Sie war nicht würdig, dieses Brot zu essen und diesen Wein zu trinken. Sie fühlte verzweifelt, daß ihr Wesen gespalten war: Sie hatte eine Seite, die gut, edel und zur Seeligkeit fähig war – aber in ihr gab es auch eine andere Seite, die verloren und auf ewig verurteilt war. Sie fürchtete sich, der Mutter oder der großen Schwester ihre Ängste mitzuteilen. Sie würden sie wieder nur für krank oder verrückt halten. So schwieg sie und verschloß auch jetzt noch ihre Ängste und Zweifel in sich selbst.

Das neue schwarzseidene Kleid, das sie zum ersten Mal anziehen durfte, lenkte sie am Sonntag morgen von ihrer Angst ab. Festtäglich geschmückt ging sie mit Laura zum Pastorenhaus hinüber, wo ihr Lehrer seine Konfirmandenschar im Talar empfing. Als die Glocken zu läuten begannen, schritten die Jugendlichen hinter ihm in einer Prozession zur Kirche hinüber. Der Weg war mit Blumen bestreut, die Kirche geschmückt, der Gesangverein stimmte bei ihrem Eintritt ein Lied an, und Malwida fühlte sich erhoben und beflügelt. Sie betete noch einmal zu Gott, er möge diese Stunde für ihr ganzes Leben segnen. Predigt und Glaubensbekenntnis überstand sie gefaßt und mit fester Zuversicht. Kniend empfing sie ihren Segensspruch: »Sei getreu bis in den Tod, so will ich dir die Krone des Lebens geben.« Getreu bis in den Tod, wiederholte sie in ihrem Herzen als feierliches Gelübde.

Dann leerte sich die Kirche. Nur diejenigen, die am Abendmahl teilnehmen wollten, blieben sitzen. Erneut überfielen Malwida alle ihre Ängste und Zweifel. Sie fühlte ihr Herz heftig schlagen: Sie konnte nicht zum Abendmahl gehen, sie hatte nicht den rechten Glauben! Fast in Trance schritt sie nach vorn und erwartete am Altar, das Mysterium des Kreuzes im Glanze himmlischer Glorie vor sich zu sehen. Sie empfing Hostie und Kelch und hörte die rituellen Worte – und es geschah nichts. Sie spürte keine Wandlung in ihrem Inneren, ihr offenbarte sich kein Mysterium, es herrschte nur gähnende Leere.

Für Malwida tat sich die Hölle auf: Sie war verworfen, sie war verurteilt für ewig! Sie wußte später nicht mehr, wie sie nach Hause gekommen war und das Elend dieses Tages überlebt hatte. Zumindest war es ihr offenbar gelungen, die folgenden Stunden so zu überstehen, daß ihre Familie nichts von ihrem tiefen Leiden merk-te. Sie selbst besaß keine Erinnerung mehr daran, nur der Schrek-ken ihrer Erfahrung saß ihr noch jahrzehntelang buchstäblich in den Knochen.

Doch das Leben ging weiter. Malwida war viel zu erschöpft, um sich noch weiter in ihre religiöse Krise hineinzusteigern. Sie hatte keine Kraft mehr übrig, noch länger um ihren Glauben zu kämpfen. Sie half sich selbst, indem sie innerlich alle Glaubensfragen beiseite schob. Zudem hatte der Religionsunterricht aufgehört. Damit gab es auch äußerlich keinen Ansprechpartner mehr für dieses Thema, denn in ihrer Familie spielte der Kirchgang keine besondere Rolle. Aber nicht nur für Glaubenskämpfe hatte sie nach dem Drama ihrer Konfirmation keine Kraft mehr übrig. Sie konnte überhaupt keine Auseinandersetzungen mehr ertragen. Sie war so auf eine harmonische Umgebung angewiesen, daß sie nicht den kleinsten Streit aushielt. In der Familie spottete man oft gutmütig über sie und nannte sie »Die Versöhnung«, weil sie in die kleinste Auseinandersetzung sofort schlichtend eingriff.

Von außen gesehen war Malwida jetzt frei. Als Tochter aus adeligem Hause brauchte sie nur selten irgendwo mitzuhelfen, und sie konnte meist uneingeschränkt über ihre eigene Zeit verfügen. Damit ging es ihr besser als ihren meist bürgerlichen Freundinnen, die stets im Haushalt gebraucht wurden. Für Frauen gab es in der Hauswirtschaft trotz der Dienstboten immer unendlich viel zu tun. Meist mußte eine große Anzahl von Hausbewohnern versorgt werden, denn ein Haushalt umfaßte nicht nur die Eltern mit ihren vielen Kindern und dem notwendigen Dienstpersonal. Aufgenommen wurden auch alle jene Familienmitglieder, die sonst allein zurückblieben: Witwen, unverheiratete Tanten und andere arme Verwandte. Um sie zu versorgen, mußten die Vorratskeller im Sommer gut gefüllt werden. Dazu kamen noch alle die umständlichen und zeitraubenden Arbeiten, die nötig waren, um Haus, Wäsche und Kleidung zu reinigen, instand zu halten und zu erneuern. Oft genug kam Logierbesuch, oder Freunde und Bekannte machten eine Visite und mußten dann ebenfalls versorgt werden.

Aber Malwida wurde nur selten zu solchen Arbeiten herangezogen. Sie kümmerte sich höchstens um ihre kleinen Nichten oder pflegte ein Familienmitglied, wenn es krank war. Sonst konnte sie sich ganz ihren Vorlieben widmen: Sie las, zeichnete und musizierte, machte Besuche und ging allein oder mit anderen spazieren. Sie führte das Leben einer Tochter aus gutem Hause, für die es keine realen Probleme und Nöte gab. Natürlich wurde alles von ihr ferngehalten, was nicht zu ihrer Welt paßte, und natürlich hielt auch sie selbst den gebührenden Abstand zu jener Gesellschaftsschicht, die man in ihrer Stellung nicht zur Kenntnis nahm; zu den Armen, den Tagelöhnern, kleinen Handwerkern, Witwen und Waisen, die wenige Straßen weiter – und dennoch meilenweit entfernt – in derselben Stadt zu Hause waren.

Malwida litt unter ihrem müßigen Dasein. Sie wurde eigentlich nirgendwo wirklich gebraucht. Sie fühlte sich oft schlecht, bekam Probleme mit ihren Augen und quälte sich mit bösen Vorahnungen und Gedanken herum. An manchem Tag lief sie fast wie getrieben hinaus in die freie Natur, wo sie ihr inneres Gleichgewicht wiederherstellen konnte. Besonders ihr monatliches Unwohlsein brachte fast immer starke Beschwerden mit sich. Sie fühlte sich oft so schwach, daß sie das Bett hüten mußte. Dazu gesellten sich quälende Kopfschmerzen. Sie konnte sich diese Anfälle nicht erklären, fürchtete, eine schwere Krankheit in sich zu tragen, und dachte häufig an ihren frühen Tod.

Andererseits hatte das Leben in Detmold für ein junges Mädchen natürlich auch seine guten Seiten. Malwida war im besten Heiratsalter und wurde zu zahlreichen Gesellschaften und Bällen eingeladen, auf denen sich die Jugend der gehobenen Schichten regelmäßig vergnügte. Sie tanzte inzwischen leidenschaftlich gern. Sonntags besuchten alle die Ressource. Das war eine Vereinigung für gesellige Unterhaltung, deren Räume in der Beletage des Rathauses lagen. Junggesellen, aber auch Familienväter verbrachten

Aus Malwidas Detmolder Skizzenbuch: oben das Haus in der Hornschen Straße 29, in dem Malwidas Familie wohnte; unten der Blick vom Hang des Palaisgartens auf die Rückseite des Hauses Hornsche Straße 29.
(Abbildungen: Nordrhein-Westfälisches Staatsarchiv Detmold)

dort ihre Abende, um Zeitung zu lesen, Karten und Billard zu spielen, Wein und Bier zu trinken und Geschäfte und Neuigkeiten zu besprechen. Am Sonntagabend waren auch Damen zugelassen. Man putzte sich dafür heraus. Die Jugend spielte Gesellschaftsspiele, unterhielt sich und tanzte.

Einmal im Monat fand dort zudem ein großer Ball statt. Allerdings war Malwidas jüngere Schwester Laura in der Gesellschaft bei weitem umschwärmter als sie selbst. Malwidas Gesicht mit dem großen, energischen Mund und den leicht vorstehenden Augen entsprach leider gar nicht dem gängigen puppenhaften Schönheitsideal, das eine ovale Form, ein zierliches Näschen und einen winzigen Kußmund forderte. Sie beneidete Laura, die sie für viel hübscher hielt als sich selbst. Außerdem war Laura in Gesellschaft immer unbefangen und lustig, während Malwida ihre Schüchternheit nicht überwinden konnte.

Dann aber machte sie es so wie der Fuchs in der Fabel, der die Trauben, die ihm zu hoch hängen, zu sauer findet. Sie redete sich ein, sich darüber zu freuen, nicht schön zu sein; damit entgehe sie schließlich der Gefahr, eitel zu werden. Sie hatte bald keine Lust mehr, sich für die Bälle besonders herauszuputzen, ihre körperlichen Reize zu betonen und durch weibliches Benehmen auf sich aufmerksam zu machen. Männer sollten sie um ihrer selbst willen anziehend finden. Diese eng geschnürten Wespentaillen, weiten Röcke und viel zu tiefen Ausschnitte, mit denen die anderen Mädchen sich zur Schau stellten, fand sie eher verachtenswert. Sie geriet rasch ins andere Extrem und zog sich so bescheiden an, daß sie manchmal sogar hämische Bemerkungen über ihre Kleidung zu hören bekam.

Alle diese Gesellschaften wurden natürlich nicht nur zur Belustigung der Jugend veranstaltet, sondern dienten als Heiratsmarkt, auf dem die jungen Mädchen zukünftigen Verehrern vorgeführt wurden. Malwida war viel zu naiv, um sich darüber viele Gedanken zu machen. Sie dachte noch nicht ans Heiraten. Sie wußte, was es hieß, Ehefrau und Mutter zu sein. Sie hatte das Beispiel ihrer ältesten Schwester mit den drei kleinen Töchtern direkt vor Augen.

Ihre nächstjüngere Schwester war unglücklich verheiratet. Die Mutter lebte faktisch schon seit Jahren in einer völlig anderen Welt als der Vater. Malwida wußte auch, daß Gebären und Kindererziehung keine leichte Sache waren. Sie sah die untergeordnete Stellung der Frauen, die immer wieder gepredigt wurde. Die Worte des Apostel Paulus »Das Weib schweige in der Gemeinde« galten nach wie vor in der Kirche. Das Bild von dem starken Mann als einem Eichbaum, um den sich die schwache Frau als Efeu rankte, war ein gängiger und oft wiederholter Gemeinplatz. Den Mädchen wurde immer wieder klargemacht, daß sie sich ihrem zukünftigen Herrn und Gebieter zu fügen haben würden. Malwida aber stellte sich eine Idealform der Ehe vor, die aus einer erhabenen Vereinigung zweier Seelen entstand. Dafür fühlte sie sich noch lange nicht reif genug.

Sie las in dieser Zeit viel. Dabei fielen ihr auch die Lebenserinnerungen Goethes in die Hände, mit dessen Werk sie seit früher Kindheit durch ihre Mutter vertraut war. In der Beschreibung seiner inneren Kämpfe fand sie ihre eigenen Erfahrungen widergespiegelt. »Jedes tüchtige Streben wendet sich von innen heraus auf die Welt.« Diese Worte des verehrten Meisters leuchteten ihr unmittelbar ein. Das war es, was ihr fehlte: Sie hatte sich in fruchtlose Spekulationen verstrickt, die sie nirgendwohin geführt hatten. Sie mußte Gott nicht mehr länger auf der rein gedanklichen Ebene suchen. Sie mußte sich der Welt zuwenden.

Drei Jahre waren so vergangen. Ihre älteste Schwester Julie war zum vierten Mal schwanger geworden. Das Kind kam Ende November 1837 gesund auf die Welt. Aber Julie erholte sich nicht von dieser Geburt. Sie war monatelang krank. Malwida übernahm die Pflege der geliebten Schwester und wachte nächtelang an ihrem Bett. Sie hoffte wider besseres Wissen auf eine Genesung. Sie weinte und betete stundenlang. Aber sie sah den Tod herannahen. Es war ein unersetzlicher Verlust. Als das Leiden der Schwester vorüber war, fühlte Malwida sich schwächer als je zuvor.

Nach Julies Tod lebte ihre Familie sehr zurückgezogen. Zum Glück gab es wenigstens eine angenehme Abwechslung in dem eintönigen Alltag. Schon im Vorjahr waren zwei junge Männer aus der Nachbarschaft häufig zu Besuch gekommen. Wie die Freunde der Mutter damals in Kassel standen sie außerhalb des üblichen gesellschaftlichen Kreises, mit dem die Familie aufgrund von Rang und Namen Umgang pflegte. Der Musikdirektor, Johann Baptist Hagen, war anfangs nur als Klavierlehrer für Malwida und Laura engagiert worden. Durch ihn wurde die Musik wieder zum Mittelpunkt in ihrem Leben. Außerdem gefiel ihr seine heitere und liebenswürdige Art. Hagen wohnte mit dem Schauspieler Gustav Häser zusammen, der zu der Truppe gehörte, die das Theater bespielte.

Die jungen Leute studierten zu viert die Kompositionen großer Meister. Sie schrieben regelmäßig Aufsätze, die sie miteinander besprachen, lasen sich dramatische Meisterwerke vor oder diskutierten die Rollen, die der junge Schauspieler verkörpern sollte. Malwida ließ sich wieder vom Theater begeistern. Da sie eine gute Stimme hatte und mit großer Innigkeit sang, begann der Musikdirektor mit ihr auch eine Gesangsausbildung. Am liebsten wäre sie jetzt Schauspielerin oder Sängerin geworden. Aber daran war bei ihrer aristokratischen Herkunft natürlich nicht zu denken.

Die häufigen Besuche der beiden jungen Männer ließen den Klatschmäulern der kleinen Residenzstadt keine Ruhe. Malwida genoß den anregenden Umgang ganz ohne Hintergedanken, aber in der Stadt gab diese Beziehung Anlaß zu munkeln. Ahnte sie wirklich nicht, daß der Musikdirektor sich in sie verliebt hatte? Selbstverständlich wandte er sich mit seinem Heiratsantrag nicht direkt an sie, sondern an ihre Mutter – so gehörte es sich. Die Mutter nahm Malwida bei einem Spaziergang beiseite und überbrachte ihr wohlwollend die Anfrage. Mit Erstaunen mußte sie zur Kenntnis nehmen, daß ihre Tochter diesen Antrag entschieden ablehnte. Sie wollte nicht heiraten. Sie liebte ihn nicht. Sie konnte es sich überhaupt nicht vorstellen, eine konventionelle Ehe ohne Liebe einzugehen. Sie würde keinen Mann heiraten, nur um versorgt zu sein. Nein, nein und noch mal nein. Nach dieser klaren Abfuhr war das Zusammentreffen mit ihm natürlich etwas peinlich. Aber Malwida bemühte sich darum, ihm freundschaftlich und offen entgegenzukommen. Er sah sich bald nach einer anderen um und heiratete zwei Jahre später die Tochter des Hofsängers.

6. Die große Welt – eine Enttäuschung

Nach Julies Tod hatte Malwida – eingedenk ihrer neuen Lebensregel – damit begonnen, der Mutter einen Teil der Sorge um das große Hauswesen abzunehmen. Im Haus wohnten außer der Mutter und Laura der verwitwete Schwager und seine vier kleinen Kinder. Später kehrte auch ihre andere Schwester, Louise, aus ihrer fehlgeschlagenen Ehe in den Schoß der Familie zurück. Anfangs lebte der fast zehn Jahre ältere Bruder Karl noch bei ihnen, dem der Schwager eine Stellung bei dem Fürsten besorgt hatte. Karl heiratate nach Ablauf des Trauerjahres Malwidas ehemalige Freundin Sophie, mit der sie vor der Konfirmation so viele innige Briefe ausgetauscht hatte, und gründete damit seinen eigenen Hausstand. Die enge Freundschaft zu Sophie hatte Malwida allerdings schon lange davor abgebrochen, was ihr eine Menge Vorwürfe eingebracht hatte. Man schalt sie unstet und flatterhaft. Aber Malwida war innerlich zu neuen Ufern aufgebrochen und konnte mit Sophie einfach nichts mehr anfangen.

Malwida war zufrieden mit ihrem Leben. Sie hatte genug zu tun, gab den dienstbaren Geistern des Hauses die nötigen Anweisungen, besprach sich täglich mit der Köchin wegen des Mittagessens und sorgte für die Vorratshaltung. Sie verlangte nichts anderes, als die häuslichen Pflichten, die das Geschick ihr auferlegt hatte, getreu zu erfüllen. Ihre Mutter war inzwischen Ende Fünfzig. Die vielen Geburten und das unruhige Leben hatten ihre Gesundheit geschwächt. Sie hatte sich gerade von einer längeren nervösen Krankheit erholt, als sie sich den Fuß verletzte und monatelang still liegen mußte. Malwida wich nicht von ihrer Seite. Sie ging nicht einmal mehr zu Gesellschaften oder ins Theater, um auf den leisesten Wink der Mutter reagieren zu können. Im Frühjahr entschied der Arzt, daß die Mutter den ganzen Sommer in Baden-

46

Baden zubringen müsse, um sich zu erholen. Natürlich sollten die unverheirateten Töchter mitkommen. Dieser Kurort war gerade en vogue und gehörte zu den größten Bädern Deutschlands. Die Bälle und Gesellschaften waren eine gute Chance, die Töchter an den Mann zu bringen. Es wurde langsam Zeit.

Malwida freute sich. Damals, als sie mit dem Kurfürsten dort gewesen waren, hatte sie noch nicht an den Gesellschaften teilnehmen dürfen. Jetzt würde sie endlich die gebildete und vornehme Welt treffen, unendlich viel lernen und hoffentlich ihre Schüchternheit verlieren, die ihr immer noch zu schaffen machte.

Ihre Wünsche schienen rasch in Erfüllung zu gehen. Bald waren sie in dem Kurort von einer Menge neuer Bekannter umgeben. Im Hotel freundeten sie sich mit einer russischen Gräfin und deren vierzehnjähriger Tochter an. Gemeinsam besuchte man die glänzenden Bälle im Kursaal, wo die Menschen viel eleganter als in Detmold aussahen. Durch die Gräfin lernten sie einen russischen Diplomaten kennen, von dem man erzählte, er habe zwei Menschen das Leben gerettet. Er war nicht nur ein Held, sondern auch ein interessanter Gesprächspartner. Malwida hörte ihm gern zu, wenn er über seine Reisen erzählte oder sich über Geschichte und Dichtung ausließ. Sie spürte, daß er sich für sie interessierte. Kaum daß sie seine Aufmerksamkeit bemerkte, wurde sie leider in seiner Anwesenheit wieder entsetzlich schüchtern. Sie bekam einfach den Mund nicht mehr auf, so schlagfertig sie auch sonst manchmal sein konnte. Dennoch suchte er ihre Gegenwart und lud sie zusammen mit ihrer Schwester und der jungen Russin zu Ausflügen in die Umgebung ein. Wie beneidete sie die Kleine, die ohne Scheu allen möglichen Unsinn schwatzte! Auf einem dieser Ausflüge wurde Malwida sich bewußt, daß ihr die Welt in einem anderen Licht erschien, wenn er dabei war. Alles war so schön und heiter. Ihr wurde plötzlich klar, daß sie diesen Mann liebte. Er hatte alles, was sie brauchte. Er war geistvoll und sensibel, und er strahlte eine große innere Ruhe aus. Er schien ihr vollkommen. Die große Welt dagegen verlor rasch allen Glanz in ihren Augen, und sie wandte sich bald enttäuscht und gelangweilt von den ewigen Gesellschaften und Vergnügungen ab.

Der Diplomat verreiste für einige Zeit und kam dann noch einmal in das Zimmer über ihnen zurück, in dem er schon vorher gewohnt hatte. Am nächsten Morgen sollte er für immer abreisen, um einen fernen Gesandtschaftsposten anzutreten. Malwida wußte, daß es ihr letzter gemeinsamer Abend sein würde. Im Angesicht dieser Gefahr überwand sie endlich ihre Schüchternheit. Ein intensives Gespräch entspann sich zwischen ihnen, das den ganzen Abend andauerte. Beim Abschied sah er ihr lange in die Augen, sagte aber nichts. Am nächsten Morgen fuhr er früh ab. Sie hatte ihn aufstehen gehört und blickte ihm hinter der Gardine versteckt nach, als er das Haus verließ. Auch er blickte noch einmal zu ihrem Fenster hinauf, bevor er für immer aus ihrem Leben verschwand.

Er hatte nicht um ihre Hand angehalten. Wie beiläufig erfuhr sie von ihrer gemeinsamen Bekannten, daß er sie nicht heiraten konnte, weil seine Vermögensverhältnisse zu schlecht waren. Wenn er sich verehelichte, dann mußte seine Frau reich sein. Aber als Ehrenmann wollte er keine Frau ihres Geldes wegen nach Hause führen. Er würde allein bleiben. Malwida hörte nichts mehr von ihm und schloß ihren Schmerz ebenso wie die süße Erinnerung an ihr Beisammensein tief in ihrem Inneren ein.

Natürlich hatte die Mutter ebenso wie alle anderen Bekannten die geheime Liebe mit Argusaugen verfolgt. Zufällig las Malwida eine Briefstelle, in der die Mutter dem Vater darüber berichtete. Zum Glück sprach die Mutter dieses Thema in ihrer Gegenwart niemals an. Malwida hätte es nicht ertragen, wenn ihre innigsten Gefühle ans Licht gezerrt und zum öffentlichen Gesprächsstoff gemacht worden wären. Unbedachte Bemerkungen, Klatschereien und neugierige Fragen brachten sie oft genug in Verlegenheit oder kränkten sie. Sie war immer noch schrecklich empfindlich. Ihr waren oft sogar die Mutter und die Schwestern fremd, die sie doch eigentlich herzlich zu lieben glaubte. Wie die meisten anderen Frauen konnten sie immer und zu jeder Zeit über alles reden, was ihnen gerade einfiel. Für sie schien es kaum etwas zu geben, das sie tief im Inneren verletzbar machte. Malwida kam sich dagegen manchmal wie eine Mimose vor, deren Blüten bei der geringsten Berührung ihre Blätter verloren.

Nach dem Badeaufenthalt fuhren sie zum Vater nach Frankfurt, bei dem sie den Winter verbringen wollten. Der Vater war immer noch für den Kurfürsten tätig. Sie führten in Frankfurt kein großes Haus. Malwida hatte kaum etwas zu tun und wurde wieder unruhig und nervös. Sie brauchte dringend eine neue Herausforderung. Die Religion und die große Welt hatten sie enttäuscht. Jetzt wurde die Kunst ihre neue Offenbarung. Sie hatte immer gern gezeichnet. Die Wiedergabe von Menschen, Natur und Bauten war ihr leicht von der Hand gegangen. Ihre Skizzen waren schon oft bewundert worden, weil sie so naturgetreu wirkten.

In Frankfurt besuchte sie eine Ausstellung des Landschaftsmalers Carl Morgenstern, der wie viele Künstler eine Zeitlang in Italien gelebt hatte. Seine lichterfüllte Bilderwelt begeisterte sie. In ihr glaubte sie jene ideale Schönheit, die Harmonie von Farbe, Licht und Form zu erkennen, nach der sie sich immer gesehnt hatte. Ihr Entschluß stand sofort fest: Bei diesem Künstler wollte sie lernen. Allerdings nahm er keine Schüler an, noch viel weniger Schülerinnen. Die Eltern um Hilfe zu bitten hatte überhaupt keinen Sinn. Malwida löste das Problem auf andere Weise. Sie überzeugte einen alten Freund der Familie, der Italien ebenfalls gut kannte, daß er sich für sie verwenden müsse. Ihm gelang es tatsächlich, den Maler dazu zu bewegen, sich ihre Skizzen anzusehen. Morgenstern war so beeindruckt, daß er versprach, Malwida Unterricht zu geben. Sie sollte gleich mit Ölfarben anfangen. Der Vater bewilligte, wenn auch widerstrebend, den teuren Malunterricht. Malwida war außer sich vor Freude. Um die Farben, die auch nicht billig waren, mochte sie ihn nicht auch noch bitten. Sie versetzte lieber eine goldene Kette, um zu Geld zu kommen. Sie hing nicht an Schmuckstücken. Malen war viel wichtiger.

Mit Haut und Haaren gab sie sich ihrer neuen Leidenschaft hin und war wieder glücklich. Die selbstgestellte Aufgabe füllte sie völlig aus. Sie hatte einen Lehrer gefunden, der ihr den wahren Weg zu einem Leben in Schönheit und Größe zeigen sollte. Sie konzentrierte sich vollständig auf ihre Arbeit, egal was um sie herum geschah: Wenn sie malte, lebte sie in ihrer eigenen Welt. Der einzige Wermutstropfen war, daß ihre Mutter und Laura sehr bald gereizt reagierten, weil Malwida andauernd so abwesend wirkte. Sie erfüllte zwar zuverlässig ihre häuslichen Pflichten und war auch ausgeglichener als sonst. Aber sie ließ sich nur noch ungern auf die alltäglichen Unterhaltungen ein. Sie saß lieber am Fenster, um die sonnendurchfluteten Landschaftsbilder ihres Meisters zu kopieren. Die anderen verstanden ihren Enthusiasmus nicht. Wahrscheinlich hatte sie sich in den Maler verliebt und wollte es nur nicht zugeben. Sie neckten sie damit. Aber Malwida reagierte überhaupt nicht darauf. Mochten sie denken, was sie wollten. Sie wollte malen und sich darin verlieren. Sie war nicht in den Maler verliebt. Sie war gar nicht fähig, sich auf dieses Gefühl einzulassen. Der russische Diplomat hielt ihr Herz noch gefangen. Das Malen half ihr, nicht an ihn zu denken.

7. Rückkehr in die Provinz –
Schritte zu neuen Ufern

Als der Frühling kam, wurde beschlossen, daß die Mutter nach Detmold zurückkehren sollte. Selbstverständlich mußte Malwida mitkommen. Sie war todunglücklich. Jetzt würde sie auch noch ihren einzigen Trost, die geliebten Malstunden, aufgeben müssen. Außerdem würden ihr die vielen kulturellen Anregungen fehlen, die Frankfurt zu bieten hatte. Detmold war in ihren Augen zu einem Provinznest herabgesunken: Dort gab es keine Galerie, keine Künstler, noch nicht einmal ein gutes Bild und nur einige wenige Personen, die überhaupt beurteilen konnten, ob ein Bild gelungen war. In dem großen Wohnhaus des Schwagers, in das sie zurückkehrten, konnte Malwida sich immerhin ein eigenes kleines Atelier einrichten. Aber sie merkte rasch, daß das Malen ohne die Anleitung ihres Lehrers nicht mehr so befriedigend war wie vorher. Sie hatte das Gefühl, künstlerisch auf der Stelle zu treten.

Die Erfahrung hatte sie gelehrt, daß sie wieder krank werden würde, wenn sie, wie ihre Altersgenossinnen, nur herumsaß und auf den Märchenprinzen wartete. Für junge Frauen gab es nur ein einziges Ziel im Leben: den Mann, der sie zum Traualtar führen sollte. Malwidas Zeitgenossin, Fanny Lewald, schrieb später einmal aus der Rückschau, daß die Frauen von ihrem siebzehnten Jahr an saßen und saßen, warteten und warteten und in müßigem Brüten von einem Tage zum anderen hofften und harrten, ob denn der Mann käme, der sie genug liebte, um sich ihrer Hilflosigkeit zu erbarmen.

Diesen Zustand kannte Malwida inzwischen zur Genüge. Sie war im letzten Herbst sechsundzwanzig geworden. Ein Mädchen in ihrem Alter hatte kaum noch Heiratschancen. Natürlich zerrissen sich die Klatschbasen der Stadt die Mäuler über sie: Sie hatte schließlich ihre Chance gehabt. Es hatte sich herumgesprochen, daß der Musikdirektor um sie geworben hatte. Aber sie war ja zu stolz gewesen und hatte die Hand eines Bürgerlichen ausgeschlagen. Angeblich wollte sie keine konventionelle Ehe eingehen. Was sollte man zu soviel Eigensinn noch sagen? Selbst wenn sie ohne Liebe geheiratet hätte und unglücklich geworden wäre, das war doch allemal besser, als ein altes Mädchen zu werden. Aber sie hatte es ja nicht anders gewollt, das hatte sie nun davon. Ledig zu bleiben war äußerst suspekt. Eine Frau, die nicht geheiratet wurde, war irgendwie nicht in Ordnung. Sie gehörte zu jenen armen Geschöpfen, denen das Leben nur Gartenzaunbillette zu allen Genüssen des Daseins bewilligte; sie durften überall nur von fern zusehen, wie die anderen sich freuten.

Selbstverständlich wurde auch von unverheirateten Frauen – egal wie alt sie waren und im Gegensatz zu den jungen Männern, die sich schließlich die Hörner abstoßen mußten – verlangt, daß sie ihre Jungfräulichkeit bewahrten. Junge Frauen in Malwidas Alter konnten fast keinen Schritt selbständig machen, sondern wurden – wie kleine Mädchen – permanent beaufsichtigt und gegängelt. Die Jungfräulichkeit war schließlich ein Kapital, das ihren Wert auf dem Heiratsmarkt bedeutend erhöhte. Angeblich konnte selbst noch in vorgerückten Jahren ihr bloßer Besitz die Pforten der Ehe aufschließen. Ihre Preisgabe aber verschloß sie für immer.

So blieben die Mädchen in Malwidas Umgebung bis zu ihrer Hochzeit unberührt und vom wirklichen Leben unbeleckt. Es war kein Wunder, daß viele von ihnen, wie Malwida auch, mit Ende Zwanzig immer noch sehr jung und kindlich aussahen. Bis zur Ehe gab es für sie keinen anderen Platz als den Schoß ihrer Familie. Sie gehörten ins Haus. Etwas anderes als die häuslichen Tätigkeiten kannten sie nicht. Auch Malwida hatte keine andere Wahl, als bei den Ihren zu bleiben und immer mehr zu einer jener unzähligen ältlichen Tanten zu verkümmern, die stets in dunklen Kleidern gingen und langsam vertrockneten – den heranwachsenden Töchtern eine ständige Mahnung. Sie sah dieses Schicksal deutlich vor sich. Sie würde ein solches Dasein nicht aushalten können. Sie brauchte dringend ein Ziel, für das es sich zu leben lohnte.

Malwida sah inzwischen die sozialen Unterschiede in ihrer kleinen Stadt. Die Zeiten waren schlechter geworden. Die ersten Folgen der einsetzenden Industrialisierung waren sogar im abgelegenen Detmold zu spüren. Die Bevölkerung der Stadt hatte deutlich zugenommen. Besonders arme Leute waren vom Land, wo ihnen die neuen landwirtschaftlichen Maschinen die Arbeit wegnahmen, in die Stadt gezogen, um dort ihren Lebensunterhalt zu suchen. Ein neuer Begriff tauchte auf und wurde allenthalben diskutiert: der Pauperismus. Damit wurde die massenhafte Armut bezeichnet, die man bis dahin so nicht gekannt hatte.

So entschloß sie sich, die christliche Nächstenliebe ernst zu nehmen, die von den Kanzeln stets gepredigt wurde. Sie wollte endlich eine sinnvolle Tätigkeit ausüben. Sie suchte nach einem Weg, auf dem sie ganz persönlich dort helfen konnte, wo es am nötigsten war. Woher nahm sie ihre Idee, einen »Verein der Arbeit für Arme« zu gründen? Hatte sie von Frauen gehört, die in anderen Städten solche Vereine ins Leben gerufen hatten? Jedenfalls beschloß sie, Frauen um sich zu sammeln und mit ihnen gemeinsam für die Armen zu arbeiten. Das war ein äußerst ungewöhnliches Unterfangen. Davon hatte man in Detmold noch nie gehört, daß sich jetzt auch junge Damen der besten Gesellschaft zu einem Verein zusammenschlossen, Statuten aufstellten und eine eigene Kasse einrichteten. Bisher hatten nur Männer solche Assoziationen gegründet. Frauen waren gar nicht geschäftsfähig. Sie benötigten immer und überall männlichen Schutz, männliche Vormundschaft und männliche Vertretung.

Malwida brauchte eine ganze Menge Mut, Entschlossenheit und Eigenverantwortung, um einen solchen Zusammenschluß für Frauen zu organisieren. Es war nicht leicht, andere Frauen davon zu überzeugen, daß ihre Vereinsidee eine gute Sache war. Die meisten der jungen Damen, die Malwida ansprach, blieben zurückhaltend. Nur einige Freundinnen ließen sich begeistern. Sie trafen sich einmal in der Woche, um gemeinsam zu nähen und Handarbeiten anzufertigen. Das war die einzige nützliche Tätigkeit, die sie ausüben konnten. Bei jedem Treffen legten sie etwas Geld in die Vereinskasse. Davon und von zusätzlichen Spenden wurde das Material angeschafft. Bis Weihnachten waren so viele Kleidungsstücke fertig, daß man sie an die Armen der Stadt verteilen konnte.

Dieser erste Erfolg sprach sich rasch herum. Jetzt fingen auf einmal auch andere Frauen an, sich für den Verein zu interessieren. Unter ihnen waren die beiden Töchter von Pastor Althaus. Die ältere und Malwida waren gleichaltrig, aber sie hatten sich nie besonders füreinander interessiert. Die jüngere, Elisabeth, war gerade konfirmiert worden und trat eben erst in die Gesellschaft ein. In ihr erkannte Malwida sich selbst wieder. Auch Elisabeth wurde leicht für affektiert und extravagant gehalten, weil sie ernste Gespräche leerem Geschwätz vorzog. Auch dieses junge Mädchen wurde nur dann lebhaft, wenn ein Gesprächsstoff sie wirklich interessierte, und blieb sonst verlegen, stumm und linkisch. Eine enge Freundschaft begann, die bis zur Heirat von Elisabeth mit einem Bruder der Schriftstellerin Fanny Lewald dauern sollte. Diese Hochzeit war in Malwidas Augen ein schwerer Fehler. Elisabeth liebte diesen Mann nicht und ließ sich auf eine jener Konvenienzehen ein, die Malwida zutiefst verabscheute. Sie verurteilte ihre liebste Freundin heftig und brach die jahrelange enge Beziehung abrupt ab. Aber noch war es nicht soweit. Obwohl sich alle Welt darüber wunderte, fand Malwida in Elisabeth endlich eine echte Freundin, für die sie zugleich die ältere und erfahrenere Schwester spielen konnte. Bald steckten sie ihre Köpfe fast täglich zusammen.

Im Sommer dieses Jahres – man schrieb inzwischen 1843 – kam Theodor, Elisabeths älterer Bruder, in seine Vaterstadt zurück, um in der Hauptkirche seine Examenspredigt zu halten. Malwida kannte ihn seit der Zeit ihrer Konfirmation, als sie sein Elternhaus häufig besuchte. Damals war er fast noch ein Kind gewesen; ein scheuer Jüngling, dessen blasse Gesichtsfarbe ihr auffiel. Wenn sie seine Mutter besuchte, saß er manchmal bei dieser am Schreibtisch und arbeitete. Er stand immer sofort auf, sah sie kaum an, grüßte linkisch und verschwand.

Inzwischen hatte er in Bonn und Jena Theologie studiert. Am Rhein hatte er das liberale Gedankengut kennengelernt, in das sich die ersten sozialistischen Töne mischten. Er begeisterte sich für Volksvertretung und Pressefreiheit. Elisabeth zuliebe besuchte Malwida seine Predigt, obwohl sie sonst nur noch selten in die Kirche ging. Im Gottesdienst beeindruckte sie die Gestalt des jungen Redners. Ein hochgewachsener Mann mit bleichem Gesicht über dem schwarzen Talar stieg auf die Kanzel. Seine Gesichtszüge erschienen ihr scharfgeschnitten und edel, als ob er einer südlichen Rasse entstammte. Seine dichten, schwarzen Haare fielen bis auf die Schultern, und seine hohe Stirn erinnerte sie an Denker und Märtyrer. Als er zu sprechen anfing, zog sie der Klang seiner tiefen, sonoren Stimme sofort in den Bann, und nach wenigen Worten nahm sie auch der Inhalt seiner Predigt gefangen. Hier herrschten andere Themen vor, als sie es bisher gewohnt war. Er entwarf ideale Vorstellungen vom Zusammenleben der Menschen ganz im Sinne der ursprünglichen christlichen Lehre des Evangeliums. Er trug seine Gedanken mit großer jugendlicher Begeisterung vor. Sie fühlte sich dieser Seele verwandt, die für eine gute Sache entbrannt war und trotzdem scharfsinnige und kritische Schlußfolgerungen zog, die sie auch auf der Verstandesebene überzeugten. Malwida war hingerissen.

Sie sah Theodor nach seiner Predigt nicht wieder. Er ging nach Berlin, um seine akademische Laufbahn abzuschließen. In der preußischen Hauptstadt beschränkte er sich nicht darauf, Vorlesungen an der Universität zu hören. Häufig besuchte er seinen Großvater, einen ehemaligen Bischof, der ganz in der Nähe, in Potsdam, lebte. Sie verstanden sich gut. Das christliche Gedankengut bildete die gemeinsame Basis für ihre freiheitlichen Ideen von einer neuen deutschen Republik, von der beide schwärmten. Theodor öffneten sich auch die Berliner Salons. Er war bei Henriette Herz zu Gast und weilte häufig bei Bettine von Arnim. Beide versammelten in ihren Räumen die geistige Elite der Hauptstadt zu ungezwungenen Gesprächen. Theodor war jede Konvention zuwider. So fühlte er sich von Bettines originellem Umgangston angezogen. Sie gehörte zu den unbequemen Leuten, die die Wahrheit sagten. Auch in ihren Kreisen herrschte liberales Gedankengut vor, das unter den Intellektuellen immer mehr Anhänger fand.

Politische Veränderungen schienen dringender nötig denn je. Immer noch galten die Karlsbader Beschlüsse von 1819: Alle Druckwerke mußten von der Zensur geprüft werden, ob sie staatsgefährdende Inhalte verbreiteten. Von der Willkür des Zensors hing es ab, ob ein Werk erscheinen konnte oder verboten wurde. Autoren standen wegen ihrer Schriften immer mit einem Bein im Gefängnis. Bettine von Arnim hatte gerade einen längeren Text unter dem listigen Titel »Dies Buch gehört dem König« an der Zensur vorbeigeschmuggelt. Seinen Schluß bildete eine Art Reportage über eine Armenkolonie vor den Toren der Stadt. Das Werk schockierte die bürgerliche Öffentlichkeit. Man fand es besonders befremdend, daß eine Frau aus gutem Hause wagte, sich so vehement für Benachteiligte einzusetzen. Sie hatte offenbar sogar die Familien der Armen besucht; Menschen, die von Krankheit und Hunger gezeichnet waren und so zusammengepfercht in großen Häusern lebten, daß in vierhundert Zimmern zweitausendfünfhundert Personen wohnten.

Ein Jahr später – im Juni 1844 – sollte der Weberaufstand in Schlesien die Gemüter erregen und zu einem wütenden Aufschrei gegen Ausbeutung und Elend werden, der die Welt erschütterte. Eine neue Generation junger Dichter griff mit revolutionärer Begeisterung in die Tagespolitik ein und setzte sich engagiert für soziale Belange ein. Die Forderungen nach Aufhebung der Zensur, nach freiheitlichen Verfassungen und Gleichberechtigung, nicht nur aller Bürger, sondern – in ganz radikalen Schriften – sogar der Frauen, waren immer häufiger zu hören. Und nicht nur die Männer griffen zur Feder. Zum ersten Mal fingen auch eine ganze Reihe von Frauen an, sich schriftlich zu Wort zu melden.

Theodor begriff schon damals den Zwiespalt, in den der Kampf um die Freiheit ihn und seine Generation brachte. Er sah den schweren Konflikt, den jeder einzelne mit sich selbst austragen mußte: Ein großer Teil dessen, wofür sie sich einsetzten, würde fünfzig Jahre später eine Selbstverständlichkeit sein. Er aber und seine Freunde gefährdeten durch ihren persönlichen Einsatz ihre ganze Existenz. In Berlin hatte er seine akademische Laufbahn als Theologe eigentlich mit einer Habilitation abschließen wollen. Dann kam eine Verordnung, daß dieser akademische Grad an preußischen Universitäten nicht ohne die Erlaubnis des Kultusministers verliehen werden durfte. Unter diesen Umständen sah er für sich und seine freiheitlichen Ideen keine Chance. Er warf sich auf die Fächer Philosophie und Geschichte in der Hoffnung, sich einen anderen Platz erkämpfen zu können. Er hatte keine namhafte Erbschaft zu erwarten. Er mußte eine gute berufliche Position erringen, um seinen Lebensunterhalt zu sichern. Nach einem Jahr begrub er die Idee einer Universitätslaufbahn und kehrte ohne höhere akademische Weihen in sein Elternhaus zurück.

Während er in Berlin war, hatte Malwida in Detmold weiter in ihren gewohnten Bahnen gelebt. Die vielen kleinen Aufgaben, Verpflichtungen und Sorgen innerhalb der großen Familie, ihr Verein, das Malen und das Lesen füllten ihre Zeit notdürftig aus. Die Tage verrannen eintönig, ohne daß sie recht wußte, wie. So freute sie sich auf Theodor, der diesmal länger in der Stadt bleiben sollte. Er würde aus der Hauptstadt Preußens eine Menge Anregungen und neuen Gesprächsstoff mitbringen.

Gleich nach seiner Ankunft wurden Malwida und Laura eingeladen. Theodor setzte sich neben Malwida. Zwischen ihnen entspann sich ein lebhaftes Gespräch. Überrascht stellten sie fest, wie stark sie übereinstimmten. Immer fanden sie eigene Gedanken in den Worten des Gegenübers wieder. Doch schon beim Gegenbesuch Theodors im Haus der Meysenbugs konnte Malwida sich nicht mehr unbefangen mit ihm unterhalten. Ihre Schüchternheit – jener sonderbare innere Zwang, den sie nicht verstand und der ihr schon so manche Stunde ihres Lebens verdorben hatte – hatte sie wieder im Griff.

TEIL II

Ein Frauenschwur
(1845 – 1852)

8. Neue Horizonte – Reise in die Provence

Ihre neue Freundschaft wurde bald unterbrochen. Malwidas Schwägerin, die Frau ihres ältesten Bruders, war leidend und sollte den Winter in wärmerem Klima verbringen. Die Mutter eröffnete Malwida, daß sie zur Begleiterin bestimmt worden war. Sie sollten den Winter in der Provence verleben und im nächsten Frühjahr über das nördliche Italien zurückkehren.

Für Malwida ging ein Traum in Erfüllung. Endlich sollte sie mit eigenen Augen das Licht des Südens sehen, endlich Italien, das Land der Wunder, kennenlernen, das Land, von dem sie seit ihrer Kindheit träumte. Unter das Hochgefühl und die Vorfreude, die die Reisevorbereitungen auslösten, mischte sich auch Abschiedsschmerz. Sie fühlte sich von der Familie und in ihrem ganzen Kreis sehr geliebt. Eine Reise nach Italien war ein bedenkliches Unternehmen. Reisen war nicht ungefährlich, Unglücksfälle und räuberische Überfälle lagen im Bereich der Möglichkeiten. Man konnte krank werden, und es war ungewiß, ob in der Fremde ein guter Arzt und Heilung zu finden waren.

Elisabeth, ihre beste Freundin, und Theodor freuten sich zwar mit ihr, aber ließen sie nur ungern ziehen. Früh am Morgen der Abreise begleiteten sie Malwida zum Postwagen. Eisenbahnen gab es in dem abgelegenen Ländchen noch nicht. Theodor überreichte ihr zum Abschied einen Blumenstrauß mit einem Brief. Als sie ihn später öffnete, fand sie ein Abschiedsgedicht, in dem er sie mit einem Stern verglich, der ihm kaum aufgegangen war und schon nach Süden zog. Nach dem Lesen schwebte sie wie auf Wolken. Sie verfaßte eine Antwort in Versen und sandte sie ihm zu. Doch während der Reise traten rasch die vielen neuen Eindrücke in den Vordergrund, und neue Freundschaften füllten sie ganz aus.

Die Reisegesellschaft, mit der Malwida im Spätsommer 1844 in den Süden zog, bestand neben der Schwägerin und den beiden kleinen Neffen noch aus einem Erzieher, einer Kammerjungfer und einem Diener. Sie fuhren in der eigenen Kutsche, die mit allen Bequemlichkeiten ausgestattet war. Malwida gefiel diese Art zu reisen außerordentlich gut. Man war sein eigener Herr, konnte anhalten, wo man wollte, und mußte sich nicht um fremde Leute kümmern. Ihr Weg führte sie zuerst in die Schweiz. Malwida fühlte sich, je weiter sie sich von der Heimat entfernten, immer freier und freudiger. In einer Welt, die jeden Tag neue Eindrücke für sie bereithielt, in der sie zum ersten Mal in ihrem Leben staunend vor dem gewaltigen Massiv der Hochalpen stand, verschwanden die Schrecken und trüben Visionen, die sonst so oft ihr Gemüt verdunkelt hatten. Es ärgerte sie allerdings, daß sie die Natur und Kunstschätze nicht immer auf ihre eigene, intensive Weise erleben konnte. Anstatt draußen in der freien Natur einen Sonnenuntergang genießen zu können, mußte sie ewig lange im Hotel speisen. Bei jeder Sehenswürdigkeit wurden sie von dem Erzieher, der alles mit dem Reiseführer in der Hand abhakte, zum nächsten Ziel gedrängt.

Von der Schweiz reiste man durch das Rhonetal in Richtung Côte d'Azur. In Hyères, einer kleinen Stadt südwestlich von Cannes, wollte man den Winter zubringen. Die Ankunft war nicht gerade vielversprechend: Malwida hatte sich den ersten Anblick des Meeres erhaben und unendlich vorgestellt. Statt dessen trafen sie bei Hyères auf eine sandige Schlickfläche, die in ihrer grauen Eintönigkeit wie ein Sumpf wirkte. Dann kamen auch noch zwei neugierige Damen des Povinzbürgertums, die zwar zuvorkommend ihre Dienste anboten, die Schwägerin aber gleichzeitig impertinent ausfragten. Darüber stritt sich diese dann mit dem Erzieher. In dieser Stimmung von schlechter Laune, Streit und Enttäuschung quälte Malwida zum ersten Mal tiefes Heimweh.

Es ging schnell vorüber. Bald hatte sie sich in der neuen Umgebung eingelebt. Aus ihrem Zimmer konnte sie über die Ebene mit den Orangenhainen bis zum Meer und seinen kleinen Inseln blicken, das sie jetzt von der anderen Seite kennenlernte. Sie entdeckte die südliche Küstenlandschaft mit ihren malerischen Felsriffen, üppiger Vegetation und blühenden Myrten. An der Küste entlang oder landeinwärts konnte sie ganz allein durch die Gegend streifen. Die Malerin in ihr lebte wieder auf. Sie genoß die südliche Natur mit ihren sanften Linien und den zarten Abstufungen von Licht und Farbe. Im kalten Norden hatte sie mit dem Gegensatz zwischen Körper und Geist gerungen, mit der Dualität, die die orthodoxe Religion sie gelehrt hatte. Jetzt, unter dem azurblauen Himmel des Südens, empfand sie, daß es eine innere Einheit zwischen Geist und Materie gab, daß der Geist nicht dem Stoff widerstritt, sondern ihn beseelte und verklärte.

Für die freien Stunden des Tages fand Malwida bald eine jüngere Freundin, mit der sie lange Ausflüge unternahm. Oft suchten sie sich einen schönen Platz am Meer oder auf einem Berg, wo sie sich niederließen, sich unterhielten oder zeichneten. Sie genossen diese Stunden eines wahrhaft freien Lebens, in denen sie alles hatten, was sie brauchten: hohe geistige Interessen, feuriges Streben, entzückende Umgebungen, unbegrenzte Freiheit. Da war nicht einmal ein leiser Schatten jener kleinlichen Nebenbeschäftigungen, die zu Hause so oft die besten Stunden gestört hatten. Wünsche, Unruhe, Zweifel, Reue – alles war verschwunden. Sie genügten sich selbst in dem bloßen Gefühl des Daseins.

Im Laufe des Herbstes beschloß man, ganz in Hyères zu bleiben und nicht mehr nach Italien weiterzufahren. Malwida war damit sehr zufrieden, obwohl sie das Land ihrer Träume nun doch nicht sehen sollte. Sie hatte einen jungen gelähmten Aristokraten kennengelernt, der Goethe verehrte und dessen Bibliothek sie mitbenutzen durfte. Sie musizierte oft mit der Mutter des jungen Mannes. Diese Bekanntschaft führte zu einer Einladung auf einem großen Ball. Die Admiralität im nahe gelegenen Toulon veranstaltete dieses Fest zum Geburtstag des französischen Königs. Es gab ein prachtvolles Feuerwerk. Danach wurde in allen Sälen getanzt. Malwida kam kaum zu Atem. Die französischen Marineoffiziere, die die zierliche blonde Deutsche andauernd zum Tanz aufforderten, gefielen ihr. Die Polka wurde zum Höhepunkt des Abends. Dieser neue Modetanz kam in Frankreich gerade erst auf. Malwida kannte ihn schon. Alle Paare umringten sie und ihren Partner. Endlich einmal stand sie ganz und gar im Mittelpunkt, wurde bewundert und hörte am laufenden Band die schmeichelhaftesten Komplimente. Sie war berauscht vom Glanz und Trubel dieses Festes und tanzte die ganze Nacht durch.

Gegen vier Uhr morgens brach sie schließlich auf und fuhr mit der Vorleserin des Aristokraten im Wagen nach Hyères zurück. Die Vorleserin ließ eine spitze Bemerkung nach der anderen los, aber Malwida reagierte nicht darauf, und schließlich gab die andere Ruhe und schlief endlich ein. Malwida ließ die letzten Stunden noch einmal an sich vorüberziehen: Sie war noch nie auf einem so glänzenden Ball gewesen, auf dem sie so gefeiert worden war. Aber je länger sie darüber nachdachte, desto mehr erschien ihr das alles leer und bedeutungslos. Der Ball kam ihr auf einmal fade vor. Die Gespräche und Komplimente erschienen ihr in der Rückschau nichtig und langweilig. Sie sah die Sonne über dem Meer aufsteigen, die seine dunkle, glatte Fläche rot färbte. Aber sie war zu müde, um dieses Schauspiel aus ganzem Herzen zu genießen. Da wurde ihr klar, daß die gesellschaftlichen Freuden in ihrem Leben keine Bedeutung mehr hatten. Ihr ganzer Zauber war auf einmal verflogen. In Zukunft würde sie solche Vergnügungen nicht mehr suchen. Sie würde auch nicht mehr tanzen. Dieser Entschluß stieg plötzlich in ihr auf. Sie mußte ihn sich nicht erst abringen wie damals, als sie sechzehn war und die Welt floh. Es war eine innere Erfahrung: Was sie gerade erlebt hatte, hatte plötzlich jeglichen Reiz für sie verloren.

Das Frühjahr kam und damit die Abreise aus Hyères. Malwida zog nur ungern wieder fort. Am liebsten hätte sie die neuen Freunde und den warmen, sonnigen Süden nie mehr verlassen. Der Rückweg führte durch die französischen Alpen. Acht Tage, nachdem sie von der blühenden Küste abgereist waren, wanderte Malwida in schneidender Kälte hinter dem Reisewagen her, um die Pferde zu entlasten. Die Straße führte mitten durch die rauhe Alpenlandschaft. Steile Bergspitzen umgaben sie. Was für ein Unterschied zu der frühlingshaften Naturschönheit des Mittelmeers! Sie dachte über diesen Gegensatz nach. Sie fürchtete sich davor, in die Heimat zurückzukehren. Im gleichmäßigen Ausschreiten verfiel sie in eine Art Trance, in der sie auf den eisigen Hängen über sich eine Schrifttafel erblickte, auf der ihre ganz persönliche Schicksalsfrage aufleuchtete. Als ob sie die Schrift lesen würde, wurde ihr bewußt, daß ihr Leben ein Kampf ohne Aufhören werden würde, ein Weg, der durch einsame, unfruchtbare Wüsten führte, wie die Straße, die sie wandelte. Sie sehnte sich so sehr danach, in Schönheit und für ihre idealen Vorstellungen zu leben, so wie sie es jetzt im Süden erlebt hatte. Aber sie würde immer älter werden, diese wunderbaren Stunden der Jugend, der Schönheit und der Poesie würden bald nur noch Erinnerung sein. Wollte sie wirklich diese Aufgabe auf sich nehmen, wollte sie weiterhin an Idealen festhalten, die die ganze Welt für unerreichbar hielt?

In dem Augenblick, in dem diese Frage sich ihr stellte, brachten ihr die beiden Neffen einen frischen Veilchenstrauß, der neben dem Eis erblüht war. Für Malwida war dieser Strauß eine über die Maßen symbolische Gabe, die sie so rührte, daß sie niederkniete. In ihrem Herzen gelobte sie, den einsamen Pfad weiterzugehen, die Wahrheit zu suchen, und dankbar zu sein für die wenigen Blumen, die sie auf dem Wege finden würde.

Sie war in diesen Tagen der Rückreise und des Abschiedsschmerzes tief in ihre eigene Gedankenwelt eingesponnen. Als sie wenige Tage später in Grenoble haltmachten und von dort zu dem großen Kartäuserkloster weit hinauf in die Bergeinsamkeit aufstiegen, verlor sie sich in ein weiteres mystisch-meditatives Erlebnis. Weil nur Männer das Kloster betreten durften, mußte sie mit den Kindern in einem kleinen Holzhaus vor dem Eingangstor bleiben. Ihre Haustür wurde abends abgeschlossen. Malwida beneidete den Erzieher, der die alten Klostermauern von innen sehen durfte. Sie selbst blieb am Fenster, beobachtete die Mönche und sah den Abend über den Bergen heraufziehen, bis der Mond am Himmel stand und die Einsamkeit der Gipfel um sie herum in sein bläuliches Licht tauchte. Im Halbdunkel versank sie in sich selbst, die Außenwelt verschwand, und sie erreichte jenen seltenen geistigen Zustand, in dem die inneren Bilder und Gedanken sich auflösen und vergehen. Sie hatte den Eindruck, ihr Dasein bestünde nur noch in der reinen Idee, in der Abstraktion der Dinge und sie schwämme, wie ein elementares Fluidum, auf den silbernen Strahlen des nächtlichen Gestirns. Lange, lange schaute sie hinaus und hatte das Gefühl ihrer Individualität verloren.

Erst die Mitternachtsglocke rief sie in die Gegenwart zurück. Sie wäre gern in diesem seeligen Zustand der allumfassenden Liebe geblieben und kam nur widerwillig in die Welt zurück, in der sie wieder denken und handeln mußte.

Als sie endlich in Deutschland ankamen, deprimierten der trübe Himmel und die farblose Vorfrühlingslandschaft, in der noch keine Blumen blühten, Malwida zutiefst. Natürlich freute sie sich trotzdem, als sie in ihrer großen Familie wieder herzlich empfangen wurde. Und doch: Sie fühlte sich auch fremd im altgewohnten Kreis. Die vielen neuen Erfahrungen und Eindrücke der weiten Reise und die Selbständigkeit, die sie in Hyères genossen hatte, hatten ihren Horizont erweitert. Sie war sich darüber klar geworden, daß sie ihr Leben verändern mußte, daß sie ihre Zeit nicht mehr mit schaler Geselligkeit, banalen Beschäftigungen und belanglosen Gesprächen verbringen konnte und wollte. Sie würde nicht das zugleich langweilige und aufopferungsvolle Leben einer alternden Jungfer führen, das sie mit tödlicher Sicherheit in Detmold erwartete. Sie mußte eigene Ziele finden und sich dafür tatkräftig einsetzen können.

Einen Moment lang glaubte sie, sie könnte innerhalb ihrer Familie eine befriedigende Aufgabe finden. Ihr Vater, der immer noch im Dienste seines Fürsten in Frankfurt lebte, klagte über seine Einsamkeit. Sie bot ihm an, zu ihm zu kommen, seinen Haushalt zu führen und sein Leben zu teilen. Doch enttäuscht mußte sie feststellen, daß er ihre Hingabe nicht annahm. So blieb sie in Detmold und nahm ihr altes Leben wieder auf. Sie wandte sich erneut der Malerei zu und vollendete mehrere Bilder nach ihren südlichen Skizzen. Doch bald erwartete sie eine neue Enttäuschung: Der Arzt riet ihr, das Malen, ihre liebste Beschäftigung, endgültig aufzugeben, wenn sie nicht ihr Augenlicht verlieren wolle. Sie verzweifelte fast. Aber sie trug auch diesen Kampf allein mit sich selbst aus und versuchte, niemandem merken zu lassen, daß sie mit ihrem Schicksal haderte. Obwohl sie es selbst nicht wahrhaben wollte, hatte sie schon lange nicht mehr genug kindliches Vertrauen in ihre Angehörigen, um sich ihnen mit all ihren Problemen und ihrer Verzweiflung anzuvertrauen.

Aber sie brauchte neben ihren stets vorhandenen familiären Verpflichtungen dringend neue Aufgaben, um die Lücke auszufüllen, die die Malerei hinterließ. Malwida hatte nach ihrer Rückkehr auch die Besuche bei den Armen der Stadt wiederaufgenommen. Jetzt erzählte man ihr von einem kranken Jungen, der in äußerst beengten Verhältnissen dahinsiechte. Todgeweiht durch einen rasch fortschreitenden Knochenkrebs am Bein, wünschte sich dieser Junge, noch konfirmiert zu werden. Trotz der stets wie ein Schild vorangetragenen christlichen Nächstenliebe war kein Prediger der Stadt bereit gewesen, ihn zu besuchen.

Zwar hatte Malwida immer schon die häusliche Krankenpflege ihrer nächsten Angehörigen übernommen, weil Kranke in den besseren Familien stets zu Hause versorgt wurden. Hospitäler waren damals noch elende Anstalten für die Ärmsten der Armen, in denen es kaum Hoffnung auf Gesundung gab. Aber jetzt mußte auch sie ihren ganzen Mut zusammennehmen, um den Anblick und den Gestank des kranken Beines zu ertragen. Trotzdem ging sie regelmäßig zu dem Jungen, um ihm aus der Bibel vorzulesen und die Schriftstellen zu erklären. Sie nahm an dem traurigen Schicksal dieses Kindes, das sie im Sterben begleitete, innigen Anteil. Sein Tod, den alle erwartet hatten, hinterließ in ihrem Leben eine große Lücke. Aber auch ihre Trauer konnte sie zu Hause nicht offen zeigen. Wieder begegnete sie dem gleichen Unverständnis, mit dem schon ihre Intensität beim Malen und vorher ihre christliche Askese begleitet worden war. Man sprach zwar nicht direkt darüber. Aber sie spürte doch aus Randbemerkungen und dem Verhalten, daß keiner von all den vielen Menschen, die ihr nahe waren, wirklich begreifen konnte, warum sie unbedingt immer »so weit« gehen mußte.

Nach der Rückkehr hatte Malwida ihre innige Freundschaft zu Elisabeth sofort wieder aufgenommen. Theodor kam wenig später von einem Besuch in Berlin zurück und wurde sofort eingeladen. Er kam auf Malwida zu und reichte ihr die Hand. Ihre Blicke begegneten sich. In seinen Augen lag ein tiefes Verstehen, als ob sie sich seit Ewigkeiten gekannt hätten. Sie unterhielten sich wie bei ihrer ersten Begegnung wieder fast den ganzen Abend miteinander. Für die Zukunft wurden feste Zeiten verabredet, zu denen man sich bei den Meysenbugs treffen wollte.

Obwohl bald ein intensiver Gedankenaustausch zwischen ihnen entstand, hielt Malwida sich innerlich zurück und versuchte, die neue Freundschaft vor sich selbst auf das Zusammentreffen zweier verwandter Seelen zu reduzieren. Vor einer Liebesbeziehung zu Theodor hatte sie große Angst. Es gab verschiedene Gründe, warum sie sich lange nicht zugeben wollte, daß sie sich in Theodor verliebt hatte: Er war sechs Jahre jünger als sie – ein riesiger Unterschied in einer Zeit, in der die Männer normalerweise wesentlich älter waren als die Frauen, die sie heirateten. Außerdem war Theodor noch viel zu jung und in seiner Existenz noch zu ungesichert, um sich schon fest zu binden. Malwida fürchtete, seiner Zukunft im Weg zu stehen und ihm zuviel Verantwortung aufzubürden, besonders da sie ihn zu großen Dingen bestimmt hielt. Obwohl Theodor ihr bald von seiner Liebe sprach und auch von ihr ein Bekenntnis verlangte, kämpfte Malwida mit aller Kraft gegen ihre Zuneigung an.

Möglicherweise war es dieser innere Kampf, der ihre Gesundheit erschütterte. Jedenfalls wurde sie so schwer krank, daß man an ihrem neunundzwanzigsten Geburtstag im Oktober 1845 das Schlimmste fürchtete. Drei Wochen schwebte sie zwischen Leben und Tod. Ein dämmerndes Gefühl unendlichen Glücks erleichterte ihr diesen Zustand, in dem sie ständig Beethovensche Symphonien in sich erklingen hörte. Als sie wieder zu sich kam, erzählte man ihr, daß Theodor täglich nach ihr gefragt habe. Sie erholte sich, und nach einiger Zeit war sie kräftig genug, Besuch zu empfangen. Auch Theodor durfte seine Aufwartung machen. Wieder reichten sie einander die Hand und spürten in diesem Augenblick die Stimmung des anderen. Theodor erzählte ihr später, daß er sofort gefühlt hatte, wie ihre ganzen Bedenken gewichen waren. Sie liebten einander und würden von nun ab gemeinsam ihren geistigen Weg suchen.

Doch nach den ersten Besuchen kam Theodor plötzlich nur noch selten, auch wenn sie täglich einige Zeilen von ihm erhielt. Dann aber überraschte er sie mit seinem ersten Buch, in dem er sich öffentlich vom orthodoxen Christentum lossagte und Christus als Menschen, Reformator und Revolutionär darstellte, der nichts anderes hatte einführen wollen, als ein gereinigtes Judentum und eine edlere Moral. Theodor hatte schon als er nach Detmold zurückgekommen war, für die *Weserzeitung* zu schreiben begonnen, die in Bremen erschien. Er hatte anfangs eine Reihe von Artikeln über akademische und religiöse Fragen verfaßt, in denen er besonders die Bedeutung der Freiheit betonte. Damit schlug er extrem kritische Töne in einer Zeit an, in der die alte Ordnung, die auf Zwang und Überwachung beruhte, zu schwanken begann.

Die Lage der Bevölkerung in den deutschen Kleinstaaten war inzwischen immer schlechter geworden. Gegen die skrupellose Ausbeutung durch das neue kapitalistische Unternehmertum und die alten adeligen Landesherren brachen immer wieder Unruhen und Aufstände aus. Wie gesagt, hatte 1844 der Weberaufstand in Schlesien die Menschen wachgerüttelt und für Angst und Schrecken unter den Konservativen gesorgt. Ein Jahr später brachten Überschwemmungen und Mißernten, Arbeitsstockungen und Handelskrisen die Menschen in noch größere Not. Hunger und Krankheiten grassierten. Theodor forderte in seinen Artikeln denn auch dazu auf, sich endlich auf die eigentliche Botschaft des Chri-

Malwidas große Liebe, von ihr selbst porträtiert: Theodor Althaus.
(Abbildung: Nordrhein-Westfälisches Staatsarchiv Detmold)

stentums zu besinnen. Jetzt sei es an der Zeit, mit der christlichen Liebe und Brüderlichkeit im Leben Ernst zu machen, lautete sein flammender Appell.

Es war kein Wunder, daß er sich mit seiner klaren Sprache und seinem manchmal schroffen Wesen die gute Gesellschaft, den Hof und die orthodoxen kirchlichen Kreise Detmolds rasch zu Feinden machte. Im Juli brachte er das Faß zum Überlaufen. In diesem Monat feierte Fürst Leopold von Detmold-Lippe das Silberjubiläum seiner Herrschaft. Theodor schrieb darüber einen Bericht, in dem er nicht nur die Lokalaffären der Stadt einer größeren deutschen Öffentlichkeit preisgab, sondern auch noch vehement die großen Ausgaben für das Theater auf Kosten der Armen tadelte, die die Steuern zahlten.

Malwidas Schwager, der als Intendant für das Detmolder Theater zuständig war, war natürlich besonders aufgebracht. Die ganze gute Gesellschaft brach rigoros mit Theodor. Seine Eltern gehörten zwar zu den ersten Familien der Stadt, ihn aber verbannte man aus allen offiziellen Funktionen. Man verschloß sogar die Türen der Ressource vor ihm. Daß er dort nicht mehr Billard spielen oder an geselligen Veranstaltungen teilnehmen konnte, dürfte ihn dabei noch am wenigsten gestört haben. Schlimmer war, daß er die umfangreiche Bibliothek dieses Vereins nicht mehr benutzen konnte. Da dort eine Vielzahl von Zeitungen gehalten und ständig neue Bücher angeschafft wurden, die er für seine wissenschaftlichen und theologischen Artikel benötigte und sich selbst nicht leisten konnte, fehlten ihm plötzlich die Arbeitsmöglichkeiten, die er dringend brauchte.

In dieser Zeit gründeten er und seine Gesinnungsgenossen, zu denen sein alter Studienkollege Carl Volkhausen gehörte, einen Leseverein, in dem die neuesten Schriften der Opposition zirkulierten. Carl Volkhausen war damals Lehrer in Detmold und ein häufiger Gast in Theodors Familienkreis. Der Leseverein wurde ein voller Erfolg. Für zwei Taler in der Woche erhielten seine – natürlich nur männlichen – Mitglieder wöchentlich einmal eine neue Schrift zugesandt, die sie untereinander weiterreichten. Feuerbach und

Strauß, Wislicenus und Jacobi, Herwegh und andere waren unter den Autoren. Poesie und Prosa, alles, was radikale oder freidenkerische Interpretationen auf dem Gebiet der Politik, Religion und Sozialwissenschaften repräsentierte, wurde akzeptiert und oft mit Begeisterung aufgenommen. Das aufsteigende, oft akademisch gebildete Bürgertum – Anwälte, Ärzte, Kaufleute und vor allem Lehrer – trug den Verein, der sich bald über den ganzen Landkreis des kleinen Fürstentums erstreckte.

Auch Theodors Ideen waren von den allgemeinen Zeitströmungen mitgeprägt. Schon 1835 war das »Leben Jesu« von David Friedrich Strauß erschienen. Mit diesem Buch begann die Frage nach den historischen Grundlagen des Christentums. Strauß ging zum ersten Mal von einer kritischen Betrachtung der Überlieferungsquellen und einer philosophischen Kritik an den christlichen Inhalten aus und charakterisierte das gesamte Neue Testament als eine mythisch verbrämte Sammlung philosophischer Urweisheiten. Viel radikaler als Strauß verkündete sechs Jahre später der Philosoph Ludwig Feuerbach mit seinem Buch »Das Wesen des Christentums« die konsequente Gottlosigkeit. Ihm galt jede Religion als unterdrückte Wunschvorstellungen der Menschen, die sich nur vergegenständlicht hatten und die Menschen von ihrem eigentlichen Wesen entfremdeten. Er warf dem Christentum vor, es täusche ein Jenseits vor, das zu der wahren Existenz der Menschen überhaupt keine Beziehung habe. Seine Behauptung, daß nicht Gott die Menschen nach seinem Bilde geschaffen hatte, sondern daß die Menschen sich ihre Götter nach ihrem Bilde erdichteten, stellte den ganzen christlichen Glauben auf den Kopf. Bei den strenggläubigen und dogmatischen Christen, die die Mehrheit bildeten, löste dieses Buch einen Aufschrei des Entsetzens aus.

Theodor hatte sein neues Buch als Antwort auf die Thesen Feuerbachs konzipiert. Er setzte auf eine Zukunft des Christentums und verlangte seine vollständige Erneuerung. Es sollte sich zu einem neuen, reinen Menschentum, einer Religion der Humanität, einem großen Gottesreich in Liebe und Freiheit wandeln. Den Weg zu diesem Idealstaat sah er in der Hebung der arbeitenden Klassen. Er träumte von der völligen Gleichheit und Brüderlichkeit der Menschen sowohl auf geistiger wie auf materieller Ebene. Später, in seinem Buch »Aus dem Gefängnis«, das er 1850 veröffentlichen sollte, schrieb er in der Rückschau, daß er ein Phantast und Kommunist gewesen sei und von der Abschaffung des Geldes geträumt habe.

Malwida aber, in deren Familie Feuerbachs Schriften auf dem Index der verbotenen Bücher standen, öffnete das erste Buch des geliebten Mannes die Augen. Jetzt konnte sie endlich befriedigt feststellen, daß sie sich zu Recht gegen die versteinerte Orthodoxie aufgelehnt hatte. Sie brauchte sich nicht mehr mit Schuldgefühlen wegen ihres Unglaubens herumzuplagen. Ohne zu zögern, übernahm sie die kritischen Gedankengänge ihres Freundes. Ihr kam es so vor, als ob sie sich geistig endlich in einer scharfen und gesunden Luft bewege. Die meisten seiner Ideen konnte sie leicht akzeptieren: Die Vorstellung von Christus als notwendigem Vermittler zwischen Gott und Menschen hatte ihr nie eingeleuchtet. Das gängige Gottesbild, in dem von Gott dem Herrn und dem Vater die Rede war, der in alle Herzen sah, war ihr schon lange zu eng gewesen. Das Wort Gott hatte schon lange alles Individuelle verloren und war für sie zu einem reinen Begriff geworden, der das höchste Prinzip benannte.

Schwer dagegen wurde es ihr, dem Glauben an die persönliche Unsterblichkeit zu entsagen. Darüber diskutierten sie lange Zeit. Tod, Vergänglichkeit und Unsterblichkeit waren Themen, die ihnen beiden am Herzen lagen. Theodor versuchte Malwida zu überzeugen, daß alles Vergängliche nichts anderes als eben vergänglich sei. Wenn es Unsterblichkeit gebe, meinte er, dann müsse jede Rose, jeder Frühlingskranz, der Gesang der Nachtigall und alles, was ihn je entzückt hatte, mit ihm kommen. Da er aber sehen könne und wisse, daß die Rose welke, daß die Kränze zerfielen, die Augen erloschen, die Haare bleichten und das Herz selbst, mit seiner Liebe, in Staub zerfiele, folgerte er, daß es nur in der Dichtung Unsterblichkeit gäbe. Seiner Meinung nach war der Geist deshalb Geist, weil er von jeder Form, von jeder Individualität frei war.

Deshalb konnte sein Geist nicht ihm selbst gehören, sondern nur ein Teil des universellen Geistes sein. Den universellen Geist aber sah er im Leben selbst verkörpert, das sich in der einen oder anderen Form fortsetzte und diese Formen nach einiger Zeit wieder verließ, so wie sich der Duft von einer abgefallenen Blüte ablöste.

Damit polemisierte er zugleich gegen den christlichen Glauben an eine körperliche Auferstehung der Toten, der zum Dogma gehörte. Seiner Ansicht nach gab es in der Natur keine Wunder. Die Natur war nichts anderes als natürlich. Ebenso gab es kein Wunder im Geist, der Geist sei eben nur geistig. Theodor konnte nur ein einziges Wunder erkennen: den Geist in der Natur, im Universum – das Wunder des Daseins. Das hieß, daß der Geist in der Natur keine Wunder vollbrachte, sondern sich immer nur selbst offenbarte. Deshalb konnte die leibliche Persönlichkeit des Menschen nicht zur Wiederauferstehung fähig sein. Für Theodor war der Mensch nur in seinen Kindern unsterblich und der menschliche Geist nur in seinen geistigen Werken.

Für Malwida war ein solcher philosophischer Austausch über die höchsten Angelegenheiten des menschlichen Lebens unglaublich neu und befreiend. Sie hatte zwar selbst viel über diese Fragen nachgedacht, doch bisher hatte es niemanden mit fundierter wissenschaftlicher Ausbildung gegeben, der bereit gewesen war, mit ihr als Frau solche intellektuellen Gespräche zu führen. Ihre Beziehung zu Theodor wurde dadurch immer enger. Sie bekannte ihm jetzt freimütig ihre tiefe Liebe und öffnete sich vorbehaltlos dem Denken ihres geliebten jungen Apostels, wie sie Theodor gern bei sich nannte. Ihre stets zum Überschwang bereite Seele gab sich mit der ganzen Kraft ihres Herzens dieser intensiven Beziehung hin.

Allerdings beschränkten sich Malwida und Theodor fast völlig auf den geistigen Austausch. Sie sahen sich fast nie ohne Zeugen und konnten einander ihre Gefühle meist nur durch Blicke und flüchtige Worte mitteilen. Sie unterhielten einen ständigen Briefwechsel, weil sie einander nur schriftlich alles sagen konnten, wovon ihre Herzen überflossen. Die Briefe lasen keine fremden Augen. Das

Briefgeheimnis wurde wenigstens in den Familien gewahrt, während es sonst im ganzen Staat keine Geltung hatte, da jeder Brief willkürlich von den Überwachungsbehörden geöffnet werden konnte. Zu Hause aber fühlte sich Malwida in dieser Beziehung ganz sicher. So vertrauten die beiden Liebenden einander schriftlich jeden Zweifel, jeden Schmerz, jede Freude, jeden neuen Gedanken, jedes neue Gedicht an.

Sie lebten in einem schwärmerischen Hochgefühl junger Liebe, kapselten sich von der Außenwelt ab und führten nach Malwidas Empfinden ein Leben der Schönheit, des geistigen Fortschritts und der reinen vorwurfslosen Liebe. Daß ein solcher Höhenflug nicht von ewiger Dauer sein konnte, war abzusehen; allerdings nicht für eine junge Frau oder besser – trotz ihres Alters – für ein junges Mädchen, eine Jungfrau wie Malwida, die ganz in ihren Idealen aufging. Für sie besaß alles, was weltlich, erdverbunden und körperlich war, viel weniger Realität als ihr geistiges Leben. Heiße Gefühlsausbrüche, Sehnsucht nach Umarmungen, Küssen, körperlicher Wärme und Liebe ließ sie gar nicht erst an sich heran. Die geistige Ebene genügte ihr. Sie hatte den sittsamen Rahmen, der ihr nun einmal als unverheirateter Frau gesteckt war, innerlich so sehr akzeptiert, daß sie seine Begrenzungen kaum noch wahrnahm.

Ihre Liebe war den beteiligten Familien nicht verborgen geblieben. Beide waren trotz ihres Alters – Theodor hatte inzwischen sein vierundzwanzigstes Lebensjahr erreicht – noch vollkommen von ihren Eltern abhängig. Diese waren sich zusammen mit den älteren Geschwistern in der Ablehnung dieser Beziehung einig. Theodors Familie fand Malwida sowieso zu alt für ihn. Für Malwidas Angehörige kam der Ärger über Theodors Artikel und seine politische Überzeugung als Demokrat erschwerend hinzu. Ihr Bruder und ihr Schwager standen in fürstlichen Diensten und nahmen bei Hofe hohe Stellungen ein. Sie fühlten sich von Theodor angegriffen. Sie konnten sich eine familiäre Bindung mit einem Aufrührer, der das Fürstentum abschaffen wollte und sich vehement für eine Volksvertretung einsetzte, auf keinen Fall leisten.

Anfangs hatte Malwida ihre Liebe zu Theodor zu verheimlichen versucht. Dann aber sah sie ein, daß sie sich zu ihm bekennen mußte. So trotzte sie den mißbilligenden Blicken ihres Schwagers und dem halb spöttischen, halb unwilligen Ausdruck auf den Gesichtern ihrer Bekannten, wenn sie Theodor in der Öffentlichkeit begegnete, und unterhielt sich mit ihm mehr als mit jedem anderen. Schwerer war die Unzufriedenheit ihrer Mutter zu ertragen, die bei keiner Gelegenheit mit bitteren Bemerkungen sparte. Malwida hatte so etwas bisher noch nie erlebt. Ihr Verhältnis war bis dahin immer eng und vertrauensvoll gewesen. Als sie aber jetzt auf einem Ball den ganzen Abend wieder nur mit Theodor redete, machte ihr die Mutter heftige Vorwürfe. Anfangs versuchte Malwida, sanft zu bleiben. Aber schließlich riß ihr Geduldsfaden. Sie fühlte sich entsetzlich ungerecht behandelt: Was hatte sie denn schließlich getan? Ja, sie hatte sich mit Theodor unterhalten. Aber war das verboten? War sie nicht inzwischen alt genug, um selbst zu entscheiden, mit wem sie sich unterhalten wollte und mit wem nicht? Wollte die Mutter sie denn ewig unter ihrer Fuchtel halten? Was hatten sie überhaupt gegen Theodor? War er unmoralisch oder schlecht? Nein, das war er nicht, er hatte nur eine andere politische Meinung! Harte Worte fielen, bis Malwida den Tränen nahe den Raum verließ.

Sie, die Sanfte, die Versöhnung, sie, die sich selbst als demütig und schüchtern bezeichnete, sie hatte sich mit ihrer Mutter gestritten. Sie konnte es nicht fassen. Irgend etwas war falsch, irgend etwas stimmte nicht mehr. Sie wurde gar nicht so geliebt, wie sie immer glaubte. Sie durfte nicht so sein, wie sie war. Sogar ihre Mutter, die sie doch sonst immer verteidigt hatte, war nicht mehr mit ihr einverstanden. Keiner verstand sie. Malwida fühlte sich zutiefst verletzt. Durch diesen ersten heftigen Streit war die ganze Unzufriedenheit mit ihr und ihrem Verhalten, die man so lange sorgfältig unter der Decke gehalten hatte, an die Oberfläche gespült worden. Bisher hatte sie den Gedanken, daß sie anders war und anders dachte als ihre Angehörigen, immer beiseite geschoben. Jetzt mußte sie dieser Tatsache offen ins Auge sehen.

Und noch etwas wurde ihr klar: Sie hatte sich selbst verändert. Aus dem sanften Geschöpf, das sich allem unterwarf und immer aus Gehorsam und Gefälligkeit den Weg mitging, den alle gingen, aus dem nachgiebigen Wesen, das nur ja niemanden verletzen wollte, war eine selbstbewußte junge Frau geworden, die ihre eigene Individualität entdeckt, eigene Überzeugungen entwickelt und die Energie gewonnen hatte, ihre eigene Meinung offen auszusprechen. Bisher hatte sie großen Wert auf die allgemeine Anerkennung der Detmolder feinen Gesellschaft gelegt. Sie war stolz darauf gewesen, sogar ihren Feindinnen dadurch Achtung abgerungen zu haben, daß sie Sitte und Anstand gewahrt hatte. Jetzt merkte sie, daß Sitte und Anstand ihr nicht mehr genügten, es sei denn, sie stimmten auch mit den moralischen Grundsätzen überein, die sie inzwischen entwickelt hatte. Sie konnte die allgemeine Anerkennung nicht mehr zur Richtschnur ihres Handelns machen. Sie konnte sich nur noch nach ihrem Gewissen richten, um zu entscheiden, was richtig oder falsch für sie war.

Als der Vater im Sommer nach Detmold kam, wurde Malwidas Stellung nicht einfacher. Er war selbstverständlich derselben Meinung wie die ganze Familie. Sie liebte ihn vorbehaltlos. Aber er hatte sie in ihrer Eigenart und mit ihrem Intellekt nie als gleichwertig anerkannt. Auf ihre Versuche, politische Tagesfragen mit ihm zu diskutieren, hatte er sich nie eingelassen. Bestimmte Themen konnte man als Mann eben einfach nicht mit Frauen besprechen. Politik war auf jeden Fall eines dieser Themen, die außerhalb jeder weiblichen Sphäre lagen.

Malwida aber hatte inzwischen mit Theodor ausgiebig über politische Themen diskutiert, weil sie eng mit den religiösen und philosophischen Fragen zusammenhingen, die beide immer wieder beschäftigten. Theodor war zwar auch ein Mann. Aber er gehörte zu den wenigen, die ihre revolutionären Freiheitsbestrebungen auf das weibliche Geschlecht ausdehnten. Zudem war er in Detmold mit seiner politischen Einstellung relativ einsam, und er hatte sich in Malwida verliebt. So konnte er sie als gleichwertige Gesprächspartnerin akzeptieren und sich von ihren Überlegungen beeinflussen lassen. Eine Folge ihrer vielen Gespräche war, daß auch Malwida immer mehr demokratische Ansichten entwickelt hatte. Jetzt stellte sie fest, daß eine tiefe politische Kluft sie und ihren Vater trennte.

In diesem Sommer sah sie Theodor selten. Einerseits widmete sie ihre Zeit dem Vater. Andererseits reiste Theodor in Deutschland herum, um eine Anstellung und einen Verleger für sein Buch zu finden. Malwida hatte nur seine Briefe als Trost. Eines Tages stellte sie fest, daß ein Brief von ihm nicht bei ihr angekommen war. Sie fragte ihre Mutter danach, und diese gab ihr den Brief – geöffnet und gelesen! Malwida war schockiert. Es stand nichts Verfängliches, nicht einmal etwas Besonderes in diesem Brief. Aber die Tatsache, daß ihre eigene Mutter nicht einmal mehr das Briefgeheimnis wahrte, trieb ihr die Röte ins Gesicht. Diese Briefe gingen niemanden etwas an. Niemand, nicht einmal ihre Mutter, hatte das Recht, sie zu lesen. Ihre Liebe zu Theodor gehörte nur ihr allein, da hatte sich niemand anderes einzumischen. Für Malwida war der Punkt überschritten, an dem sie noch durch irgendwelche Schuldgefühle und kindliche Rücksichten zurückgehalten wurde. Dieser Vertrauensbruch war der Tropfen, der das Faß endgültig zum Überlaufen brachte. Jetzt war sie bereit, für ihre Liebe zu kämpfen.

So wurde das nächste Zusammentreffen mit Theodor in ihren Augen zu einem Akt des reinsten Widerstandes. Sie sah ihn in einem öffentlichen Kaffeegarten und ging unter den Augen der Familie und weiterer Bekannter von sich aus direkt auf ihn zu. Sie nahm nur gerade noch so viel Rücksicht auf Anstand und Sitte, daß sie Theodor nicht offiziell zum Tisch ihrer Familie brachte und ihn dort ihrem Vater vorstellte. Das wäre einer Herausforderung seiner öffentlichen Zustimmung zu dieser Verbindung gleichgekommen. Aber Malwida wandelte an Theodors Arm lange durch die benachbarten Alleen. Sie begegnete dabei einer jungen aristokratischen Schönheit, mit der sie sich bisher gut verstanden hatte. Der Blick, mit dem die junge Dame sie erstaunt und fast erschrokken musterte, brannte sich in ihr Gedächtnis ein. Diese Augen sagten deutlicher als Worte: Wie kannst du dich so herablassen? Hast du die Bedeutung der kleinen Silbe vor deinem Familiennamen vergessen? Diesen Demokraten, diesen unmoralischen Menschen, der die Kirche und die Berechtigung des Adels leugnet, den konntest du erwählen?

Von seiner Reise war Theodor mit einem auf sechs Monate befristeten Vertrag als Redakteur bei der *Weserzeitung* zurückgekommen. Doch die Hoffnung, daß er sich dadurch in naher Zukunft eine eigene Existenz aufbauen könnte, die ihre Heirat ermöglicht hätte, platzte wenig später. Er veröffentlichte in derselben Zeitung die »Rheinfahrt im August«, ein langes Gedicht mit scharfem, sozialkritischen Inhalt. Er schilderte darin die schrecklichen Zustände von Armut und Hunger, die er auf seiner Reise kennengelernt hatte. Unter anderem ließ er das schwache Elend auftreten, das um Hilfe bat, und setzte das trotzige Elend dagegen, das den Herrschenden mit Gewalt drohte. Das war zuviel für die preußische Zensur. Das Gedicht wurde, obwohl es in der freien Reichsstadt Bremen erschien, auf Antrag des preußischen Gesandten zusammen mit anderen Schriften Theodors beschlagnahmt. Es gab ein Verfahren, in dem die *Weserzeitung* zu einer hohen Strafe verurteilt wurde. Danach wurde Theodors Vertrag natürlich gelöst.

Kurz darauf wurde er schwer krank. Malwida verwünschte die Vorurteile ihrer Umgebung, die sie daran hinderten, zu ihm zu gehen und den Mann, den sie liebte, zu pflegen und zu trösten. Solange sie nicht zur Familie gehörte, galt sie als eine Fremde. Für fremde Frauen aber war es höchst unsittlich, ein männliches Kranken- und Schlafzimmer zu betreten.

Erst am Abend vor Weihnachten, als er nach wochenlangem Krankenlager zum ersten Mal wieder in das Zimmer seiner Mutter herunterkommen konnte, sah sie ihn wieder. Die Dämmerstunde war gekommen. Damals mußten die Dienstboten, wenn man Licht haben wollte, mit Feuerstein und Stahl mühsam einen Funken schlagen, der als Lichtpünktchen im Zunder weiterglühte. An diesem brachte man durch Pusten einen Schwefelfaden zum Brennen und konnte dann daran eine Kerze anzünden. So saß man, wenn es anfing, dunkel zu werden, meist eine Weile im schwindenden Licht beisammen. An diesem Abend verstummte das Gespräch langsam mit zunehmender Dämmerung. In traulicher Stille hing jeder seinen eigenen Gedanken nach. In Malwida und Theodor stiegen Erinnerungen an die fröhlichen Weihnachtstage ihrer Kindheit auf. Dann traf Besuch ein. Licht wurde gebracht. Lärmende Stimmen erfüllten plötzlich den Raum. Malwida war nicht in der Stimmung für neue Besucher und gleichgültiges Geschwätz. Sie verabschiedete sich und ging in das Nebenzimmer, um sich anzukleiden. Nur der Mond spendete dort sein bläuliches Licht. Theodor trat leise hinter ihr ein, umschlang sie mit seinen Armen und flüsterte ihr zu, daß er sie nach diesem Wiedersehen nicht so einfach gehen lassen könne. Zum ersten Mal begegneten sich ihre Lippen zu einem flüchtigen, geheimen Kuß, nach dem er sofort verschwand. Malwida aber ging beseelt und glücklich durch die sternenklare Winternacht nach Hause zurück.

Trotz dieses kurzen unerwarteten Glücks waren die folgenden Wochen eine schwere Zeit. Theodors Genesung ging langsam voran. Sie konnten sich nur selten sehen. Malwida blieb oft allein zu Hause, weil sie fast gar nicht mehr in Gesellschaften oder ins Theater ging. In ihrer Familie fühlte sie sich einsam und traurig. Die früheren harmonischen oder zumindest toleranten Beziehungen stellten sich nicht wieder ein, auch wenn es kaum noch Auseinandersetzungen gab. An solch einem Abend kam Theodor kurz vor dem Beginn des Theaters zu Besuch. Malwida hatte schon vorher gesagt, daß sie nicht mitgehen würde. Theodor bat um Erlaubnis, bleiben zu dürfen. Eine Weigerung war nicht gut möglich, weil sie gegen das Gewohnheitsrecht in der Familie verstoßen hätte. So ließ man sie allein zurück.

Malwida wäre schon völlig damit zufrieden gewesen, daß sie einander endlich einmal ohne Zeugen alles sagen konnten, was sie fühlten. Aber Theodor begnügte sich nicht damit. Er nahm die Gelegenheit wahr und zog sie wieder in seine Arme. Lange blieben sie engumschlungen beisammen. Malwida versank dabei in ein Glücksgefühl, das sie bisher nur aus Gedichten kannte. Für sie war diese Umarmung eine neue unsagbare, so noch nie empfundene Offenbarung. Als sie sich endlich voneinander trennten, stieß er den Seufzer aus: »Und dennoch frei!« Man hätte eigentlich solche Sätze erwartet wie: »Ich liebe dich« oder »Willst du meine Frau werden?« In Malwidas Antwort: »Wie stolz!« schwang denn auch ein ganz leiser Vorwurf mit. Doch sie nahm ihn sofort damit zurück, daß sie den Wunsch aussprach, ihnen möge nie ein Glück kostbar sein, das sich nicht mit der Freiheit vertrage. So erhob auch sie selbst die Freiheit zum höchsten Gut ihrer gemeinsamen Verbindung. Kurz danach kamen die anderen aus dem Theater zurück, und Theodor verließ sie.

Die Stimmung in Malwidas Familie wurde immer frostiger. Wenn sie bei Theodor und seiner Schwester gewesen war, wurde sie daheim mit einer so eisigen Kälte empfangen, als ob sie gerade eine Straftat begangen hätte. Ihr Schwager trieb die Auseinandersetzung auf die Spitze, als im Frühjahr die alljährliche große Gesellschaft der Mutter anstand. Dazu wurden auch die fürstlichen Prinzen und Prinzessinnen eingeladen, die Malwida gut kannte. Früher hatte sie gern mit dem zweitältesten Prinzen getanzt. Jetzt war sie mit ihren demokratischen Gesinnungen in Ungnade gefallen. Als Malwida bei den Vorbereitungen half, verkündete die Mutter ihr aus heiterem Himmel, daß sie Theodor nicht einladen könne. Seine Familie würde natürlich gebeten werden. Sein Vater konnte nicht übergangen werden. Aber der Schwager hatte behauptet, es beleidige die Prinzen, wenn sie mit einem Menschen in denselben Salon gebeten würden, der einen so tadelnden Artikel gegen die unschuldigen Neigungen ihres Vaters geschrieben habe. Er hatte die Mutter vor die Alternative gestellt: entweder er oder Theodor.

Malwida hatte sich eigentlich nichts aus dem Fest gemacht. Aber dieses Ultimatum empfand sie wie eine Ohrfeige; ein Schlag, der ihr auch noch von ihrer eigenen Familie versetzt wurde. Trotz ihrer Verbitterung bestand sie nicht auf Theodors Einladung, sondern verlangte nur, daß er gleich nach der großen zu einer kleineren Gesellschaft gebeten werde müsse, die aus den besten Familien bestehen sollte, andernfalls werde auch sie nicht an diesem Fest teilnehmen. Der Mutter tat Malwida inzwischen offenbar leid. Außerdem mußte sie auf jeden Fall vermeiden, daß durch die Abwesenheit ihrer Tochter ein Skandal heraufbeschworen würde. So versprach sie alles, was Malwida wünschte.

Die ganze Geschichte sprach sich in Detmold rasch als Gerücht herum. Theodors Mutter war tief verletzt, sein Vater und die jüngere Schwester lehnten es ebenfalls ab zu kommen, so daß von der Familie Althaus nur die älteste Schwester mit ihrem Bräutigam erschien. Malwida quälte sich über den Abend. Natürlich bekam sie reichlich spitze Bemerkungen über die Abwesenheit der Familie Althaus und ihre Neigung zu Theodor zu hören.

Wenig später fand die zweite Gesellschaft statt und verlief zur größten Zufriedenheit. Sogar Theodor gab sich Mühe, nett und verbindlich zu sein, und Malwida bekam dadurch vor der Welt die äußere Genugtuung, die sie sich gewünscht hatte. Aber die Kränkung saß wie ein spitzer Pfeil tief in ihrem Herzen. Von jetzt ab herrschte offener Krieg mit der Welt, in der sie erzogen worden war. Sie war persönlich beleidigt worden und noch mehr: Ihre Überzeugungen standen auf dem Spiel. Ihre ganz persönliche Revolution, der Kampf der Freiheit gegen die absolute Autorität, hatte begonnen.

10. Frankfurt 1848 –
Trennung, Tod und Revolution

In diesem Jahr wurde Theodor zur Mitarbeit an den *Leipziger Blättern für literarische Unterhaltung,* die von dem berühmten Verleger Friedrich Arnold Brockhaus herausgegeben wurden, aufgefordert. Damit war beschlossene Sache, daß er Detmold endgültig verlassen würde. Malwida sollte den Sommer über mit der Mutter zum Vater nach Frankfurt ziehen. Der Gedanke an eine Trennung von Theodor war ihr wie ein Todesurteil. Sie litt stumm vor sich hin und versuchte, sich nichts anmerken zu lassen. Ihre Mutter aber konnte ihre Not schließlich nicht mehr mit ansehen und bot ihr an, sich beim Vater für Theodor einzusetzen. Dieser wäre einflußreich genug gewesen, dem jungen Theologen eine feste Stellung zu verschaffen, die endlich eine Eheschließung ermöglicht hätte.

Malwida war gerührt und dankbar, daß die Mutter ihretwegen sogar ihre Aversion gegen Theodor überwand und alles zurückstellte, um sie wieder glücklich zu sehen. Das Anerbieten aber wies sie strikt zurück. Freiheit war ihr höchstes Gut geworden. Der Gedanke, daß Theodor ihr und ihrer Familie durch Protektion in irgendeiner Weise verpflichtet sein könnte, daß ein solches äußeres Band ihn zwingen würde, sie zu heiraten, war ihr zuwider. Ihre Liebe war viel zu heilig, um ihn durch Äußerlichkeiten an sich zu binden. Er mußte selbst die materielle Grundlage für ihr gemeinsames Leben schaffen. Nur dann konnten sie sich in völliger Freiheit und Gleichberechtigung miteinander verbinden.

Sie hatte inzwischen seine Schroffheit und seinen Freiheitsdurst zur Genüge kennengelernt. Von sich aus würde sie nichts in die Wege leiten, um ihn festzuhalten. Er hatte schließlich nicht um ihre Hand angehalten. Die bürgerliche Ehe lag ihnen sowieso fern. Schließlich strebten sie beide den höchsten Zielen der Menschheit zu. Malwida genügte das vollauf, und sie glaubte, daß Theodor genauso dachte wie sie. So stand sie hoch oben auf dem Sockel ihrer erhabenen Ideale und blickte mit Ergebung in ihre ungewisse Zukunft; viel zu stolz auf die moralische Höhe, die sie und Theodor erklommen hatten; viel zu erhaben, diese Höhe wegen so prosaischer und pragmatischer Gesichtspunkte wie einer sicheren beruflichen Position und einer festen Bindung für das ganze Leben aufzugeben.

Beim Abschied wollte er ihr wenigstens schwören, daß seine Liebe ewig dauern würde. Aber sie verbot ihm sogar diesen Schwur. Sie verstand ihn nicht. Wie konnte er überhaupt auf die Idee kommen, eine Liebe, die so großartig war wie die ihre, könne enden? Und wenn sie aufhören konnte, wozu sollte dann ein Schwur gut sein? Und doch: Ein ganz klein wenig muß sie schon selbst an der gemeinsamen Zukunft gezweifelt haben. Sie verlangte von Theodor bei seinem Abschiedsbesuch ein Versprechen: Er sollte sie sofort davon benachrichtigen, wenn er sich einer anderen zuwandte. Er antwortete ihr lächelnd, daß man nicht so viele Frauen wie sie in der Welt finde. Mutter und Schwester hatten sie zartfühlend allein gelassen. Sie lehnte an seiner Schulter, und sie redeten lange miteinander. Ein letztes Mal erzählte er ihr von seinen Idealen und Zukunftsideen.

Nach Theodors Abreise wollte Malwida lieber heute als morgen von Detmold fort. Alles erinnerte sie an ihn. Oft hatte sie das Gefühl, sie könne die Trennung nicht mehr ertragen. Die Eltern nahmen eine Sommerwohnung in Bad Homburg, damals ein etwas abgelegener Kurort. Malwida fühlte sich dort nicht wohl. Sie fand die ganze Kurgesellschaft frivol. Die sogenannte feine Welt, die sich dort traf, kam ihr entsetzlich langweilig vor. Am liebsten ging sie allein in den alten Schloßpark, dessen hundertjährige Bäume, stille Gewässer und tief schattige, einsame Plätze ihrer augenblicklichen Stimmung entsprachen. Oft saß sie allein im Schatten eines Baumes und las.

Nur Theodors Briefe unterbrachen ihr eintöniges Leben. Mit ihnen kamen frische Gedanken und der Hauch eines neuen Lebens aus den liberalen sächsischen Kreisen herüber. Theodor lebte in der Mitte intelligenter Menschen und arbeitete mit Erfolg. Die Melancholie, die Malwida so häufig an ihm beunruhigt hatte, schien verschwunden. Wenn sie seine Briefe las, sehnte sie sich danach, endlich auch eine freiere Luft atmen zu können.

Sie sollte Bad Homburg schneller verlassen, als sie erwartet hatte. Ihr Vater bekam eines Tages Besuch von seinem Bankier, der ihm mitteilte, er habe nur seinetwegen noch keine Schritte gegen seinen Sohn Karl unternommen. Dieser hatte nämlich immense Schulden bei dem Bankier gemacht, noch nicht einmal Zinsen gezahlt und auf Mahnungen überhaupt nicht reagiert. Der Vater hatte von nichts gewußt und war wie vor den Kopf geschlagen. Die Familie zog sofort nach Frankfurt zurück, wo der Vater sich darum kümmerte, daß die Schulden zurückgezahlt wurden, um die Ehre der Familie zu retten. Doch der Vertrauensbruch seines Sohnes kränkte ihn schwer. Er verfiel in Schwermut. Er war sowieso schon herzkrank gewesen, und die Aufregung schadete ihm natürlich, besonders da auch noch Louises Ehe endgültig zerbrach. Wenig später bekam er mitten in der Nacht eine schwere Attacke. Zwar konnte er nach ein paar Tagen von seiner Tochter gestützt wieder im Zimmer umhergehen, aber er war nur noch ein Schatten seiner selbst.

Malwida, die in Krankenpflege geübt war, kümmerte sich mit ganzer Kraft um ihren Vater. Sie wollte ihn nicht noch mehr aufregen, deshalb verbarg sie von jetzt ab ihre demokratischen Ansichten vor ihm. Trotzdem kam es noch während der Krankheitsmonate des Vaters zu einer harten Auseinandersetzung in der Familie. William, ihr jüngster Bruder, kam zu Besuch. Er hatte damals schon einen hohen Staatsposten inne, war ein strenger Protestant und absoluter Monarchist. Natürlich hatte er gehört, daß Malwida Demokratin geworden war, und war darüber gereizt und erzürnt. Wie alle anderen hielt er nur ihre Neigung zu Theodor für die Ursache ihrer Verirrungen. Wie sollte ein Mädchen ihres Standes sonst auf solche schrecklichen Umsturzgedanken kommen? Daß sie selbst angefangen haben könnte, nachzudenken und logische

Schlußfolgerungen zu ziehen, daß Theodor sozusagen nur der Geburtshelfer war, durch den ihre eigenen Gedanken ans Licht der Welt gekommen waren – eine solche eigenständige weibliche Geistesentwicklung lag weit außerhalb der Möglichkeiten, die er sich vorstellen konnte. William hatte außerdem gehofft, daß seine Schwester seinen besten Freund heiraten würde. Er war enttäuscht, daß sie sich anderweitig gebunden hatte.

Während sonst Totschweigen die oberste Devise in der Meysenbugschen Familie war, stellte William Malwida wenigstens zur Rede und forderte sie damit auf gleicher Ebene zum Kampf heraus. Eine heiße Diskussion über ihre Glaubensvorstellungen entspann sich. Sie stritten sich so lange, und Malwida argumentierte so stringent, bis William endlich schwieg. Er begriff, daß seine Schwester nicht mehr zu retten war. Nach seiner Abreise antwortete er nicht einmal mehr auf einen Brief, mit dem sie einen letzten Klärungsversuch unternahm.

Dagegen kam es mit dem Vater nicht mehr zu einer offenen Aussprache. Er vertraute sich nur seinem ältesten Sohn Fritz an und teilte ihm seine letzten Wünsche mit. Malwida, die ihn pflegte, sich rührend um ihn kümmerte und für alltägliche Erleichterungen sorgte, litt darunter, daß er ihr gegenüber verschlossen blieb. Sie sehnte sich danach, ihm seelisch nahe zu sein, ihn an seinem Lebensende auch innerlich ein Stück weit begleiten zu können. Sie wußten beide, daß seine Tage gezählt waren.

Malwidas Vater starb am letzten Tag des Jahres 1847. An Neujahr kam die Familie zusammen, um das Testament zu eröffnen. Zum Schrecken aller Anwesenden stellte sich dabei heraus, daß das Vermögen des Vaters viel kleiner war, als man vermutet hatte. Die Begleichung von Karls Schulden hatte einen großen Teil verschlungen. Verteilt auf die vielen Köpfe der Familie, blieb jedem nur eine verhältnismäßig geringe Summe. Dazu wußte man noch nicht, ob die Mutter eine hessische Pension erhalten würde, denn der Kurfürst war einen Monat vor dem Vater verstorben.

Das Erbe bildete für Malwida fast den einzigen Lebensunterhalt, den sie in Zukunft erwarten konnte. Sie und ihre jüngere Schwester machten sich zum ersten Mal in ihrem Leben Sorgen um ihre wirtschaftliche Lage. Ihre Brüder würden sie natürlich als ältliche Tanten bei sich wohnen lassen. Aber keine von beiden wollte in eine solche abhängige Lage geraten. Abends saßen sie niedergedrückt beisammen und beratschlagten. Es gab keine andere Lösung: Eine von ihnen beiden würde aus dem Haus gehen und einen eigenen Broterwerb suchen müssen, während die andere sich um die alte Mutter kümmerte.

Natürlich wollte Malwida auf jeden Fall das Haus verlassen. Aber jetzt, wo zum ersten Mal eine echte Notwendigkeit zur Selbständigkeit bestand, wurde ihr die weltfremde weibliche Erziehung zur Behinderung. Sie wußte nicht, womit sie Geld verdienen sollte. Sie hatte zwar mehr gelesen und nachgedacht als andere Frauen ihres Alters, aber ihr wurde schmerzlich bewußt, daß sie weder gründliche Kenntnisse in einer Sache, geschweige denn besondere Fachkenntnisse aufweisen konnte. Für Damen ihres Standes gab es zudem kaum irgendwelche beruflichen Möglichkeiten. Sie konnten als Hausdame oder Gouvernante in einen fremden Haushalt gehen oder sich als Schriftstellerin versuchen. Malwida hatte zwar schon einmal einen Text an eine Redaktion geschickt, der sogar veröffentlicht worden war. Aber sie hatte kein Honorar bekommen. Sie wußte auch nicht, wie sie es anstellen sollte, bezahlt zu werden. So blieb die Zukunft ungewiß, und Malwida wartete weiter darauf, daß irgend etwas von selbst ihr Leben verändern würde.

Sie trauerte um ihren Vater. Nur Theodors Briefe trösteten sie ein wenig. Doch als er ihr die ersten Seiten seines neuen Buches schickte, das er ihr widmete, war sie schockiert. Er hatte darin ihre Detmolder Gespräche verwertet und bekannte ihr ehrlich, daß er kaum noch wußte, was in diesem Buch von ihm und was von ihr war. Sie fand auf jeder Seite Spuren ihrer Gemeinsamkeit. Ohne sie vorher zu informieren und um ihr Einverständnis zu bitten, gab er ihren intimen Gedankenaustausch der Öffentlichkeit preis. Dann aber fand sie sich egoistisch und rechtfertigte seine Handlungsweise vor sich selbst. Noch blickte sie mit den Augen der Liebe und weiblichen Hingabe auf ihn.

Trotz der Sorge um den Vater und um die Zukunft hatte Malwida in Frankfurt intensiv die politischen Entwicklungen verfolgt. Als der Vater auf dem Sterbebett lag, brach in der Schweiz der Sonderbundkrieg los, in dem die Kantone um ihre Freiheit kämpften. Im Januar kamen Berichte über den Volksaufstand in Palermo. Dann erregten die Nachrichten von den Februartagen in Paris die Welt: Das Volk fegte innerhalb weniger Tage die alte Regierung hinweg. Der Bürgerkönig Louis Philippe mußte abdanken. Die Tuilerien wurden gestürmt, der Königsthron verbrannt, die Republik ausgerufen, den notleidenden Menschen Arbeit für alle versprochen und Nationalwerkstätten eingerichtet, mit denen dieses Versprechen eingelöst wurde. Die Reichen und Mächtigen versetzten solche Nachrichten in größte Angst. Für sie waren die Menschen, die auf die Straßen gingen und für ihre Rechte kämpften, Insurgenten, Aufständische, Gesindel und Pack, das man am besten sofort totschießen sollte. Wer aber nichts zu verlieren und viel zu gewinnen hatte, der forderte und verteidigte mit der Waffe in der Hand die neue Freiheit.

Als Malwida die Revolutionsnachrichten hörte, klopfte ihr Herz vor Freude. Die Monarchie gestürzt, eine provisorische Regierung eingesetzt, der ein berühmter Dichter und ein einfacher Arbeiter angehörten – ihr schien das alles wie ein schöner Traum, der Wirklichkeit geworden war. Sie war glücklich, daß endlich wieder in aller Öffentlichkeit von Freiheit, Gleichheit und Brüderlichkeit gesprochen wurde, den großen Losungsworten der Fanzösischen Revolution. Ihre Mutter und Geschwister aber waren in heller Aufregung und Furcht. Sie sahen mit banger Erwartung der Zukunft entgegen. Als Malwida arglos etwas von ihrer Freude verlauten ließ, wurde sie sofort heftig zurechtgewiesen. Es war unfaßbar, daß in der eigenen Familie revolutionäre Gedanken geäußert wurden. Wollte sie am liebsten bettelarm auf der Straße sitzen? Wußte sie nicht, zu welchem Stand sie gehörte? Seitdem versuchte sie, sich ihre Erregung nicht anmerken zu lassen, und schwieg möglichst. Nur in ihren Briefen an Elisabeth und Theodor machte sie sich Luft.

Die Revolution griff mit rasender Geschwindigkeit auf Deutschland über. Die Nachrichten aus den großen Städten folgten rasch aufeinander. In Karlsruhe verfaßte Friedrich Hecker, der Führer der Oppositionellen, zusammen mit seinem Freund, dem Anwalt und Publizisten Gustav Struve, eine Petition, in der sie Wohlstand, Bildung und Freiheit für alle forderten. Wichtigste Punkte waren: Pressefreiheit, Volksbewaffnung und ein Parlament für das ganze Deutschland. Am 1. März demonstrierten zwanzigtausend Menschen in Karlsruhe für diese Forderungen, die später als Märzforderungen überall wiederholt wurden. Auch anderswo strömten die Menschen vor den Residenzen zusammen, um ihren Wünschen Nachdruck zu verleihen. In Wien floh der verhaßte Fürst Metternich, der einst für die Einführung der Zensur gesorgt hatte, vor dem Volkszorn.

In Berlin versprach König Friedrich Wilhelm IV. dem Volk zunächst eine neue Verfassung. Zweimal zeigte er sich am 18. März der begeisterten Menge vor seinem Schloß. Doch dann ließ sein General den Platz mit blankem Säbel räumen. Zwei Soldaten schossen in die Menge – angeblich aus Versehen. Die Bürger errichteten Barrikaden, ein schwerer Kampf brach los. Der König mußte einlenken. Am nächsten Morgen zog er vor den Opfern der Barrikadenkämpfe seinen Hut und ritt mit einer schwarzrotgoldenen Armbinde, den Farben der Revolution, durch Berlin. Öffentlich verkündete er damit, daß auch er Deutschlands Freiheit und Einigkeit wolle.

Fast jeden Tag konnte man von neuen, wichtigen Ereignissen hören. Zeitungen sprossen wie Pilze aus dem Boden. Durch die neuen Eisenbahnlinien und die ersten elektrischen Telegraphen verbreiteten sich die Botschaften in Windeseile in ganz Europa und erreichten selbst die entlegensten Orte. Als Malwidas Mutter die Nachrichten aus Berlin las, meinte sie pikiert zu ihrer abtrünnigen Tochter, nun müsse sie doch zufrieden sein. Aber Malwida hatte viel radikalere Ideen. Sie wollte keine Gnadengeschenke und königlichen Zugeständnisse an das Volk. Sie wollte eine echte Demokratie, in der das Volk sich durch seine frei gewählten Vertreter selbst regierte. Die Fürsten sollten sich unter die Verfassungen beugen, oder sie mußten verschwinden. Das war ihr Ziel.

So erfüllte sie die Nachricht, daß sich in Frankfurt ein deutsches Vorparlament versammeln werde, mit heller Aufregung. Sie ging jetzt häufig allein aus und stand gern bei den Gruppen der Arbeiter, die sich vor den Schaufenstern der Bilderläden versammelten. Dort waren die Porträts der großen Männer dieser Tage ausgestellt. Auf der Straße war Malwida überhaupt nicht schüchtern. Sie kannte sich gut aus, beantwortete die vielen Fragen der Menschen, die oft eher schlecht als recht lesen konnten, und versuchte, sie zu beeinflussen und ihnen die politischen Ziele der radikalen Republikaner zu erklären, denen sie vertraute. Sie genoß das neue Leben, das ihr mehr Bewegungsfreiheit brachte.

Am 31. März sollte das Vorparlament zusammentreten. Über fünfhundert prominente Liberale und Demokraten waren dazu nach Frankfurt gekommen. Unter ihnen auch Friedrich Hecker und Gustav Struve. Die Häuser waren mit Blumen und Fahnen geschmückt. Die Straßen füllten sich mit fröhlichen Menschen. Warme Märzsonne und ein wolkenloser Himmel lachten auf sie herab. Malwida war schon früh am Morgen aus dem Haus gegangen, um dieses Ereignis auf keinen Fall zu versäumen. Ein feierliches Schauspiel war geplant. Im alten Kaisersaal sollte sich das Vorparlament konstituieren. Danach sollten die Abgeordneten gemeinsam in die Paulskirche hinüberziehen. Auf dem Platz zwischen Römer und Paulskirche waren die Frankfurter Nationalgarde und die – bis vor kurzem noch verbotenen – Turner aufgezogen. Junge, athletische Männer, in den leinenen Kitteln der Jünger des Turnvaters Jahn, den berühmten spitzen Heckerhut mit breitem Rand und Feder auf dem Kopf und Waffen in der Hand, standen dort Spalier.

Alle waren in festlicher Stimmung. Malwida hatte sich mit einer Bekannten getroffen. Sie drängelten sich durch die Reihen. In der Menge würden sie fast erdrückt werden und nichts sehen können. Aber von oben, von einem der Fenster aus, hatte man sicher einen phantastischen Überblick. In solchen Situationen kannte Malwida keine kleinliche Furcht. Aufs Geratewohl betrat sie einen Hausflur und bat um einen Platz am Fenster. Die Bewohner, einfache Bürgersleute, führten sie wie selbstverständlich an eines ihrer Schlafzimmerfenster, von wo aus sie auf den Platz hinabsehen konnten. Sie blickten über ein Mosaik aus Köpfen. Die Menschen standen dicht gedrängt. Nur der Weg für die Abgeordneten wurde von den Turnern freigehalten.

Alle warteten voller Spannung. Endlich donnerten Kanonenschüsse, und Glocken läuteten: Das erste gesamtdeutsche Parlament hatte sich konstituiert. Plötzlich wurde alles still, und am großen Fenster des Römers, von wo einst der erwählte Kaiser dem Volk verkündet wurde, rief einer der Deputierten den Namen des Präsidenten des Vorparlaments aus. Die Menge war ergriffen. Kein Auge blieb trocken. Zuversicht und Freude bewegten die Herzen. Auch Malwida zweifelte in diesem Moment nicht daran, daß der große Traum von der Einheit ihres Vaterlandes unter einer selbstgewählten Regierung Wirklichkeit werden würde.

Dann näherte sich der Zug der Abgeordneten, die zu zweit mit entblößten Häuptern durch die jubelnde Menschenmenge schritten und nach allen Seiten grüßten. Als die Männer aus Baden kamen, verstärkte sich der Jubel. Man kannte sie als Vorkämpfer einer freieren Zukunft. Malwida winkte und jubelte mit den anderen. Sie war ganz aus dem Häuschen und hatte das Gefühl, an einem welthistorischen Ereignis teilzunehmen. Als sie zurückkam, nötigte ihre Kühnheit den anderen Familienmitgliedern, die natürlich zu Hause geblieben waren, immerhin eine gewisse Bewunderung ab. Zumindest hielt man sich mit dem Tadel zurück, den sie erwartet hatte.

Natürlich wollte Malwida auch an den Sitzungen des Vorparlaments teilnehmen. Aber Frauen hatten keinen Zugang. Weil zuwenig Platz war, waren die Zuschauertribünen der Paulskirche nur für Männer geöffnet. Die radikalen Republikaner wollten sofort entscheidende Maßnahmen beschließen: Die Grundrechte des deutschen Volkes sollten erklärt, alle Männer sollten bewaffnet werden, und das Vorparlament sollte in Permanenz tagen, bis ein definitives Parlament vom Volk gewählt war. Mit diesem revolutionären Programm konnten sie sich nicht durchsetzen. Die Parlamentarier beschlossen statt dessen, einen Ausschuß einzusetzen, der sich mit den Fürsten des bisherigen deutschen Bundes verständigen sollte, und die Nationalbewaffnung noch zu verschieben. Außerdem erklärten sie sich für nicht berechtigt, über Geschicke der Nation zu entscheiden. Daraufhin verließen die radikalen Republikaner am dritten Tag die Beratungen und spalteten damit die Versammlung.

An diesem Abend erfuhr Malwida, daß ein Mitglied der Nationalgarde versprochen hatte, ihre Bekannte und sie in die Paulskirche einzuschmuggeln. Er führte sie am nächsten Morgen auf die Kanzel der Kirche, die mit schwarzrotgelben Tüchern verhängt war. Einige Frauen von Abgeordneten teilten ihr Versteck. Wenn sie die Tücher ein wenig auseinanderschoben, konnten sie die ganze Versammlung unter sich übersehen. Direkt unter ihnen lag die Rednertribüne, so daß sie auch hervorragend zuhören konnten. So war Malwida dabei, als die Linken stürmisch eine Aussöhnung mit den Radikalen verlangten und erreichten, daß diese zurückgerufen wurden. Mit Friedrich Hecker an der Spitze zogen die sechzig Abgeordneten wieder ein. Hecker sprang auf die Tribüne, um das Opfer, das sie der Einheit brachten, zu erklären und nochmals zu einem energischen Vorgehen aufzufordern. Malwida war beeindruckt von ihm. Ihr gefielen seine langen blonden Haare und seine schwärmerische Ausdruckskraft. Er sprach mit großem Feuer, und sie fand ihn in seiner Beredsamkeit geradezu unwiderstehlich. Das Publikum jubelte ihm zu.

Als Resultat dieses letzten Tages einigte man sich darauf, ein definitives Parlament nach Frankfurt einzuberufen, dessen Abgeordnete in den deutschen Staaten gewählt werden sollten. Sie sollten legitimiert sein, über die Zukunft Deutschlands zu entscheiden. Dieser Beschluß wurde drinnen und draußen mit Freudenschreien begrüßt, denn die Kirche war in diesen Tagen stets von Volksmassen belagert. Malwida blieb, bis die Sitzung abends um sechs geschlossen wurde und die Abgeordneten den Raum – wieder in

Eröffnung der Deutschen Nationalversammlung in der Frankfurter
Paulskirche am 18. Mai 1848. Malwida hatte heimlich an der Sitzung
des Vorparlaments im März teilgenommen. (Kolorierter Holzstich
um 1890, nach einer zeitgenössischen Zeichnung von Vantadour;
Abbildung: Archiv für Kunst und Geschichte, Berlin)

einer Prozession – verließen. Draußen jubelten die Menschen und
streuten Blumen auf ihren Weg. Malwida hatte das Gefühl, von
einem Schwindel des Glücks erfaßt zu werden. Allerdings hatte
sie den ganzen Tag über nichts gegessen. Doch das war jetzt
unwichtig, wo es um die Zukunft des deutschen Vaterlandes ging.
Zu Hause war zum Glück niemand, vor dem sie ihre Aufregung
hätte verstecken müssen.

Die Sitzungen hatten nur vier Tage gedauert. Die Nationalversammlung würde erst im Mai zusammentreten. Schon vorher
beschloß Malwidas Familie, den Frankfurter Haushalt aufzulösen.
Wieder mußte sie mit der Mutter nach Detmold zurückkehren. Die
geringen Mittel, die ihnen noch geblieben waren, reichten nur für

ein standesgemäßes Leben in der Provinz. Die Notwendigkeit, Frankfurt zu verlassen, stand unumstößlich fest. Malwida haderte mit ihrem Schicksal. Nie konnte sie dort bleiben, wo sie gerade am liebsten sein wollte. In Frankfurt spielte die deutsche Geschichte, dort sollten bald große Entscheidungen getroffen werden. Dort würden die interessantesten Männer aus allen deutschen Landen sich versammeln – und sie sollte wieder in jenen kleinen Winkel Deutschlands zurückkehren, wo man nichts von den umwälzenden Neuerungen spüren würde.

Sie war jetzt soweit, jegliche Autorität anderer über ihr Leben in Frage zu stellen, und wäre liebend gern allein in Frankfurt geblieben. Aber wie sollte sie das praktisch anfangen? Sie brauchte dazu nicht nur die moralische Unabhängigkeit, die sie jetzt erstmals besaß, sondern auch eine stabile ökonomische Grundlage, also ein regelmäßiges Einkommen. Wenn sie Vermögen gehabt hätte, dann hätte sie sich auch als Frau einen eigenen Haushalt einrichten können. Zum ersten Mal begriff sie, daß auch Frauen die Möglichkeit bekommen mußten, durch ihre eigenen Anstrengungen ökonomisch unabhängig zu werden, daß es Frauen nicht nur erlaubt sein, sondern ihnen auch die Fähigkeit vermittelt werden mußte, einen Beruf auszuüben und ihren eigenen Lebensunterhalt zu verdienen.

Malwida hatte das Gefühl, daß ein Sargdeckel über ihr zuklappte, als sie zurück nach Detmold kam. Theodor und Elisabeth waren noch beim Großvater in Potsdam. Theodors Briefe waren in den letzten Wochen immer kürzer und seltener geworden. Dann waren gar keine mehr gekommen. Er hatte in all der Aufregung sicher keine Zeit zum Schreiben gefunden. Malwida hatte nicht den leisesten Zweifel an ihm. Sie besuchte häufig seine Mutter, mit der sie sich besser verstand als je zuvor.

Eines Tages saßen sie wieder beieinander, und Theodors Mutter las ihr aus seinen Briefen vor. Wie viele andere Söhne hatte auch er seinen Lieben daheim ausführliche Berichte über die revolutionären Ereignisse zukommen lassen, die er in Leipzig hautnah miterlebt hatte. Malwida kannte diese Briefe noch nicht und folgte seinen Schilderungen gespannt, als ein paar anscheinend nebensächliche Sätze sie trafen. Was schrieb er da? Was hatte seine Mutter wie selbstverständlich vorgelesen? Sein ganzer Tag sei der Teilnahme an den öffentlichen Ereignissen gewidmet, und am Abend eile er in den kleinen Garten in die Laube, helfe die Wolle wickeln, während sie friedlich plauderten. Das sei seine Erholung?

Diese Sätze weckten eine Flut von Vermutungen, Zweifeln und Befürchtungen in Malwidas bis dahin so arglosem Herzen. Seiner Mutter schienen die Tatsachen geläufig zu sein. Malwida traute sich nicht nachzufragen. Sie war auch zu stolz dazu, ihre Eifersucht zu zeigen. Scheinbar gelassen hörte sie weiter zu, während sie innerlich wie versteinert war. Da öffnete sich die Stubentür, und hinter dem Kopf von Elisabeth, die noch ihren Reisehut trug, schaute der des Bruders herein. Sie hatten ihre Ankunft nicht angekündigt, um die Familie zu überraschen. Elisabeth umarmte Malwida herzlich. Theodor aber wirkte befangen und reichte ihr die Hand nur mit einem flüchtigen Druck. Das war die Begrüßung ihres Liebsten, nach der sie sich so gesehnt hatte? Nur ein flüchtiger Händedruck nach all den langen Monaten der Trennung, den Schmerzen und dem Verlust, den sie erlitten hatte? Dazu noch jetzt, in einem Augenblick, wo sich ihre gemeinsamen Hoffnungen auf eine freie Zukunft der Welt zu erfüllen schienen?

Malwida hielt es im Pastorenhaus nicht mehr aus. Sie mußte allein sein. In ihrem Zimmer überfielen sie die Gedanken wie eine Flutwelle. Liebte er sie nicht mehr? War alles, was sie verbunden hatte, nur ein Spiel, eine Laune gewesen? Wer war die andere? Was hatte sie an sich, was sie, Malwida, nicht besaß? Warum hatte er ihr nicht geschrieben? Warum hatte er nichts gesagt? Noch klammerte sie sich an jeden Strohhalm. Noch war nichts zwischen ihnen ausgesprochen worden. In den nächsten Tagen erwartete sie sehnsüchtig ein klares Wort von ihm. Sie sahen sich einige Male. Aber zwischen ihnen war nichts mehr so wie vorher.

Sie fragte ihn nicht nach dem Grund der Veränderung. Sie hoffte darauf, daß er die Initiative ergriff. Je länger dieses Versteckspiel dauerte, desto bitterer fühlte sie sich verletzt. Er war nicht frei genug, ihr alles zu sagen. Er vertraute ihr nicht. Er wich vor ihr zurück, er fürchtete anscheinend Vorwürfe und Eifersucht von ihrer Seite. Er schwieg lieber und benahm sich ihr gegenüber gleichgültig. Dabei wäre sie fähig gewesen, ihm alles zu verzeihen, ja ihm sogar die Freiheit wiederzugeben.

Noch hatte Malwida Hoffnung. Sie hörte, daß er nach Frankfurt gehen sollte. Dort war inzwischen das neugewählte Nationalparlament zusammengetreten. Theodor sollte von seinen Sitzungen berichten. Jetzt zum Abschied würde er ihr bestimmt eine Erklärung seines merkwürdigen Verhaltens geben. Er kam ganz kurz, benahm sich kühl und drückte ihr nur unverbindlich die Hand, als ob er sich von einer entfernteren Bekannten trennte. Das war alles.

Erst als er endgültig weg war, hielt Malwida die Ungewißheit nicht mehr aus. Sie überwand sich und fragte seine Schwester, was eigentlich los sei und warum Theodor sich so merkwürdig benehme. Elisabeth erzählte ihr endlich, daß ihr Bruder sich in Leipzig in die Frau seines besten Freundes verliebt hatte. Beide hatten dem Ehemann gebeichtet, der ihnen großmütig verzieh. Gemeinsam beschlossen sie, daß Theodor die Stadt für längere Zeit verlassen sollte. Elisabeth versuchte, Malwida zu trösten. Theodor habe ihr nichts sagen wollen, weil er glaube, diese Liebe werde wieder vergehen.

Aber Malwida konnte keine Ausflüchte ertragen. Ihre schlimmsten Vermutungen waren also wahr gewesen. Ein Abgrund tat sich vor ihr auf. Den ganzen Tag über herrschte in ihr nur noch eine kalte Leere und Grabesstille. Erst in der Nacht, als sie endlich allein war, löste sich diese Erstarrung. Ihr Herz begann zu rasen. Sie war nahe daran, Selbstmord zu begehen. Alles war so sinnlos, sie fühlte sich so weggeworfen, so entsetzlich allein gelassen und verloren. Die Gewißheit seiner Liebe hatte ihr bis dahin über alle Probleme hinweggeholfen. Jetzt wußte sie nicht mehr weiter. Sie überlegte, wie sie ihr Leben auslöschen sollte. Dabei wurde sie ruhiger. War er es wert, daß sie ihr Leben wegwarf? Sie hatte geglaubt, er sei vollkommen. Sie hatte gedacht, seine Worte und seine Taten stimmten überein. Er hatte doch immer wieder seinen Wahlspruch zitiert, daß er sich nicht den Dingen, sondern die Dinge sich unterwerfen wolle. Das hatte so stark geklungen. Aber das stimmte alles nicht. Er war schwach. Seine Liebe war nicht viel wert gewesen, seine Stärke eine Illusion. Wenn sie sich die Tatsachen objektiv betrachtete, hatte er sich sogar ausgesprochen feige verhalten.

Aber war es nicht auch Schwäche und Feigheit vor dem Leben, wenn sie jetzt sterben wollte, um nicht mehr leiden zu müssen? War ihr Leben denn jetzt völlig sinnlos, nur weil Theodors Liebe fehlte? Hatte sie nicht immer noch ihre Aufgabe zu erfüllen, die sie damals in den Alpen mit einem Schwur angenommen hatte? Mußte sie nicht für das Ideal leben, um das Gute in sich und um sich herum zu vollbringen? Widerstrebend gab sie diesen Gedanken Raum. Es war wahr: Sie mußte ihr Leben auf sich nehmen, so wie es nun einmal war, auch wenn sie alle Hoffnung auf ein zukünftiges Glück verloren hatte. Sie besaß immer noch ihre Selbstachtung, ihre persönliche Würde. Sie würde in Übereinstimmung mit sich selbst und ihrer Sehnsucht nach innerer Vollkommenheit leben, das würde sie in Zukunft unverwundbar machen.

Ohne daß Malwida am nächsten Morgen ein Wort sagte, konnte die Mutter ihr ansehen, wie sehr sie gelitten hatte. Die bittere Enttäuschung und der Kampf, den sie mit sich selbst ausgefochten hatte, hatten sich tief in ihre Züge eingeprägt. Die Kindlichkeit und jugendliche Frische, die sie bis dahin immer noch besessen hatte, waren gewichen. Sie bekam einen herben Zug um den Mund. Aber sie hatte ein Ziel, und sie hatte ihre unbändige Willenskraft. Auf gewisse Weise war sie gestählt aus ihrem inneren Kampf hervorgegangen. Sie wollte und sie würde ihr Leben meistern.

Wie damals nach dem Schrecken ihrer Konfirmation ging auch jetzt das Leben in seinen gewohnten Bahnen weiter. Malwida ließ sich gegenüber ihrer Familie so wenig wie möglich anmerken. Sie hätte es nicht ertragen, von irgend jemandem bedauert zu werden. Mitgefühl hätte die Dämme eingerissen, mit denen sie mühsam ihren Schmerz und ihre Tränenflut zurückhielt. Sie wollte stark sein und verbarg ihre Schwäche hinter stolzer Scham, wie sie es nannte, obwohl die Mutter natürlich bald mitbekam, wie es um sie und Theodor stand.

Elisabeth und deren Mutter bildeten in dieser Zeit Malwidas stärkste Stütze. Bei ihnen fühlte sie sich schon lange mehr daheim als in ihrem eigenen Familienkreis. Sie lasen gemeinsam Fichtes »Reden an die deutsche Nation« und ereiferten sich über seine Ideen zur allgemeinen Volkserziehung. Die intensiven Studien lenkten Malwida ab. Sie bezog Fichtes Gedanken auf sich selbst und ihre Stellung als Frau in der Gesellschaft. Sie träumte zusammen mit Elisabeth davon, daß der Staat allen Menschen freien Zugang zur Bildung gewähren sollte. Mit »allen Menschen« waren üblicherweise immer nur alle Männer gemeint, egal welcher sozialen Klasse sie angehörten. Das Nationalparlament in Frankfurt und die übrigen Abgeordnetenkammern, die jetzt überall zusammentraten, waren zum Beispiel so von »allen« gewählt worden. Malwida und Elisabeth aber bezogen auch die andere Hälfte der Menschheit, die Frauen, in ihre Überlegungen ein. Frauen brauchten ihrer Meinung nach ebenso dringend wie die Männer der unteren Volksklassen als erstes mehr Bildung.

Bei den Damen Althaus trafen sich regelmäßig die wenigen Demokraten der Stadt, um die großen Fragen der Zeit zu diskutieren. Carl Volkhausen lieh Malwida die neuesten demokratisch-radikalen Schriften; darunter auch einen Titel über das System der sozialen Politik von Julius Fröbel. Der Hausarzt, zugleich Arzt des ganzen fürstlichen Hofes, empörte sich, als er dieses Buch bei Malwida liegen sah. Seiner Tochter würde er eine solche Lektüre sofort verbieten, ließ er der Mutter gegenüber verlauten. Aber Malwida ließ sich nichts mehr verbieten und machte vor nichts mehr halt. Hätte er gewußt, daß sie sich in ihren Kreisen sogar für die Abschaffung der Erbfolge einsetzte, er hätte auf dem Absatz kehrtgemacht und dieses Haus nicht mehr betreten.

In diesen Tagen, in denen man überall von den Erfolgen der Revolution hörte, fürchteten alle Reichen und Adeligen um ihr Hab und Gut und ihre Privilegien. Malwida war für die ganze gute Gesellschaft im kleinen Detmold zur gefährlichen Rebellin geworden, zur Umstürzlerin, die zu Gewalt und Waffen aufrief und mit den Zerstörern der alten und bewährten Ordnung zusammenarbeitete. Für ihre Familie zählte sie schon lange zu den schwarzen Schafen, die nicht mehr zu retten waren. Wenn sie abends von den Besuchen bei den Althaus zurückkam und ins gemeinsame Wohnzimmer trat, überhörte man ihren Gruß und tat entsetzlich geschäftig, oder man steigerte die Unterhaltung, um nur nicht mit ihr reden zu müssen. Man strafte sie mit Nichtachtung und grenzte sie durch eine Mauer des Schweigens aus. Es kam zu keiner Auseinandersetzung mehr. Malwida wußte auch so, was sie alle dachten, die Schwester, die Mutter, der Schwager, der Bruder und die Schwägerin und selbst die kleinen Nichten, die inzwischen zu jungen Damen herangewachsen waren.

Sie forderte also die Demokratie, die Volksherrschaft verbunden mit Freiheit, Gleichheit und Brüderlichkeit unter den Menschen. Das war einfach indiskutabel. Schließlich sah man doch in diesem schrecklichen Jahr 1848, wohin es führen würde, wenn es keine festgefügte Ordnung, keine Verbote und Grenzen mehr gab. Die Steuerbücher hatten sie verbrannt, Schlösser angezündet und Zollhäuser verwüstet. Das kam bei der Freiheit heraus. Die Leute würden kommen und sie ausrauben. Sie würden alles zerstören, wenn es keine Ordnungsmacht mehr gab. Dieser ganze Aufruhr mußte mit Gewehren und Kanonen unterdrückt werden, sonst würde dieses Volk, das sie so liebte, das Oberste zuunterst kehren. So sahen doch die Tatsachen aus.

Und wer hatte denn aufgebracht, daß die Menschen alle gleich seien? Vor Gott seien sie gleich, das sei wahr. Aber auf Erden nahm doch wohl jeder seine gottgewollte Stellung ein. Der eine war eben hoch geboren und der andere niedrig. Hatte nicht Gott selbst diese Welt so eingerichtet? War es nicht eine Sünde, die gottgewollte Ordnung einreißen zu wollen? Sie mußte doch selbst sehen, daß die Menschen verschieden waren. Gab es nicht dumme und kluge, geniale und schlichte Köpfe? Hatten die Menschen das etwa so gemacht? Verteilte nicht der himmlische Herrscher seine Gaben selbst ungleichmäßig unter sie? Sie konnte die Natur nicht ändern. Also, was wollte sie eigentlich?

Brüderlichkeit wollte sie? Das war überhaupt die Höhe. Man gab schon so genug für die Armen, sollte man auch noch das ganze Vermögen mit ihnen teilen? Dann hätte man doch selbst nichts mehr. Es reichte ja so gerade dazu, standesgemäß zu leben. Diese sozialen Ideen waren doch reiner Unsinn. Das Volk war zu nichts nutze. Wenn diese Leute etwas Geld in die Hand bekämen, würden sie es sowieso gleich in billigen Schnaps umsetzen. Nein, die bestehende Ordnung war schon richtig, so wie sie war. Wer arbeiten wollte, konnte sich durchbringen. Diese ganzen armen Leute waren nur aufgehetzt und hatten zu viele Ansprüche.

In Malwida stieg immer die Wut auf, wenn sie an diese Argumente dachte. Sie kannte die baufälligen Hütten und die elenden, zugigen und feuchten Zimmer der armen Leute gut genug. Sie wußte, daß sie oft zu zehnt in zwei Räumen lebten und im Winter nicht einmal genug Brennholz hatten, um einen Raum warm zu halten, und daß sie wochenlang nichts anderes als Kartoffeln zu essen hatten, wenn sie überhaupt satt wurden. Aber es war hoffnungslos, sich auf Auseinandersetzungen einzulassen. Keiner wollte seinen Standpunkt aufgeben. Zu ihrer Familie gab es keine Annäherung mehr.

Malwida litt aber nicht nur deswegen. Sie sah auch, wie sehr es ihre Mutter schmerzte, daß ihre so sehr geliebte Tochter auf eine völlig falsche Bahn geraten war. Sie wurde jetzt von der guten Gesellschaft, deren Liebling sie einst gewesen war, ausgestoßen und gemieden. Vom Hof kam sogar eine Einladung, von der Malwida ausdrücklich ausgeschlossen wurde. Für die Mutter war das ein harter Schlag. Sie war so empört, daß auch sie absagte.

12. Die Reaktion siegt –
die Revolution schwört Rache

Im Juni kam Theodor kurz nach Detmold. Er hatte
endlich einen Redaktionsposten erhalten. Vor einem Jahr hätte das
ihr ganzes Leben verändert. Sie hätten heiraten und eine Familie
gründen können. Jetzt war alles vorbei. Malwida sah ihn nur
flüchtig. Sie konnte sich immer noch nicht entscheiden, ob sie ihn
nicht doch offen auf ihr Zerwürfnis ansprechen sollte. Sie liebte
ihn immer noch, obwohl er ihr in der Zwischenzeit nicht einmal
auf einen Brief geantwortet hatte. Hätte er sie um Verzeihung
gebeten, sie wäre in seine Arme geflogen. Aber sie selbst konnte
sich nicht dazu überwinden, noch einmal auf ihn zuzugehen.
Sie hielt sich seine Zeitung. Mit Wehmut und Stolz las sie seine
Leitartikel. Sie verfolgte auch mit Begeisterung und mit größter
Aufmerksamkeit die Parlamentsdebatten in Frankfurt, die in der
Presse breiten Raum einnahmen. Zusammen mit Elisabeth und
deren Mutter war sie glücklich, als die Parlamentarier über Erziehung debattierten. Der Beschluß über den öffentlichen Unterricht
rührte sie zu Tränen. Endlich sollten Wissenschaften und Künste
nicht mehr das Monopol der Reichen sein. Endlich würde der
Schulunterricht für alle Kinder bis zu einem bestimmten Lebensalter obligatorisch sein, würden auch die Kinder armer Leute als
Erwachsene die Freude des geistigen Lebens finden können.
Anfang Juli hatten die Parlamentarier in Frankfurt damit begonnen, die Grundrechte Satz für Satz zu beraten. Jetzt konnten alle
selbst schwarz auf weiß in der Zeitung lesen, daß Malwida mit
ihren Ansichten nicht allein stand. Das ganze Volk – vertreten
durch seine Abgeordneten – teilte ihre Ziele und wollte eine
gerechtere staatliche Ordnung. Wenn diese Grundrechte erst einmal anerkannt sein würden und ein ganzes Deutschland entstanden wäre, dann würden Freiheit, Gleichheit und Brüderlichkeit

überall herrschen. Schließlich stand in den Artikeln der Grund-rechte, daß jeder Deutsche die Reichsbürgerrechte bekomme und sich überall niederlassen und arbeiten könne; daß der Adel aufge-hoben und seine Standesvorrechte abgeschafft seien; daß die Frei-heit der Person als unverletzlich gelte und jeder das Recht habe, seine Meinung in Wort, Schrift und Druck frei zu äußern; daß Wis-senschaft und Lehre frei seien – und endlich: daß jeder das Recht habe, sich überall und ohne Erlaubnis friedlich und ohne Waffen zu versammeln. Malwida brachte die Flugblätter, in denen die neuen Rechte veröffentlicht wurden, eigenhändig zu ihren Armen und erklärte ihnen ihre Bedeutung.

Aber die Reaktion schlug bald zurück. Schon im Juni schossen die österreichischen Truppen in Prag auf Aufständische. In Paris wur-den die Arbeiter niedergemetzelt, die wegen der Schließung der Nationalwerkstätten auf die Straße gegangen waren. Einen Monat später besiegte der alte Feldmarschall von Radetzky die freiheits-hungrigen Italiener. Dann schloß der preußische König, zuerst vorläufig, Ende August definitiv, einen Waffenstillstand mit Däne-mark, obwohl die Nationalversammlung den Kampf gegen die dänische Besetzung Schleswigs zur Reichssache erklärt hatte; schlimmer noch: Die Nationalversammlung nahm den Affront durch den König unwidersprochen hin. Erregte Demonstranten wollten die Sitzung in der Paulskirche stürmen. Da bekamen die Parlamentarier Angst vor dem eigenen Volk: Österreichische und preußische Truppen räumten mit Gewalt den Vorplatz der Kirche. Die wütende Menge errichtete Barrikaden. Die Truppen erhielten Feuerbefehl. Achtzig Menschen starben. Unter ihnen zwei aristo-kratische Abgeordnete, die von Arbeitern erschlagen wurden.

Weitere schlimme Nachrichten folgten Schlag auf Schlag. Struve hatte von Lörrach aus noch einmal versucht, das Ruder herumzu-reißen und die Republik auszurufen. Seine Freischärler wurden von zwei Bataillonen der badischen Regierung aufgerieben. Er floh, wie Hecker vor ihm, nach Amerika. Anfang Oktober brachen in Wien erneut heftige Unruhen aus. Kaiserliche Soldaten sollten aus der Stadt abgezogen werden, um in Ungarn gegen die Anhänger von Lajos Kossuth zu kämpfen, der zu einer nationalen Erhebung aufgerufen hatte. Die Soldaten meuterten und verbrüderten sich mit den Revolutionären. Eine wütende Menge ermordete den verhaßten Kriegsminister Graf Latour und hängte seine übel zugerichtete Leiche an einer Laterne auf. Doch die Truppen des Generals Windischgrätz rückten von Prag gegen Wien vor und schlossen die Stadt ein. Zwei Abgeordnete der Nationalversammlung, Robert Blum und Julius Fröbel, waren nach Wien gefahren, um die Aufständischen zu unterstützen.

Malwida las von diesen Ereignissen in den Zeitungen und Flugblättern. Mit Julius Fröbel, dessen Buch für so viel Aufregung in ihrer Familie gesorgt hatte, hatte Malwida einen Briefwechsel begonnen. Theodor kannte ihn sogar persönlich. Er hatte sich in Frankfurt mit ihm angefreundet. Jetzt erwartete Malwida jeden Tag mit Bangen die neuen Meldungen aus Wien. Wenn diese Stadt standhielt, hatte die Revolution noch eine Chance. Ihr Untergang würde auch den Ausgang der Erhebung besiegeln.

In diesen Tagen des Harrens und Hoffens schrieb Malwida noch einmal an Theodor. Er hatte Geburtstag. Sie wollte ihm wenigstens ein kurzes Erinnerungszeichen senden. Diesmal antwortete er. Er erklärte sich die Trennung so, daß sie zu ausschließlich einer im andern gelebt hatten. Aber es steckte noch mehr dahinter. Er hatte ihr schon während ihrer Liebe einen Gedichtzyklus mit dem Titel »Zwei Seelen« gewidmet. Ein Gedicht in diesem Zyklus hieß bezeichnenderweise »Ein Leiden«. Darin standen auch Verse, die ihre Beziehung als zu verstandesmäßig und geistig kritisierten. Er wolle das ewige Fragen und diskutieren gern lassen, sie wolle zu heilig sein und liebe zu geisterhaft, hatte er gedichtet. In seinem Brief schrieb er sogar noch: Sie hätte gesiegt, wenn sie koketter gewesen wäre und ihren Einfluß auf ihn anders genutzt hätte.

Koketter, dachte Malwida verächtlich; kokett, was hieß das eigentlich? Hatte er wirklich von ihr erwartet, daß sie ihn sozusagen mit den Waffen einer Frau einfangen würde? Hätte sie ihn mit schmachtenden Blicken tief in die Augen sehen, sich ihm an den Hals werfen, ihn mit offenherzigen Dekolletés reizen sollen, ihm in

einem jener wenigen Momente inniger Nähe ein Heiratsverspre-
chen abluchsen sollen? Nein, er hatte sie nie wirklich verstanden.
Ihr lag nichts, aber auch gar nichts daran, einen Mann auf diese
Weise zu umgarnen. Sie wollte von dem Mann, den sie liebte, als
Gefährtin, als gleiches und freies Ebenbild seiner selbst ernst
genommen werden. Sie wollte einen gleichgesinnten Partner, mit
dem sie Ideen und Gedanken austauschen konnte, von dem sie
ebenso lernen konnte wie er von ihr. Was bedeuteten ihr schon
weibliche Schönheit, Jugend, Anmut und liebenswürdiges Getue?
Das waren doch nur schnell vergängliche Reize. Wie konnte er das
als Basis für eine vollkommene menschliche Beziehung ansehen,
die sie doch beide angestrebt hatten? Sie hatte sich von Theodor so
tief verstanden gefühlt. Jetzt war sie von Grund auf desillusioniert.
Sie würde nie wirklich begreifen können, daß Männer, selbst die
intelligentesten, so anfällig für weibliche Reize waren. Bei ihnen
setzte beim Anblick eines Rockes offenbar das Denken aus. Sie
verstand nicht, wie man so zusammenleben und glücklich sein
konnte. Sie würde das nie können. Ihre Ansprüche waren höher,
das wußte sie genau! Mit diesem Brief besiegelte er den Bruch endgültig. Sie liebte ihn noch. Sie würde diese Liebe nie in ihrem Leben
aufgeben. Ihre Treue war unverbrüchlich. Aber er war nicht mehr
ihr Held, ihr Apostel, ihr junger Messias; er war herabgestiegen
und hatte menschliches Maß angenommen. Vor ihren hohen Idealvorstellungen konnte er nicht mehr bestehen.

Trotzdem war sie schrecklich unglücklich. Ihre Stellung zu Hause
wurde, je mehr die politische Reaktion draußen an Stärke gewann,
immer bedrückender. Die Familie bekam wieder Oberwasser und
ließ sie das deutlich spüren. Man hielt an dem Grundsatz fest, daß
eine Frau nicht für sich selbst denken, sondern auf dem Platz, auf
den das Schicksal sie gestellt hatte, bleiben sollte, einerlei ob ihre
Persönlichkeit dabei unterging oder nicht. Malwida verfiel in tiefe
Depressionen. Ihre Rettung war die Einladung einer neuen Freundin, Anna Koppe. Anna war in Detmold zu Besuch und hatte sich
mit Malwida und Elisabeth angefreundet. Sie war vermögend
genug, um nach dem Tod der Eltern verhältnismäßig unabhängig

in Berlin leben zu können. Sie schlug Malwida vor, mit nach Berlin zu kommen und eine Weile bei ihr zu wohnen.

Malwida war zwar inzwischen zweiunddreißig, aber solange sie unverheiratet war, mußte sie für alle größeren Entscheidungen die Erlaubnis der Mutter einholen. Diese leistete, selbstverständlich nach Rücksprache mit den männlichen Familienmitgliedern, zu Malwidas Erstaunen keinen Widerstand. Im Gegensatz zu Elisabeth galt Anna nicht als exzentrisch. Man stimmte also dem Verkehr mit der neuen Freundin zu und erlaubte die Reise. Erst als Malwida in der Bahn saß, merkte sie, unter welchem Druck sie gelebt hatte. Sie fühlte sich, als ob sie aus einem Gefängnis ausgebrochen war. Die freundliche Begrüßung, die neue Umgebung und die Befreiung von den ewigen Vorwürfen und Sticheleien ließen sie in den nächsten Wochen merklich aufleben. So oft sie konnte, ging sie in die Sitzungen der Preußischen Abgeordnetenkammer, die ihr viel fortschrittlicher als das Frankfurter Nationalparlament zu sein schien.

Aber auch in Berlin hingen drohende Wolken über der Revolution. Es war inzwischen Herbst geworden. Die Revolutionäre hatten Wien nicht halten können. Man fürchtete einen Gewaltstreich. Um Berlin wurden Truppen zusammengezogen. Malwida und Anna mischten sich täglich unter die Leute, die auf den Plätzen zusammenstanden und leidenschaftlich diskutierten. Gleichzeitig bereiteten sie heimlich alles vor, um einen guten Bekannten von Anna, einen linken Abgeordneten, zu verstecken und ihm zur Flucht zu verhelfen. Am 10. Oktober hatte die Ungewißheit viele Menschen auf dem Platz vor dem Tagungshaus des preußischen Parlaments zusammengebracht. Sie standen in Gruppen. Die neuesten Gerüchte flogen hin und her. Malwida und Anna gaben die Informationen weiter, die sie von ihren Abgeordneten erfahren hatten. Die Stimmung war schwankend. Die revolutionäre Spannkraft schien geschwunden.

Plötzlich hörten sie Waffenklirren und Hufgetrappel aus den Seitenstraßen. Kavallerie ritt auf und drängte die Menschen zur Seite. Offiziere saßen ab und stiegen die Stufen zu dem Haus hinauf, in

105

dem die Kammer tagte. Das Parlament wurde aufgelöst. Die Abgeordneten wichen der militärischen Übermacht und traten in geordnetem Zug auf den leeren, von Soldaten bewachten Platz. Ohnmächtig mußten die Berliner zusehen. Sie ballten die Fäuste. Sie waren empört. Ihr Blut kochte. Doch keiner wagte es, einen Stein zu werfen. Niemand rief »Nieder mit dem König!«. Stumm beobachteten sie ihre Abgeordneten, bis diese sich in der Menge zerstreuten, die von der Kavallerie auseinandergetrieben wurde. Danach war die Atmosphäre in der Stadt zum Zerreißen gespannt. Keiner wußte, ob neue Unruhen ausbrechen würden. Die Truppen standen vor den Toren. Sie konnten die Stadt mit Kanonen beschießen. Anna drängte Malwida, Berlin sofort zu verlassen.

Der Bahnhof war schwarz von den Menschenmassen, die auf den Zug warteten. Reiche und Arme, Herrschaften und Dienstboten, Junge und Alte flohen mit Koffern und Packen aus der Stadt. Alle fürchteten um ihr Leben. Der Zug war ungewöhnlich lang. Doch er kam nur bis kurz vor Potsdam. Arbeiter hatten die Gleise aufgerissen. Sie mußten endlos lange warten, bis der Zug schließlich in den Potsdamer Bahnhof einfuhr. Dort war Endstation. Malwida stieg mit den anderen aus und stand hilflos allein in der Menge. Sie wußte nicht, wie sie an ihr Gepäck kommen sollte, als ein junger Offizier sie ansprach und sich als Detmolder Bekanntschaft herausstellte. Eigentlich war er ja ihr Feind, er würde möglicherweise in den nächsten Stunden gegen ihre Freunde kämpfen. Jetzt aber war sie einfach nur dankbar, daß er ihr half, zu Elisabeths Großvater zu kommen. Dort mußte sie lange klingeln und klopfen, bis ihr jemand öffnete. Die Familie hatte Angst, weil Anschläge auf Kirchenleute vorgekommen waren. Schließlich erkannten sie die Freundin ihrer Enkelkinder und nahmen Malwida herzlich auf.

Am nächsten Tag kam die Nachricht, daß Robert Blum in Wien erschossen worden war. Im Vertrauen auf seine Immunität als Abgeordneter war er in der Stadt geblieben. Er war von den Militärs vor ein Kriegsgericht gestellt und zusammen mit dem linksliberalen Kommandanten der Stadt standgerichtlich zum Tode verurteilt worden. Sie waren alle entsetzt. Über Julius Fröbel stand nichts in der Zeitung. Malwida bangte um sein Leben. Am Abend fuhr sie nach Detmold zurück. Dort erfuhr sie zu ihrer Erleichterung, daß Julius Fröbel begnadigt und nach Amerika entkommen war. Aber sie fühlte sich in Detmold fremder als je zuvor. Mit ihrer Familie geriet sie inzwischen bei jeder Kleinigkeit aneinander, egal ob sie über ihre Erlebnisse in Berlin berichtete oder ob die neuesten Nachrichten aus der Zeitung vorgelesen und diskutiert wurden. Die ewigen Spannungen waren unerträglich.

Sie rettete sich in die Abende bei Elisabeth und ihrer Mutter, auch wenn das zu Hause wieder abfällige Bemerkungen veranlaßte. Durch die Blume gab man ihr immer wieder zu verstehen, was man von ihr hielt und wie unglaublich sie sich benahm. So wurde zum Beispiel ein anderes junges Mädchen als liebenswürdiges Geschöpf gelobt, weil sie sich gar kein eigenes Urteil anmaße. Diese Böswilligkeit traf Malwida immer noch. Andererseits fielen durch solche Bemerkungen auch die letzten Schranken, die sie bisher daran gehindert hatten, ihre Stellung als Frau in ihrer Zeit und ihrer Gesellschaft mit klaren Augen zu sehen. Sie begann zu begreifen, daß nicht nur sie persönlich unter der Willkür ihrer Familie litt, sondern daß die gesellschaftlichen Vorurteile das weibliche Leben überall einschränkten und beengten. Sie erkannte auch, daß es für sie selbst so nicht mehr weitergehen konnte. Sie wollte und mußte sich aus dieser – wie sie es nannte – dreifachen Tyrannei des Dogmas, der Konvention und der Familie befreien. Sie stand mit ihren Ideen nicht mehr allein da. Die Revolutionstage hatten auch die Frauen beflügelt. Einzelne wagten schon, offen aufmüpfig zu sein.

Gerade als Malwida in Berlin war, hatte Louise Aston dort ein eigenes Wochenblatt mit dem Namen *Der Freischärler. Für Kunst und sociales Leben* herausgegeben. Diese Frau war eine schillernde Gestalt. Sie hatte eine unerträgliche Konvenienzehe durch Scheidung beendet und danach ihren Lebensunterhalt als Schriftstellerin gesucht. Von der Obrigkeit war sie wegen ihres angeblich zu freizügigen Lebensstiles verfolgt und ausgewiesen worden. Als Freischärlerin hatte sie am Deutsch-Dänischen Krieg teilgenommen und große Aufmerksamkeit erregt. In ihrem Blatt stritt sie radikal für die Demokratie. In der ersten Ausgabe warf sie sogar den demokratisch gesinnten Frauen vor, sie hielten an der Vorstellung von der holden Weiblichkeit fest und nähmen damit in Kauf, daß Frauen weiterhin Kinder und Sklaven blieben. Louise Astons Blatt wurde schon im Dezember 1848 von der Reaktion verboten. Sie selbst wurde zum zweiten Mal aus Berlin ausgewiesen.

Aber es erhoben sich weitere weibliche Stimmen in der Öffentlichkeit. Im Januar des folgenden Jahres erschien die erste Ausgabe von Louise Dittmars Monatsschrift *Sociale Reform*. In ihrem Programm wurde die Frauenfrage als Problem beider Geschlechter beschrieben, das zwar gemeinschaftlich gelöst, aber dennoch von den Frauen selbst in die Hand genommen werden müsse. Schließlich wußten sie selbst am besten, wovon sie sprachen. Für diese Zeitschrift schrieben politisch fortschrittliche und freireligiöse Kreise: Neben Louise Otto, die sich schon in den vierziger Jahren deutlich zu Wort gemeldet hatte, schickten auch Julius und Karl Fröbel Texte sowie dessen spätere Frau Johanna Küster.

Malwida hatte durch Elisabeth von dieser Zeitschrift erfahren. Sie schrieb Louise Dittmar einen Brief, in dem sie ihre Mitarbeit anbot. Sie schrieb, daß sie die Verbindung mit Gesinnungsgenossinnen suche, die ebenfalls eine Verbesserung ihrer Lebensumstände erreichen wollten. Sie hoffe, daß dadurch ein Bündnis unter den Frauen entstehe, das in der Öffentlichkeit wirksam für die Forderungen der Frauen eintreten könne. Sie wolle endlich aktiv werden und sähe keinen höheren Beruf vor sich, als an der Befreiung des weiblichen Geschlechts aus unwürdigen Verhältnissen zu arbeiten.

Louise Dittmar veröffentlichte diesen Brief mit einer Antwort, in der sich auch Malwidas eigene Erfahrungen spiegelten. Louise Dittmar hatte, wie sie schrieb, seit ihrer frühesten Jugend nichts schmerzlicher empfunden als die Nichtachtung und Geringschätzung ihres eigenen Geschlechts. Sie war empört und erbittert über die leisesten Zweifel an den Fähigkeiten von Frauen und die Überheblichkeit der oft sehr unbegabten Männer. Ihr Programm hieß

Kampf gegen eine doppelbödige Moral und dagegen, daß Frauen bestimmte negative Charakterzüge als »typisch weiblich« aufgezwungen wurden. Sie sah voraus, daß mit einer Revolution der Frauen eine neue Stufe der Entwicklung begann, und wußte doch zugleich, daß sie die angestrebte neue Stellung der Frau noch gar nicht definieren konnte, weil das bisherige weibliche Leben auf Bevormundung, Abhängigkeit, Einschränkung und Einschüchterung beruhte. So forderte auch sie, wie viele andere Frauen, als erstes eine bessere Erziehung und Bildung sowie die Möglichkeit zu eigener Erwerbstätigkeit. An anderer Stelle kritisierte Louise Dittmar in ihrem Blatt mit bitterer Ironie das herrschende weibliche Bildungsideal, das ausschließlich auf die Rolle von Hausfrauen, Gattinnen und Müttern ausgerichtet war. Sie sprach von dem verkochten, verwaschenen und verbügelten Leben der Frauen, deren Entwicklung durch die erzwungene Beschränkung auf die sogenannten weiblichen Tätigkeiten in höchstem Grade gehemmt wurde. Auch Louise Dittmar mußte ihre Zeitschrift schon nach vier Ausgaben im April 1849 wieder einstellen.

Aber bald folgte die erste Nummer einer neuen Wochenzeitung, die jetzt sogar offen den Titel *Frauen-Zeitung* führte und von Louise Otto herausgegeben wurde. Die gleichen Autorinnen und Autoren, die schon für die *Sociale Reform* geschrieben hatten, und auch Louise Dittmar selbst kamen hier wieder zu Wort. Unter dem Motto »Dem Reich der Freiheit werb' ich Bürgerinnen« war diese neue Zeitung zugleich ein Sprachrohr der freien religiösen Bewegung, die sich immer mehr in ganz Deutschland ausbreitete.

Malwida hatte schon damals in Frankfurt, als ihr Vater starb, die Gottesdienste der Freien Gemeinde besucht. Die echte Demokratie, die in diesen Gemeinden herrschte, hatte ihr gefallen. Zum ersten Mal hatten hier alle Gemeindemitglieder die gleichen Rechte, sogar die Frauen. Sie, die sonst doch in keiner Versammlung mitreden durften, deren Stimmen niemals gezählt wurden, sie waren hier auf den jährlichen Vollversammlungen wahlberechtigt und konnten sogar selbst in den Vorstand oder in ein anderes Amt gewählt werden. Das war eine umwälzende Neuerung.

Malwida hatte schon vorher durch Theodor von dieser neuen Bewegung gehört. Sie hatte sich nach 1844 gebildet, als die katholische Kirche ihre Gläubigen zu einer Wallfahrt zum Heiligen Rock nach Trier aufgerufen hatte. Hunderttausende hatten sich daran beteiligt und ihr letztes Geld zusammengekratzt, um die ewige Seeligkeit durch einen Blick auf dieses Gewand zu erlangen, das angeblich Christus selbst getragen hatte. Daraufhin hatte der Pastor Johannes Ronge die Kirche in einem offenen Brief scharf angegriffen, weil sie mit ihren falschen Versprechungen den Ärmsten der Armen das letzte Geld aus der Tasche zog.

Auf Ronges Aufruf hin gründeten sich in vielen größeren Städten sogenannte deutsch-katholische Gemeinden. Schon ein Jahr später hatte der spätere Abgeordnete Robert Blum eine erste überregionale Zusammenkunft ihrer Gemeindevertreter organisiert. In ihrem Leipziger Glaubensbekenntnis legten die Gemeinden fest, daß sie nur die Bibel zur Grundlage nehmen, deren Auslegung aber jedem einzelnen überlassen wollten. So bestand in den Gemeinden völlige Gewissensfreiheit. Tätige Nächstenliebe galt als Hauptaufgabe. Dadurch sollte das Wohl aller Mitglieder ohne Unterschiede nach Kräften gefördert werden. Hier wurde also endlich jenes aktive Christentum gelebt, zu dem Malwida schon eigenständig vorgedrungen war.

An vielen Orten hatten sich Frauen zur Unterstützung der jungen Gemeinden zusammengefunden und eigene Vereine gegründet. Mit Vorträgen, Konzerten, Basaren und Sammlungen versuchten sie, die nötigen Finanzmittel zusammenzubringen, die für eine Gemeindeeinrichtung nötig waren. Zugleich aber schrieben sich die neuen Gemeinden und noch mehr ihre Frauenvereine die Erziehung der Frauen zur Selbständigkeit auf ihre Fahnen. Sie wollten allen Frauen begreiflich machen, daß ihr Beruf über Kirche und Keller, Kaffee und Tee hinausging, daß sie dieselbe Aufgabe im Leben zu erfüllen hatten wie die Männer – ein jedes in seiner Sphäre, wie eine Vereinssatzung von 1847 diese revolutionäre Forderung denn doch wieder ein wenig abzumildern versuchte. Schon die Tatsache, daß immer mehr Frauen richtige Vereine gründeten, sich Satzungen und Geschäftsordnungen gaben, ihre Sitzungen protokollierten und Mehrheitsbeschlüsse faßten, war ein Aufbruch in eine neue Welt, in der Frauen sich zum ersten Mal zusammentaten und in demokratischen Spielregeln übten. Dazu traten diese Vereine durch Briefe und Besuche bald miteinander in Kontakt und webten so an einem gemeinsamen Netz.

Malwida fing an diesen Emanzipationsideen sofort Feuer. Sie schmiedete mit Elisabeth Pläne zu einer Frauenverbindung, die sie in ganz Deutschland ins Leben rufen wollten. Durch Briefe wollten sie mit Gleichgesinnten in Verbindung treten, um gemeinschaftlich auch den Schwächeren und Zaghaften Mut zu machen, für eine bessere Erziehung und ökonomische Unabhängigkeit einzutreten. In ihrem Brief an Louise Dittmar hatte sie diese Idee erstmals öffentlich ausgesprochen.

Vorerst aber blieb es bei Plänen. Malwida war kaum aus Berlin zurückgekommen, als sie schwer krank wurde. Kurz vor Weihnachten war sie gerade wieder gesund geworden. Da starb ganz plötzlich die Mutter ihrer Freunde, Julie Althaus, die ihr selbst zu einer zweiten Mutter geworden war. Am letzten Tag des Jahres 1848 wurde sie zu Grabe getragen. Theodor war natürlich gekommen. Die gemeinsame Trauer baute ihnen eine Brücke. Zum ersten Mal seit ihrer Trennung sprachen sie ernsthaft und verständnisvoll miteinander, bevor er Detmold wieder verließ.

Malwidas Gesundheit blieb unbeständig. Auch im folgenden Frühjahr kränkelte sie immer wieder. Ein Jahr zuvor erst hatte sie voller Hoffnung und Freude am Aufbruch der Völker zu einer gerechteren Welt teilgenommen. Jetzt kamen die Jahrestage der Märzrevolution, und die Welt sah nur noch düster aus. Ihre Hoffnung, daß die Revolution noch siegen würde, wurde immer geringer. Am 28. März wurde die Reichsverfassung vom Frankfurter Nationalparlament beschlossen und der preußische König zum deutschen Kaiser gewählt. Viele deutsche Kleinstaaten nahmen die neue Verfassung zwar an, aber die größeren Staaten verweigerten ihre Bestätigung. Schon das war ein schlechtes Zeichen. Dann lehnte auch noch der preußische König die ihm angetragene Kaiserkrone ab und beschimpfte sie sogar als Schweinekrone, die mit dem »Ludergeruch der Revolution« behaftet sei. Preußen und Österreich riefen ihre Abgeordneten aus Frankfurt zurück. Preußische Truppen wurden dorthin in Marsch gesetzt. Die Parlamentarier verlegten ihre Sitzungen nach Stuttgart, wo sie sich sicher glaubten. Erst jetzt riefen sie das Volk zu Hilfe, damit es die Verfassung mit der Waffe in der Hand zur Anerkennung bringe. In mehreren Staaten brachen erneut Aufstände los. In Dresden kam es in den ersten Maitagen wieder zu Straßenkämpfen. Der sächsische König flüchtete aus der Stadt.

Malwida las voll Sorge die Berichte aus Dresden. Noch gab es Hoffnung, daß die Aufstände zum zweiten Mal mit aller Gewalt losbrechen könnten. Andernfalls waren die Ziele der Revolution endgültig verloren. Unruhig verließ Malwida das Haus und ging zu ihrem Bruder hinüber. Es war ein herrlicher Maimorgen. Die Sonne lachte vom Himmel. Die Vögel zwitscherten. Das erste Grün überzog überall Bäume und Büsche, und die Kirschen begannen gerade zu blühen. Bei ihrem Bruder war niemand zu Hause. Malwida durchstreifte die leeren Räume und fand nur das jüngste Kind, das friedlich in seiner Wiege schlief. Eine Weile blieb sie daneben stehen. Das Baby schlummerte so sanft. Es war wie ein Sinnbild von Frieden und Glück, ein Sinnbild für den neuen Anfang, den auch der Frühling draußen in der Natur gerade machte. Und doch: Gerade jetzt floß auf den Straßen von Dresden das Blut. Sie sah die Verwundeten neben den Barrikaden liegen und hörte Schüsse und Kanonendonner. Sie litt mit den Kämpfenden. Wieviel hätte sie darum gegeben, mitkämpfen, mithelfen zu können.

Warum nur war sie eine Frau, die still sein und leiden mußte, während Brüder, Freunde und Bundesgenossen hinausstürmen und für die Freiheit kämpfen durften? Sie wollte selbst etwas tun. Sie wußte es: Selbst wenn die Revolution untergehen würde, wenn die Freiheit jetzt verloren war, die Zukunft war noch offen, und sie, Malwida von Meysenbug, würde mithelfen, die Revolution dennoch durchzusetzen. Sie würde der gemordeten Freiheit in den Frauen Rächerinnen erziehen. Sie würde dafür arbeiten, daß Frauen fähig würden, eine neue Generation freier Menschen zu erziehen. Sie eilte nach Hause. Schon lange hatte sie sich angewöhnt, die Gedanken, die ihr wichtig waren, schriftlich festzuhalten. Zu wenig konnte sie solche Gedanken mit ihrer direkten Umgebung teilen. Auch jetzt goß sie ihr inneres Erleben in Schriftform und nannte das Werk »Ein Frauenschwur«.

Noch aber griffen die Aufstände auf weitere Staaten über, obwohl die Revolution in Sachsen nach wenigen Tagen von preußischen Truppen blutig niedergeschlagen worden war. Die Pfalz und Baden hatten sich erhoben. Die Truppen in den großen Festungen hatten sich mit den Aufständischen verbündet. Auch Theodor rief in einem Leitartikel seiner Zeitung dazu auf, die Reichsverfassung mit bewaffneter Hand zu erkämpfen. Er wußte, daß sein Artikel unter den herrschenden Machtverhältnissen als Aufforderung zum Hochverrat galt. Doch noch war alles offen.

Den ganzen Juni über waren Berichte von Kämpfen in den Zeitungen zu lesen. Aber die Monarchien unter Führung Preußens verfügten über ein viel größeres Machtpotential als die Aufständischen. Schließlich – Mitte Juli – setzte nur noch die Festung Rastatt ihren Widerstand fort. Am 23. Juli 1849 endete mit ihrer Kapitulation nicht nur in Baden, sondern in ganz Deutschland die Revolution. Preußische Standgerichte nahmen ihre Arbeit auf. Achtundzwanzig Revolutionäre wurden in Rastatt sofort zum Tode verurteilt und erschossen, viele andere erhielten langjährige Zuchthausstrafen.

Theodor war schon früher verhaftet worden. Elisabeth und Malwida erwarteten mit Sorge den Ausgang seines Prozesses. Als er ihnen schrieb, daß er zu drei Jahren Gefängnis verurteilt worden war, zerriß es Malwida fast das Herz. Sie hatte sich so fest vorgenommen, ihn zu vergessen. Aber jetzt litt sie mit ihm und wäre am liebsten sofort zu ihm gefahren, um sein hartes Los ein wenig zu erleichtern. Sie schaffte es einfach nicht, den gekränkten Stolz der Verlassenen aufrechtzuerhalten. Sie konnte nicht aufhören, an ihn zu denken. Sie mußte ihm wenigstens ein paar mitfühlende Worte schreiben, auch wenn sie wußte, daß sein Gefühl für sie gestorben war. Er dankte ihr für diese Freundschaft mit einem Brief.

13. Zur Erholung ans Meer –
eine Reise nach Ostende

Malwidas Gesundheitszustand war in diesen Monaten immer schlechter geworden. Der Arzt der Familie versuchte, sie mit den damals üblichen Mitteln zu heilen, setzte Blutegel an und verschrieb Kräuter und Säfte. Aber sie hatte das Gefühl, davon eher kränker als gesünder zu werden. Im Grunde wußte sie, daß die unerträgliche Situation zu Hause sie krank machte. Sie mußte etwas dagegen unternehmen, bevor sie so schwach wurde, daß sie sich überhaupt nicht mehr selbst helfen konnte. Mit Elisabeth und Anna wollte sie in ein Seebad gehen und eine Badekur machen, um ihr Allgemeinbefinden zu kräftigen. Ihre Familie war entsetzt von dieser Idee. Die Extravaganzen dieser Tochter nahmen überhaupt kein Ende. Der Arzt wurde um Rat gefragt. Er zuckte die Achseln. Wenn sie meinte, es tue ihr gut, werde er nicht im Wege stehen.

Mitte Juli, kurz vor dem Fall von Rastatt, fuhren die drei jungen Frauen mit der Bahn nach Ostende. Malwida tat der folgende Monat am Meer unendlich gut. Sie badeten täglich von den hölzernen Badekarren aus, die zum Umkleiden dienten und ins Meer geschoben wurden. Sie gingen spazieren, erkundeten die Umgebung, besuchten den Lesepavillon für die regelmäßige Zeitungslektüre, saßen schwatzend auf der großen Mole, bis sie von der Flut überspült wurde, und trafen eine Menge neuer Leute. Die drei Frauen verstanden sich gut. Ihr Ton war trotz der schrecklichen Nachrichten aus Deutschland oft heiter und ausgelassen. Sie genossen ihre ungewohnte Freiheit.

Malwida war offen für jeden neuen Menschen, der eine interessante Unterhaltung versprach. Fasziniert war sie von der Frau des Leuchtturmwärters, einer kräftigen und zugleich anmutigen Frau von Mitte Fünfzig, die stets die Tracht ihres Heimatortes mit weißem Häubchen, roter Weste und mehrfach gebundener weißer

Schürze trug. Die drei jungen Frauen hatten sie mehrmals besucht, und die Leuchtturmwärterin hatte ihnen ihre Lebensgeschichte erzählt. Sie stammte aus wohlhabenden Verhältnissen, hatte aber nicht einmal lesen und schreiben gelernt, weil sie sich schon als Kind um nichts anderes als das Meer gekümmert hatte. Als junge Frau hatte sie dann ihren Lebensunterhalt als Fischerin selbst verdient. Sie liebte es, kräftig zuzupacken. Weibliche Handarbeiten, selbst das Netzeknüpfen, waren ihr zuwider. Später hatte sie einem Seemann mehr aus Spaß als im Ernst ihr Jawort gegeben. Mit ihm hatte sie einen Sohn und eine Tochter und lebte nun zufrieden und geachtet mit ihrem Mann in einer Hütte neben dem Leuchtturm. Malwida beeindruckte tief, daß sie hier zum ersten Mal im Leben eine Frau traf, die in völligem Bewußtsein ihrer selbst, ihrer Grenzen und ihrer Befähigung, sich ein Leben geschaffen hatte, das ihrer Natur entsprach. Diese Frau war und würde weiterhin Herrin ihres Schicksals bleiben, und dadurch würde sie bei allem Wechsel, bei allem Mangel und Verlust innerlich nur reicher werden, sei es durch Schmerz oder Glück.

Besonders die Worte, die die Fischerin ihnen zum Abschied sagte, klangen lange in Malwida nach. Sie schrieb sie sich auf, so wie sie sie gehört hatte. Diese angeblich so einfache Frau aus dem Volke hatte gesagt: »Gut: Jetzt, da wir ein gutes Gespräch hatten, ohne jemanden schlechtzumachen, können wir uns mit gutem Gewissen trennen. Man muß sich das immer zum Prinzip machen, selbst wenn man das Schlechte bemerkt, muß man es eher zu verbessern als aufzudecken suchen.« Diese Frau verkörperte alles, was Malwida zu werden wünschte. Ihr Leben wurde Malwida zugleich Vorbild und Trost. Ja, es war auch für eine Frau möglich, sie selbst zu sein, ihr eigenes Leben in die Hand zu nehmen und nach eigenen Wünschen und Fähigkeiten zu gestalten. Sie hatte jetzt eine solche Frau persönlich kennengelernt.

Sie machten noch eine ganze Reihe anderer Bekanntschaften. Malwida machte es zum ersten Mal in ihrem Leben richtig Spaß, mit Andersgesinnten im Gespräch ihre Klinge zu kreuzen und ihren – seit der Revolution nicht mehr nur demokratischen, sondern sozialistischen und ganz und gar atheistischen – Standpunkt zu verteidigen. Sie fühlte sich nicht mehr als Protestantin, und sie forderte nicht mehr nur die demokratischen Rechte für das Volk, sondern eine umfassendere Gerechtigkeit für alle Menschen und die Gleichberechtigung der Frauen. Gerade diese sollten auf ihre Weise ebenso an dem Gemeinwesen mitwirken dürfen wie die Männer. Im Geiste sah Malwida schon Frauen als Bevollmächtigte der Gemeinden und des Staates, wie sie erfolgreich für eine größere Gemeinschaft zusammenarbeiteten; sie sah sie, wie sie in reinlichen, weiten Räumen gepflegten und gesäuberten Kindern Anleitung zu nützlicher Beschäftigung, zu heiterem Spiel gaben und wie junge Mädchen aller Stände nicht nur zu nützlichen, sondern auch zu empfindenden, für das Schöne empfänglichen und mit Einsicht versehenen Wesen ausgebildet werden würden.

Ebenso vehement, wie Malwida jetzt den Sozialismus vertrat, lehnte sie die Ideen des Kommunismus als borniert ab, weil dort die materielle Gleichstellung aller Menschen gefordert wurde. Malwida wollte nicht die gegebenen Unterschiede zwischen den Menschen aufheben. Sie fand, daß Menschen mit Talent und Fleiß immer mehr und höhere Ziele anstrebten als solche ohne diese Befähigungen. Jeder Mensch sollte das erreichen können, was in seinem Wesen lag. Aber die Barrieren mußten abgebaut werden, die den Menschen aufgrund ihrer Zugehörigkeit zu einem bestimmten Stand oder einem bestimmten Geschlecht den Lebensweg verbauten. Armut und materielle Hilflosigkeit durften kein Grund für mangelnde Ausbildung sein. Das war ihre Überzeugung, die sie auch einigen Männern gegenüber, deren Bekanntschaft sie in Ostende machten, mit Nachdruck vertrat. Malwida war stolz darauf, daß sie hier von gebildeten Männern als Gesprächspartnerin ernst genommen wurde. Endlich war sie nicht mehr nur die Kleine, die mit ihren extravaganten Ideen die älteren Geschwister und die Mutter schockierte, sondern wurde von anderen als gleichwertiges oder sogar überlegenes Gegenüber wahrgenommen. Diese Erfahrung stärkte ihr schwankendes Selbstbewußtsein.

Einen Monat lang hatten sie jeden Tag in den salzigen Fluten gebadet. Malwida war in dieser Zeit wieder richtig zu Kräften gekommen. Das heitere und sorglose Dasein und die vielen Anregungen, die das Seebad den jungen Frauen bot, hatten ihr nach der Langeweile und Einsamkeit ihrer ungeliebten Kleinstadt unendlich gutgetan. Jetzt hieß es Abschied nehmen. Malwida graute vor der Rückkehr. Die Revolution hatte verloren. Die Aufständischen waren überall geschlagen worden. Viele der Männer, für die sie gehofft und gebangt hatten, waren ins Exil gegangen oder saßen in Haft, andere waren gefallen oder hingerichtet worden. Am liebsten wäre Malwida gar nicht mehr nach Detmold zurückgekehrt. Ihre Gedanken gingen immer öfter nach Westen, in jene neue und noch junge Welt, wo eine echte Demokratie entstand, nach Amerika, von wo Julius Fröbel ihr brieflich berichtete.

Aber sie brachte es nicht über sich, ihre Mutter einfach so zu verlassen. Im Grunde hing sie noch mit allen Fasern an ihrer Familie, auch wenn sie sich in diesem Winter bei ihnen noch unglücklicher fühlte als je zuvor. Ihre Gesundheit war zwar wiederhergestellt, aber ihre Lage hatte sich nicht gebessert. Immer noch strafte man sie entweder mit Nichtachtung, oder es kam zu Streit. Neue Kontakte mit Menschen, die genauso dachten wie sie, wurden in dieser Situation fast überlebenswichtig. So schrieb Malwida in diesem Herbst zum ersten Mal an Johanna Kinkel, deren Schicksal das nachrevolutionäre Deutschland bewegte. Ihr Mann, der Bonner Professor Gottfried Kinkel, hatte als einziger deutscher Universitätslehrer in den Verfassungskämpfen selbst zu den Waffen gegriffen. Er war Ende Juni im badischen Aufstand gefangengenommen und zu lebenslänglicher Festungshaft verurteilt worden. Seine Frau hatte alle Hebel in Gang gesetzt, um seine Begnadigung zu erreichen.

Johanna hatte schon ein bewegtes Leben hinter sich, bevor sie Gottfried Kinkel traf. Sie hatte als Kind musikalisches Talent entwickelt. Mit zweiundzwanzig heiratete sie einen Buch- und Musikalienhändler. Doch diese Ehe hielt nicht. Johanna kehrte in ihr Elternhaus zurück. Ihr Mann weigerte sich lange, in eine Scheidung einzuwilligen. So ging sie eine Zeitlang nach Berlin, wo sie sich zur Pianistin ausbilden ließ und ihren Lebensunterhalt mit Musikstunden verdiente. Acht Jahre nach der Eheschließung erlangte sie 1840 endlich die Scheidung. Trotz der Voruteile der Bonner Gesellschaft – Johanna war als geschiedene Katholikin eigentlich ein Unding, das es gar nicht geben konnte – verliebte sich der junge protestantische Theologe Gottfried Kinkel in sie. Ihretwegen mußte er die Theologie aufgeben. Drei Jahre nach Johannas Scheidung heirateten sie. Am Ende der Revolution hatten sie drei kleine Kinder. Malwida kannte ihre Geschichte von Theodor, der in Bonn Kinkels historische Vorlesungen gehört hatte.

Johanna hatte seit der Haft ihres Mannes mehr als genug zu tun, um ihre Zeit nicht noch auf fremde Briefe zu verschwenden. Doch Malwidas Brief berührte sie, so daß sie ihr antwortete und nach ihren Lebensumständen fragte. Daraus entwickelte sich ein Briefwechsel, in dem Malwida freimütig ihre qualvolle Lage beschrieb. Am schwersten fiel es ihr, sich aus der Bindung zur Mutter zu lösen. Sie beklagte sich, daß deren zärtliche Liebe nicht vorurteilsfrei genug war, um ihre Tochter so lassen zu können, wie sie nun einmal geworden war. Die Mutter entweder immer wieder zu verletzen oder aber ihre eigenen Überzeugungen ständig zu verleugnen ging langsam über Malwidas Kräfte. In diesen dunklen und einsamen Detmolder Wintertagen reifte ihr Entschluß, sich von den Ihren zu trennen. Dafür gab es eigentlich nur einen einzigen Weg: die Ehe. Doch dieser Weg war ihr verschlossen. Sie würde nie einen ungeliebten Partner heiraten, nur um versorgt zu sein. Das kam ihr wie eine andere Form weiblicher Prostitution vor.

Andererseits würde sie noch ihre letzte Selbstachtung verlieren, wenn sie Detmold nicht endlich verließ und sich traute, ihre Überzeugung, daß Frauen die gleichen Rechte und Pflichten hatten wie Männer, in die Tat umzusetzen. Welche Möglichkeiten, die nicht gegen die herrschenden Vorstellungen von weiblicher Würde und Sittlichkeit verstießen – denn diese bildeten natürlich Malwidas Maßstab für alle Überlegungen –, standen ihr noch offen? Unverheiratet das Elternhaus zu verlassen, um irgendwo in einer fremden Familie als Erzieherin zu arbeiten, würde für die Familie eine

Der Schriftsteller und Universitätsprofessor Gottfried Kinkel im Gefängnis. Wegen seiner Beteiligung am badischen Aufstand war er 1849 zu lebenslanger Haft verurteilt worden. (Holzstich 1850; Abbildung: Archiv für Kunst und Geschichte, Berlin)

Schande bedeuten, die fast nicht wiedergutzumachen war. Damen ihrer Gesellschaftschicht arbeiteten nicht.

Sonst kam nur noch die Tätigkeit als Schriftstellerin für sie in Betracht. So versuchte sie, endlich mit ihren Werken an die Öffentlichkeit zu treten. Den Winter über hatte sie ihre Ostender Reiseerlebnisse niedergeschrieben. Jetzt tauschte sie mit Johanna, die in Bonn einen eigenen literarischen Zirkel besaß, ihre Schriften aus. Einige Aufsätze, unter ihnen auch der Frauenschwur aus den Tagen des Dresdener Aufstandes, folgten. Letzterer wurde später tatsächlich im *Mainzer Tageblatt* gedruckt.

Aber mit der Schriftstellerei Geld zu verdienen war immer noch hoffnungslos, und Malwida wollte Detmold so schnell wie möglich verlassen. Sie fragte bei Johanna an, ob diese sie eventuell für eine Weile als Logiergast aufnehmen würde. Bevor Johanna antwortete, kam ein Brief von Julius Fröbel. Seine Frau war in der Zwischenzeit gestorben. Er fragte Malwida, ob sie nicht zu ihm kommen wolle. Für den Fall, daß sich zwischen ihnen eine engere Beziehung ergeben sollte, bot er ihr schriftlich die Heirat an. Malwida war von seinem Vorschlag begeistert. Das war die Möglichkeit zur Trennung von ihrer Familie. In Amerika würde sie sich ein eigenes Leben aufbauen können. In ihren kühnsten Träumen wünschte sie sich, dort mit ihren Gesinnungsgenossen, mit den Kinkels und Julius Fröbel, zusammenzuleben und eine große Erziehungsanstalt aufzubauen, in der sie Menschen für die neue Zeit bilden könnten.

Ihr kleines Vermögen würde sie zu einem großen Teil für die Überfahrt opfern müssen. Aber die Idee, Amerika zu sehen, schien ihr das wert zu sein. Bliebe sie dort, so würde sie mit dem Rest des Geldes leicht seßhaft werden können. Gefiel es ihr nicht, konnte sie wieder zurückkehren. Dann hatte sie durch diese Reise auf jeden Fall genug Lebenserfahrung und Eindrücke gesammelt, um sich in Deutschland auf irgendeine Art und Weise selbständig zu machen.

Malwida fand ihre Überlegungen sehr vernünftig. Sie glaubte auch, im Recht zu sein, wenn sie ihr Elternhaus endlich verlassen und in die große, weite Welt ziehen wollte. Aber sie wußte natürlich, daß sie ihre Mutter mit diesem Wunsch nicht einfach konfrontieren konnte. Alle Familienmitglieder würden sie für verrückt halten. Trotzdem hoffte sie, ihrer Mutter den Amerikaplan auf vorsichtige Art und Weise beibringen und ihr Einverständnis erlangen zu können.

14. Eine neue Welt begründen –
die Hochschule für das weibliche Geschlecht

So schien es Malwida wie ein Wink des Schicksals, als sie davon hörte, daß in Hamburg eine Hochschule für das weibliche Geschlecht gegründet worden war, der Karl Fröbel, der jüngere Bruder von Julius, zusammen mit seiner Frau Johanna vorstand. Dorthin konnte sie für eine bestimmte Zeit gehen. Offiziell würde sie dort ihre Studien fortführen. Inoffiziell konnte Hamburg zum ersten Schritt auf dem Weg nach Amerika werden. Zu ihrem Erstaunen war ihre Familie ohne großen Widerspruch mit einem dreimonatigen Studienaufenthalt in Hamburg einverstanden.

In aller Unschuld versuchte Malwida sich einzureden, daß sich ihre Mutter an ihre Abwesenheit gewöhnen würde. Von Hamburg aus wollte sie dann ihre Familie schonend auf die Auswanderung vorbereiten. Sie ließ ihre Mutter doch schließlich nicht allein zurück. Laura und Louise, ihre beiden anderen Töchter, umsorgten sie. Weitere Geschwister wohnten am Ort oder in erreichbarer Nähe, und die Mutter war von einer großen Schar von Enkelkindern umgeben. Trotz aller dieser Rechtfertigungsversuche befand sich Malwida in einem Zwiespalt: Zusammen mit Fröbel durch die Neue Welt zu reisen und ungeahnte Wunder zu sehen erschien ihr als einmalige Chance ihres Lebens. Eine solche Chance durfte sie sich nicht entgehen lassen, nur weil sie auf liebevolle Herzen Rücksicht nahm, die sie zwar entbehren würden, sie aber doch eigentlich nicht wirklich verstanden. Andererseits befielen Malwida immer wieder Zweifel, ob sie sich auf dem richtigen Weg befand. Sie schwankte zwischen ihrem Wunsch, die Welt zu sehen, und ihrer tiefeingewurzelten Loyalität zu ihrer Familie hin und her. Das Verbot, die Familie zu verlassen, und das Gebot der unbedingten Kindesliebe, die den Eltern um keinen Preis der Welt Schmerzen zufügt, hatten sich ihr eingeprägt und machten eine solche Entfernung zu einer schweren Sünde. Brieflich bat sie Johanna um Rat und versuchte dabei, sich selbst und die neue Freundin von ihren Argumenten für Amerika zu überzeugen.

Erst einmal begleiteten die Mutter und Laura Malwida nach Hamburg. Sie waren ganz angetan von der vornehmen Umgebung, in der die Hochschule und die zugehörige Pension lagen. Malwida selbst war von Anfang an hell begeistert. Die neue Hochschule war ein ganz ungewöhnliches Unternehmen, das aus dem weiblichen Unterstützungsverein für die Deutsch-Katholische Gemeinde in Hamburg hervorgegangen war. Dieser Verein war schon 1846 von Emilie Wüstenfeld, Bertha Traun und anderen Hamburger Frauen gegründet worden. Die Frauen hatten bei ihrer Arbeit für die Gemeinde festgestellt, daß es ihnen an allen Ecken und Enden an Wissen mangelte. Sie hatten daraufhin den Allgemeinen Bildungsverein Deutscher Frauen gegründet, in dem sich die Idee einer Hochschule für Frauen entwickelt hatte.

Besonders mit Emilie Wüstenfeld, dem Kopf des ganzen Unternehmens, verband Malwida bald eine innige Freundschaft. Sie waren sich auf Anhieb sympathisch, weil sie die gleichen Ziele verfolgten. Die Hochschule sollte die ökonomische Unabhängigkeit der Frau ermöglichen. Zuvor aber mußten Frauen sich durch ihre Studien zu Wesen ausbilden können, die sich selbst verstanden und frei entwickeln konnten.

Malwida fühlte sich schnell wohl in der neuen Gemeinschaft. Hier befand sie sich endlich unter Gesinnungsgenossinnen. Anfangs lebten nur vier weitere junge Frauen mit ihr in der Pension. Malwida bildete bald einen Mittelpunkt in dem kleinen Kreis. An einem der ersten Abende las sie das Kapitel über die zukünftige Stellung der Frauen aus ihrer »Reise nach Ostende« vor und fand vollste Anerkennung. Ihr Text wurde abgeschrieben und kursierte unter den Frauen.

Der Titel Hochschule war für das Institut, an dem sie gemeinsam lernten, allerdings etwas hoch gegriffen. Der Unterricht hatte mit einer Universität nur gemeinsam, daß man die Kurse und Vorlesungen frei wählen konnte. Das Niveau war darauf ausgerichtet, den Frauen erste Einführungen in bestimmte Fachgebiete zu geben und diese frauenspezifisch aufzubereiten, das heißt als Vorbereitung für ihre spätere weibliche Aufgabe in Familie, Kindergarten und Elementarklassen. Klassische Bildung, wie auf den Gymnasien, und tiefer gehende Kenntnisse in den Naturwissenschaften konnte man nicht erwerben. Aber schon der regelmäßige Unterricht in Deutsch, Englisch und Französisch, in den Grundlagen von Geometrie und Arithmetik, in Geschichte, Geographie, Physik und Botanik, in Pädagogik und Zeichnen waren eigentlich eine Ungeheuerlichkeit.

Natürlich waren männliche Lehrer verpflichtet worden, andere gab es nicht. Sie waren anfangs recht skeptisch gewesen, ob man mit Frauen solchen Unterricht überhaupt abhalten könnte, weil sie an deren Ausdauer und Energie zweifelten. Man hielt Frauen für unfähig, klare Gedanken zu fassen, logische Abfolgen zu verstehen und tiefer in irgendeine andere Materie als die der Liebe und der Kinder einzudringen.

Malwida war von den Stunden begeistert. Hier saßen junge Mädchen, gestandene Frauen und Großmütter zusammen, um gemeinsam zu lernen. Neben den wenigen Schülerinnen, die in der Pension lebten – später kam auch Malwidas Freundin Anna Koppe nach Hamburg –, besuchten viele Bürgerinnen der Stadt die Vorlesungen. Die Lehrer bestanden darauf, daß man sie durch Fragen und Bemerkungen unterbrach. So ergaben sich oft lebendige Unterrichtsgespräche, in die die persönlichen Erfahrungen der Frauen einflossen.

Der Schule war ein Kindergarten angeschlossen. Malwida lernte hier zum ersten Mal diese neue Einrichtung kennen, die Friedrich Fröbel, der Onkel von Julius und Karl, entwickelt hatte. Bisher blieben die Kinder armer Leute, deren Mütter arbeiten gehen mußten, entweder ganz unbeaufsichtigt oder kamen in Bewahranstalten, in denen sie auf langen Bänken herumsitzen und auf die Rückkunft der Eltern warten mußten. Jetzt bewunderte Malwida die neue Erziehungslehre, durch die schon Kleinkinder zu schöpferischer Tätigkeit angeregt wurden. Im Winter des folgenden Jahres ließ sie sich selbst zur Kindergärtnerin ausbilden und begann, selbst zu unterrichten.

Selbstverständlich besuchte Malwida auch die regelmäßigen Gemeindeabende und die sonntäglichen Zusammenkünfte der Freien Gemeinde. Sie war so beglückt, hier endlich die Gleichheit unter den Menschen verwirklicht zu finden, daß sie am liebsten sofort eingetreten wäre. Hier kam es nicht auf den Stand an, dem man durch seine Geburt angehörte. Hier zählte nur der Mensch. Endlich erlebte sie die Religion als das, was sie von der Lehre Christi erwartete, als wahre Gemeinschaft, in der die bitteren Unterschiede von Rang, Reichtum und Bildung durch die allgemein herrschende Humanität abgeschwächt und ausgeglichen wurden.

Der Prediger allerdings riet Malwida, sich vorher noch genauer umzusehen. Ein Übertritt war für sie ein gewagter Schritt. Sie zog damit einen tiefen Graben zwischen sich und ihre aristokratische Herkunft. Praktisch gab sie damit alle ihre Vorrechte auf, die sie aus ihrer sozialen Stellung als Angehörige des Adels ziehen konnte.

Obwohl Malwida sich in ihrer neuen Umgebung so wohl fühlte wie lange nicht mehr, sah sie Hamburg immer noch nur als Sprungbrett auf ihrem Weg nach Amerika an. Sie ließ anderthalb Monate verstreichen. Dann schrieb sie den Brief an ihre Mutter, über den sie schon seit Wochen nachgedacht hatte. Sie hatte schreckliche Angst, wieder – wie schon so oft – als leichtsinnig und phantastisch abgekanzelt zu werden. Dagegen richteten sich die ersten Sätze. Dann aber schrieb sie offen, was sie plante. Sie schrieb auch, daß Julius Fröbel der einzige Mann sei, den sie nach Theodor noch lieben zu können glaubte. Hatte sie in ihren hochgestimmten Hoffnungen vergessen, daß allein der Name Fröbel bei den Ihren für heftigen Unwilligen sorgen mußte?

Jedenfalls hatte sie nicht damit gerechnet, daß sich als Antwort eine geballte Ladung familiärer Vorwürfe und Vorurteile über ihr Haupt ergießen würde. Noch bevor der Brief ihrer Mutter ankam, schrieb Elisabeth aus Detmold, daß Malwidas ungeheuerliches Ansinnen einen riesigen Aufruhr hervorgerufen hatte. Dann kamen die Briefe der Mutter und der Schwestern. Malwida hatte nie erwartet, daß ihre Angehörigen zu solchen entsetzlichen Unterstellungen fähig waren: Sie, Malwida, eine Tochter aus gutem Hause, sie wollte sich einem Fremden an den Hals werfen, einem Mann, den sie kaum kannte, der es nicht für nötig hielt, offiziell bei der Mutter um ihre Hand anzuhalten? Sie war nicht nur leichtsinnig, sie war flatterhaft und würdelos; sie hatte offensichtlich keine Ehre mehr im Leibe und wußte nicht, was sich für eine Dame ihres Standes schickte. Was sie vorhatte, war geradezu unsittlich, wer wußte denn, wozu dieser revolutionäre Sozialist imstande war. Sie wurde beschimpft, als ob sie das abscheulichste Verbrechen der Welt vorhätte, als ob sie im Begriff war, das Unweiblichste und Unwürdigste zu tun, das eine Frau überhaupt unternehmen konnte.

Malwida war tief getroffen. Sie fühlte sich im Recht. Heftig wies sie die Vorwürfe zurück. Nur weil sie bereit war, als eigenständige Persönlichkeit zu handeln und einen Mann, den sie brieflich kannte, zu besuchen, ohne daß sie mit ihm offiziell verlobt war, durfte man sie nicht so beschimpfen. Sie überlegte hin und her. Sie konnte einfach gehen. Niemand hatte das Recht, ihr Lebensglück zu zerstören, davon war sie inzwischen fest überzeugt. Aber das Land verlassen ohne den Segen ihrer Mutter? Man hatte ihr das Messer auf die Brust gesetzt: Wenn sie ginge, würde der alten und kranken Mutter vor Gram das Herz brechen, hieß es in den Briefen, und sie, ihre liebste Tochter, würde schuld sein an diesem Tod.

Es war ein schwerer Kampf, doch am Ende wußte Malwida, daß sie diese Schuld nicht auf sich nehmen konnte. Ihr blieb keine andere Wahl. Sie ließ ihren Amerikaplan fallen und gab schweren Herzens nach. Die Familie fand das ganz in Ordnung. Malwida hatte also endlich ein wenig Vernunft angenommen. Sie würde sie noch segnen, wenn sie erst merkte, wie sehr sie sich in ihren Plänen verstiegen hatte. In ihr aber tobte ein Wirbel von wütenden und trotzigen Gedanken. Sie würde jetzt endgültig kämpfen. Sie hatte der Revolution den Rücken kehren und sich in Amerika ein harmonisches Dasein aufbauen wollen. Das hatten die Ihren vereitelt. Dafür würde sie jetzt durch und durch revolutionär werden, auch wenn ihr

Leben in diesem vergeblichen Kampf untergehen sollte. Nach Hause würde sie auf keinen Fall mehr gehen. Sie würde einen anderen Weg finden, um ihr Leben nach ihren eigenen Vorstellungen zu gestalten.

Doch dahin war es noch ein weiter Weg. Erst einmal half ihr Emilie, die die Auseinandersetzung miterlebt hatte. Sie forderte Malwida auf, an der Hochschule zu bleiben und an der Pension und den verschiedenen Vereinen mitzuwirken. Man erließ ihr sogar einen Teil der Pensionskosten, so daß sie gut von ihrem eigenen Vermögen leben konnte und keine Unterstützung mehr von daheim benötigte. Offiziell galt sie als Gehilfin Johanna Fröbels, die schwanger war. Johanna suchte bald darauf zur Erholung ein Bad auf, und Malwida übernahm während ihrer Abwesenheit die Leitung der Pension. So war ihr Leben bald so ausgefüllt, daß sie keine Zeit mehr hatte, ihrem verlorenen Wunschtraum nachzutrauern. Neben der Haushaltsführung und den Unterrichtsstunden gehörte sie zum Armenverein und besuchte regelmäßig die Armen eines bestimmten Stadtteils. Außerdem engagierte sie sich in der Freien Gemeinde und nahm an den Treffen des Hamburger Arbeiterbildungsvereins teil.

Im Herbst trat sie endgültig zur Freien Gemeinde über und sagte sich damit öffentlich von der alles beherrschenden Staatskirche los. Kurz danach wurde sie in die Kommission zur Gründung einer neuen konfessionslosen Gemeindeschule gewählt. Sie war sehr stolz auf diese Wahl. Im Grunde war sie immer noch sehr schüchtern und gewöhnte sich erst langsam daran, ihre Ansichten im Unterricht und bei den Gesellschaften laut auszusprechen. Immer noch litt sie, wie viele andere Frauen, unter der Furcht, etwas Dummes zu sagen und ausgelacht zu werden. In öffentlichen Versammlungen bekam sie deswegen kaum den Mund auf.

In der Kommission aber lernte sie, sich mit anderen über praktische Fragen auseinanderzusetzen. Man beriet sowohl über die Finanzen – die Schule sollte sich selbst tragen, die Höhe des Schulgeldes sollte nach dem Einkommen der Eltern gestaffelt werden – wie über pädagogische Fragen, so zum Beispiel die gemeinsame

Erziehung von Mädchen und Jungen und die Unterrichtsinhalte. Vieles wurde in revolutionärem Sinne entschieden: In den Elementarklassen sollten zum Beispiel alle Kinder gemeinsam unterrichtet werden, und auf den sonst überall obligatorischen Religionsunterricht wurde von vornherein verzichtet. Die Kommission schlug auch die zukünftigen Lehrer vor, die von der Gemeindeversammlung gewählt wurden.

Theodor war im Mai dieses Jahres begnadigt und aus der Haft entlassen worden. Er stand vor dem Nichts. Als Redakteur konnte er nicht mehr arbeiten. Als er von den neuen Lehrerstellen in Hamburg hörte, wandte er sich an Malwida, um sich mit ihrer Fürsprache zu bewerben. Anfang November kam er, um sich zu informieren und vorzustellen. Für Malwida war sein Kommen ein zwiespältiges Erlebnis. Er ließ sie immer noch nicht kalt. Wie kam es nur, daß das Leben in seiner Gegenwart immer noch schöner erschien und sie den Schmerz um den Verlust seiner Liebe immer noch nicht verwunden hatte? Durch die Schulkommission hatte Malwida eine gewisse Machtposition inne, in der sie über Theodors Schicksal mitentschied. Sie versuchte, sich zusammenzunehmen und ihm gegenüber gelassen zu bleiben. Aber es tat ihr schrecklich weh, ihn zu sehen. Er konnte so furchtbar abweisend sein. Er benahm sich ihr gegenüber anfangs starr und kalt wie Eis. Würde er jemals wieder auftauen? Sie nahm sich vor, sich alle Mühe zu geben.

Kurz bevor Theodor kam, hatte Malwida Carl Schurz kennengelernt, einen anderen jungen Schüler Gottfried Kinkels, der sich eine Zeitlang inkognito in Hamburg aufhielt. Bisher waren alle Gnadengesuche für Kinkel erfolglos geblieben. Er lebte in elenden Verhältnissen im Spandauer Zuchthaus und mußte Wolle spinnen. Man begann das Schlimmste für seine Gesundheit zu fürchten. Carl Schurz hatte einen verwegenen Befreiungsplan ausgeheckt. Er zog einen Spandauer Gefängniswärter auf seine Seite. In einer Nacht-und-Nebel-Aktion holten sie Kinkel aus seiner Zelle. Am 7. November 1850 fand abends ein Treffen des Bildungsvereins statt. Malwida bekam schon vor Beginn zugeflüstert: Kinkel ist frei! Während des Abends rief dann jemand zur Tür des gedrängt vollen Saales hinein: »Meine Herren und Damen, eine Freudenbotschaft! Eben ist hierhertelegraphiert: Kinkel ist entflohen.« Ein Freudenschrei durchlief den ganzen Saal. Eine Woche später erfuhr Malwida, daß Kinkel sicher in dem englischen Hafen Hull gelandet war.

Knapp einen Monat nach Kinkels Flucht fand die Wahl der Oberlehrer für die neue Gemeindeschule statt. Für Malwida war es ein aufregender Tag. Drei Kandidaten waren ausgesucht worden, die jeweils einen Vortrag und eine Probestunde halten mußten. Theodor war als letzter an der Reihe. Danach wurde in geheimer Wahl abgestimmt. Bei der Auszählung sah sie es schon dem Gesicht des Vorsitzenden an: Theodor hatte ganz klar gewonnen. Jetzt mußte er nur noch um ein dauerndes Aufenthaltsrecht in Hamburg nachsuchen, dann war sein Glück gemacht.

In der Pension hatte Johanna Fröbel im September wieder das Zepter übernommen, obwohl sie inzwischen hochschwanger war. Malwida war es recht gewesen, denn die Kommissionssitzungen kosteten sie viel Zeit. Aber bald kam es zu Spannungen zwischen den jungen Pensionärinnen, Malwida und Johanna. Auch die Zusammenarbeit mit Karl Fröbel war nicht mehr ganz so erfreulich wie am Anfang. In Malwidas Augen stellte er sich als viel konservativer heraus, als sie gedacht hatte. Oder war sie nur rigoroser geworden?

Fröbel hatte sich zwar 1849 in seiner programmatischen Schrift zur Frauenhochschule dafür eingesetzt, daß erwachsene Mädchen ihre Zeit zwischen Konfirmation und Heirat besser nutzen sollten, als nur zu warten, bis ein Mann sie erlöste. Aber gleichzeitig hatte er – ganz im Sinne der vorherrschenden Meinung – betont, daß Frauen natürlich nicht solche Hochschulen besuchen konnten wie Männer. Mädchen konnten nicht wie diese aus dem Familienleben heraustreten und sich vereinzelt auf das öffentliche Leben hin ausbilden, ohne ihr Glück zu gefährden. Er stand der weiblichen Emanzipation durchaus skeptisch gegenüber. Darüber hinaus hatten die beiden Fröbels mit einer ganz anderen Zusammensetzung

129

der Schülerinnengruppe gerechnet. Sie hatten fünfzehnjährige Mädchen erwartet, denen das Pensionat die Familie ersetzen sollte. Johanna sollte die Rolle der Mutter übernehmen. Gekommen waren erwachsene Frauen wie Malwida. In dieser Konstellation lag Konfliktstoff genug.

Dazu erregte die Scheidung von Bertha Traun allgemeines Aufsehen. Sie und Emilie Wüstenfeld hatten durch ihre guten Verbindungen mehrere wohlhabende Familien dazu gebracht, Kapital für die Hochschule zu zeichnen. Bertha hatte schon als Sechzehnjährige auf Wunsch des Vaters, eines reichen Fabrikanten, geheiratet. Ihr Mann, ein Kompagnon ihres Vaters, war wesentlich älter als sie. Der Verbindung waren sechs Kinder entsprossen. Als erwachsene Frau hatte sie sich für die Freie Gemeinde engagiert und dabei den berühmten Prediger und Gemeindegründer Johannes Ronge kennen- und liebengelernt, der damals in ganz Deutschland herumreiste. Dabei war ihr klargeworden, daß sie ihren Mann nie geliebt hatte. Kurz bevor Malwida nach Hamburg kam, hatte Bertha mit ihren beiden jüngsten Kindern Hamburg heimlich verlassen. Ihr Mann hatte vergeblich versucht, sie zur Rückkehr zu bewegen. Ende September wurde die Scheidung ausgesprochen; ein Skandal für die Hamburger Gesellschaft und ein echtes Problem für die Hochschule, die damit einen Teil ihres Rückhaltes bei den Wohlhabenden verlor.

Kurz nach Weihnachten spitzte sich der Konflikt zwischen den Fröbels und dem Gründerinnenkreis um Emilie und ihrer neuen Freundin Malwida zu. Johanna klagte, daß Malwida die zugesagte Oberaufsicht über das Hauswesen wegen der Schulkommission schleifen ließ. Genau gesagt meinte sie damit, daß Malwida sich lieber höheren Aufgaben widmete und sie mit der profanen Hausarbeit sitzenließ. Mitte Januar erklärten die Fröbels dem Verwaltungsausschuß, daß sie Malwida nicht länger als ihre Gehilfin haben wollten, weil sie in wichtigen Prinzipienfragen nicht mehr mit ihr übereinstimmten.

Sie fanden, daß die Frauen sich viel zu sehr gegen die bestehenden Sitten auflehnten. Mit ihrem revolutionären Streben nach weiblicher Selbständigkeit wollten sie anscheinend sogar die Familie vergessen. Nicht ganz zu Unrecht sah Fröbel darin eine schwere Gefahr für seinen reformatorischen Versuch einer weiblichen Hochschule. Sie mußte schließlich davon leben, daß unselbständige junge Damen kamen und für Unterricht und Pension bezahlten. Man konnte sich nicht leisten, daß es hieß, dort würden Töchter gegen den Willen ihrer Eltern und Vormünder oder Frauen gegen den Wunsch ihrer Männer Aufnahme finden.

Die Konflikte mit den Fröbels ließen sich nicht lösen. Im April 1851 verließen sie die Hochschule. Eine fieberhafte Suche nach möglichen Nachfolgern setzte ein. Malwida sollte ihre Stelle übernehmen. Aber als unverheiratete Frau war sie nicht geschäftsfähig. Man brauchte noch eine zweite Person, eine verheiratete oder verwitwete Frau oder natürlich einen Mann. Bis jemand gefunden wurde, übernahm der Verwaltungsausschuß die Leitung.

Die Freie Gemeinde erhielt Mitte Januar ebenfalls einen schweren Schlag: Theodor und einem seiner Kollegen wurde das Aufenthaltsrecht in Hamburg wegen ihrer politischen Vergangenheit verweigert. Theodor war tief getroffen. Zum ersten Mal wurde ihm seine verzweifelte Lage richtig bewußt. Im Grunde hatte er in Deutschland keine Chance mehr, eine bürgerliche Existenz aufzubauen. Anfang Februar ging er nach Wandsbek, einem dänischen Dorf in unmittelbarer Nähe. Von dort wollte er nach Hamburg kommen und wenigstens Vorlesungen halten. Aber seine Gesundheit machte ihm einen Strich durch die Rechnung. Es ging ihm so schlecht, daß er sich Ende März entschloß, die Kaltwasserheilanstalt in Stuer in Mecklenburg aufzusuchen.

Malwida litt mit ihm, obwohl er sie seit seiner Ankunft mehr oder weniger geschnitten hatte. Sie hatte gegen ihre Gefühle angekämpft. Ihre ganze Liebe war mit seiner Anwesenheit wiederaufgeflammt. Sie hatte es kaum ertragen, ihm so unnahbar nahe zu sein, und war kurz davor gewesen, an diesem qualvollen Zustand zu verzweifeln. Sie hatte schon daran gedacht, selbst die Hochschule zu verlassen. Erst kurz vor seiner Abreise hatte seine eisige Kälte einer gewissen Anerkennung Platz gemacht. Trotzdem wag-

131

te Malwida kaum, auf einen neuen Liebesfrühling zu hoffen. Dabei glaubte sie doch, daß gerade sie ihn immer am besten verstanden hatte. Andererseits, das gestand sie sich ein, hatte er eben doch eine sonderbare Natur. Er ließ sich nicht in die Tiefe seiner Seele schauen.

Um seine Gesundheit machte Malwida sich furchtbare Sorgen. Heimlich schrieb sie seinem Arzt und fragte, wie es um ihn stehe. Es war ein lauer Frühlingsmorgen, an dem sie den niederschmetternden Antwortbrief erhielt. Unter dem Siegel der Verschwiegenheit wurde ihr mitgeteilt, daß für Theodor nicht mehr Jahre, sondern nur noch Monate an Lebenszeit zu erwarten seien. Malwida machte einen langen Spaziergang. Die Welt um sie herum stand in herbem Widerspruch zu ihren Gefühlen: Theodor sollte in der Blüte seiner Jahre sterben! Es war so ungerecht!

Trotz oder vielleicht gerade wegen dieses privaten Leides engagierte sich Malwida noch mehr für ihren selbstgewählten Aufgabenkreis. Vor einem Jahr hatte sie in ihrer Wut über das familiäre Verbot, nach Amerika zu gehen, zu Fröbel gesagt, sie wolle nichts mehr von Ruhe und Versöhnung wissen, sondern eine Fanatikerin sein, weil sie keine andere Wahl mehr habe. Damals hatte sie den Entschluß gefaßt, durch und durch revolutionär zu werden. Sie hatte damit Ernst gemacht. Sie hatte im Arbeiterbildungsverein Verbündete gesucht und Männer aus dem Volk getroffen, die ihr durch ihre Klarheit und Geradlinigkeit imponierten. Während des Winters hatte sie an ihren Zusammenkünften teilgenommen. Sie sah in den Arbeitern die einzige Hoffnung, wenn eine neue Revolution kommen sollte. Daß die Revolution in nächster Zeit wieder ausbrechen würde, glaubten sie und ihre Gesinnungsgenossen damals alle. Zugleich wuchs die Bedrohung durch die Reaktion immer mehr. In anderen Städten waren sogar schon Freie Gemeinden verboten worden. Das ließ für die Zukunft Schlimmes erwarten.

Auch die Exilanten in England und Amerika glaubten noch an die Möglichkeit, das Ruder in Deutschland durch erneute Aufstände wieder herumzuwerfen. Kinkel war bald nach seiner Flucht zu einer Reise nach Amerika aufgebrochen, wo er mit Vorträgen für die Revolution in Deutschland warb und Geld sammelte. In London versuchte er, die deutschen Exilanten zu einer gemeinsamen Organisation zusammenzuschmieden. Aber das war an den unterschiedlichen Zielsetzungen und persönlichen Animositäten gescheitert. Karl Marx, der schon länger im Londoner Exil lebte, war ein erbitterter Gegner Gottfried Kinkels und verhöhnte ihn öffentlich. Die kommunistische und die sozialistische Gruppierung waren seitdem geschiedene Leute.

In Deutschland war Kinkel durch seine Flucht berühmt geworden. Er wurde als Held und Anführer der Revolution verehrt. Malwida hoffte auf seine Unterstützung. Sie hatte im geheimen begonnen, an einer politischen Organisation der Arbeiter mitzuarbeiten. Ihre Leute sollten im Falle eines Falles überall in Deutschland bewaffnet losschlagen können. In Hamburg hatte ihr der Tischler Martens gesagt, er bringe sofort eine Truppe zusammen. In Berlin hatten sie schon ein Waffenlager, dem es nur noch an Munition und Kanonen fehlte. Das amerikanische Geld wäre hoch willkommen gewesen. Deshalb schrieb Malwida Gottfried Kinkel einen ausführlichen Brief, informierte ihn über den Stand der Dinge und bat um seine Unterstützung. Sie wußte natürlich, daß ihre Unternehmungen selbst in einer so freien Stadt wie Hamburg nicht ungefährlich waren. Der Sieg der Reaktion wirkte sich immer stärker aus. Langsam aber sicher wurde alles, was irgendwie nach Reform oder Revolution aussah, wieder unterdrückt. Malwida verabredete mit den Arbeitern im Bildungsverein sogar einen Geheimcode für den Fall, daß auch diese Assoziation in nächster Zukunft verboten werden sollte.

15. Unersetzliche Verluste – Theodors Tod und der Untergang der Hochschule

Nachdem Theodor in Hamburg kein Bürgerrecht erhalten hatte, mußte sich die Schule nach einem anderen Oberlehrer umsehen. Malwida schlug Carl Volkhausen vor, ihren alten demokratischen Freund aus Detmold. Im Sommer 1851 wurde er an die Gemeindeschule berufen, die sehr erfolgreich angelaufen war. Auch die öffentlichen Vorlesungen der Hochschule waren gut besucht, und die Freie Gemeinde hatte weiterhin großen Zulauf. Trotzdem wurde die Lage dieser miteinander eng verbundenen Reformbestrebungen immer schwieriger.

Die Finanzen der Hochschule waren bei ihrer Einrichtung für zwei Jahre, das heißt bis Ende März 1852, abgesichert worden. Jetzt mußte man neue Mittel für die Zeit danach auftreiben. Doch der Wind wehte den Frauen des Bildungsvereins scharf ins Gesicht. Die Pietisten, besonders die Damen des konkurrierenden Armenvereins um Amalie Sieveking, machten Front gegen Hochschule und Gemeinde. Sie druckten eine Schrift, in der die Hochschule als ein Herd der Demagogie dargestellt wurde, wo revolutionäre Pläne unter dem Mantel der Wissenschaft geschmiedet wurden. Außerdem erschienen negative Artikel über die Hochschule in den Zeitungen.

Unter diesen schlechten Vorzeichen begannen die Herbstferien. Malwida entschloß sich, zu Theodor nach Stuer zu fahren. Für die gute Gesellschaft war es unerhört, daß sie als Frau allein und ohne Begleitung einen Mann besuchte. Aber Malwida kümmerte sich nicht um Fragen der Schicklichkeit. Sie wußte, daß Theodor nicht mehr lange unter den Lebenden weilen würde. Sie würden nicht mehr viel Zeit füreinander haben. Ihr Verhältnis hatte sich endlich soweit geklärt, daß er ihre Freundschaft akzeptieren konnte. So verlebten sie friedliche Tage miteinander.

Nach diesen Ferien brach Theodor die Wasserkur ab, die sein Leiden eher verschlimmert als gebessert hatte. Nach einem Besuch bei seiner Familie wollte er nach Gotha gehen, um dort einen berühmten Arzt aufzusuchen. Auf dem Weg nach Detmold machte er in Hamburg Zwischenstation. Dort bekam er einen Schwächeanfall und mußte wochenlang das Bett hüten. Malwida kümmerte sich um ihn, soviel sie konnte. Dann reiste er weiter. Kaum in Gotha angekommen, brach er erneut zusammen. Man brachte ihn bewußtlos ins Hospital. Er kam zwar wieder zu sich, doch er konnte das Krankenhaus nicht mehr verlassen.

Malwida schickte ihm jede Woche ein Päckchen. Sie sparte von ihrem wenigen Geld, soviel sie nur konnte, um ihm eine Freude zu machen. Weihnachten blieb sie wie im Vorjahr in Hamburg. Als nach dem Fest immer schlechtere Nachrichten von Theodor kamen, hielt sie es nicht mehr aus und reiste über die Neujahrstage zu ihm. Er war tief bewegt, sie zu sehen. Sie aber erschrak bei seinem Anblick. Er sah aus wie ein alter Mann. Sein dunkler Bart unterstrich seine abgemagerten, bleichen Züge. Dabei war er doch noch nicht mal dreißig Jahre alt. Er war allein. Weder der Vater noch eine seiner Schwestern oder einer der Brüder waren gekommen – nicht einmal Elisabeth, die ihn doch so sehr geliebt hatte. Aber Elisabeth hatte im vergangenen Jahr geheiratet. Malwida hatte seitdem nichts mehr von ihr gehört. Ihre beste Freundin hatte alle ihre Ideale verraten. Sie versuchte, nicht mehr daran zu denken. Es tat ihr weh genug, Theodors Einsamkeit zu sehen.

Malwida blieb eine Woche in Gotha und versuchte, Theodors Los ein wenig zu erleichtern. Sie wußten beide, daß er auf den Tod wartete. Am letzten Abend des alten Jahres saßen sie zusammen in seiner kleinen Dachstube. Theodors Gedanken kehrten in seine Vergangenheit zurück. Er erzählte ihr von seiner Kindheit. Dann stockte er. Er war an den wunden Punkt seiner Beziehung zu ihr gekommen. Eine Pause entstand, bis er sich straffte und fragte, ob sein Bruder ihr gesagt habe, worum er gebeten habe. Sie wußte nicht, wovon er sprach. Es fiel ihm nicht leicht, vor ihr zu wiederholen, was er seinem Bruder aufgetragen hatte. Mit stockender

Stimme sagte er ihr leise, daß die Liebe zur ihr das beste Gefühl seines Lebens und die edelste Blüte seiner Jugend gewesen sei. Malwida hörte ihm mit einem schmerzlichen Glück zu. Endlich würdigte auch er diese Liebe, die sie immer noch im Herzen trug und niemals aufgeben würde. Endlich mußte er sich nicht mehr gegen sie wehren. Draußen läuteten die Kirchenglocken das neue Jahr ein. So endete das Vergangene in einem Gefühl der Versöhnung.

Wenige Tage später mußte Malwida nach Hamburg zurückkehren. Am letzten Abend ließ sie Theodor einen Lehnstuhl bringen, der ihm Erleichterung verschaffen sollte. Sie hatte ihr letztes Geld dafür aufgebraucht. Stumm und unter Tränen trennten sie sich. Sie wußten, daß es ein Abschied für immer war. Am nächsten Morgen stand Malwida in der kalten Winterluft auf dem Bahnsteig und konnte nicht einmal weinen, so schwer war ihr Herz. Sie starrte auf den Horizont, den die aufgehende Sonne rötete, und fragte sich verzweifelt, was auf der Welt noch übrigbliebe. »Gut zu sein«, antwortete ihre innere Stimme. »Gut zu sein, gut zu sein«, ratterten die Eisenbahnschwellen die ganze Fahrt über in ihr fort.

Drei Monate später kam die Nachricht von seinem Tod. Obwohl Malwida so lange darauf gewartet hatte und darauf vorbereitet war, traf die endgültige Nachricht sie wie ein Schlag. Jetzt erst stand sie vor der vollendeten Tatsache. Jetzt auf einmal war alles anders. Sie machte sich schreckliche Vorwürfe, daß sie nicht bei ihm gewesen war, daß sie ihm in seiner letzten Stunde nicht zur Seite gestanden hatte. Er war ganz allein gewesen. Nun war es zu spät; es war vorbei; alles war vorbei. Sein Tod ließ sie innerlich erstarren. Es war, als ob sie selbst gestorben wäre. Äußerlich funktionierte sie einfach weiter. Aber in Wirklichkeit war sie an nichts mehr beteiligt. Sie lebte nur noch für ihre Arbeit.

Mit der Hochschule war es inzwischen immer weiter bergab gegangen. Nicht nur die Angriffe der Pietisten hatten ihr geschadet, auch die preußisch-österreichische Reaktion übte einen immer stärkeren Druck auf Hamburg aus. Zu allem Überfluß waren die Aussichten, daß neue Anleihen für die Hochschule gezeichnet würden, auch noch durch einen weiteren Eheskandal stark geschmälert worden. Anfang Dezember war ausgerechnet Emilie Wüstenfelds Gatte Knall auf Fall aus dem gemeinsamen Haus in ein Hotel umgezogen. Als Grund gab er in den Ehescheidungsakten an, daß er die Herrschsucht und Widersetzlichkeit seiner Frau nicht mehr aushalten konnte. Sie mißbrauche ihren Verstand und ihr Talent dazu, ihn mit ihren religiösen Ansichten förmlich zu tyrannisieren.

Dieses Zerwürfnis verstärkte natürlich den schlechten Ruf der Hochschule als Kaderschmiede der Emanzipation. Im Frühjahr mußten Emilie und Malwida schließlich einsehen, daß es so wie bisher nicht mehr weitergehen würde. Sie wollten weder im Lehrplan noch in den Zielen der Hochschule Konzessionen machen. So beschlossen sie schweren Herzens, dieses Unternehmen freiwillig aufzulösen. Immerhin hatten sie einen Anfang gemacht. Sie hatten gezeigt, daß es auch für Frauen eine freie geistige Entwicklung, ökonomische Unabhängigkeit und den Besitz aller bürgerlichen Rechte geben konnte. Auch wenn ihre Ziele noch lange nicht erreicht waren: Niemand konnte mehr behaupten, daß ein solcher Weg für Frauen nicht gangbar war. Die Zukunft würde zeigen, daß sie recht gehabt hatten. So ähnlich war auch der Tenor der Reden, die auf der feierlichen Abendversammlung gehalten wurden, mit der sie das Wirken der Hochschule am letzten Märztag des Jahres 1852 beschlossen.

Malwida fühlte sich wie am Boden zerschlagen. Jetzt war ihre Jugend endgültig zu Ende. Theodor war gestorben. Die Hochschule gab es nicht mehr. Alle ihre Hoffnungen waren ins Nichts zerstoben. Die Zukunft lag düster und ohne jeden Lichtblick vor ihr. Sie wußte nicht, wohin sie sich wenden sollte. Zurück in den Schoß ihrer Familie wollte sie auf keinen Fall. Was sie dort erwartete, sprach ihr Bruder William wenig später in einem Brief nach Detmold aus. In dem Glauben, daß Malwida zurückgekehrt sei, wies er die Familie an, auf das strengste darüber zu wachen, daß sie keinerlei Verbindung mit ihren Verführern und Genossen aufnehmen könne und gänzlich isoliert werde. Das einzige, was er ihr gönnen wollte, war eine angemessene geistige Tätigkeit, die die Familie in Detmold aufrichtig unterstützen sollte.

Malwida mußte sich also einen anderen Ort zum Leben suchen und sich entscheiden, was sie in allernächster Zukunft tun wollte. Ihre jungen Schülerinnen in Hamburg hingen an ihr und beschworen sie, bei ihnen zu bleiben. Aber ihre spärlichen Mittel reichten nicht für einen angemessenen Lebensunterhalt in dieser großen Stadt. Sie hätte sofort Geld verdienen müssen. Dafür fühlte sie sich viel zu matt und schwach. Zum zweiten Mal in ihrem Leben wurde Anna Koppe zum Rettungsanker. Für ein geringes Kostgeld konnte Malwida bei ihr in Berlin unterkriechen und erst einmal zur Ruhe kommen. Auch Annas neue Hamburger Freundin Charlotte, ebenfalls eine Hochschülerin, sollte mitkommen. Bei Anna gab es eine gute Bibliothek. Dort wollte Malwida versuchen, sich wieder auf ihre schriftstellerischen Arbeiten zu konzentrieren, die sie in Hamburg sträflich vernachlässigt hatte.

Zwei ihrer Brüder, William und Emil, lebten ebenfalls in Berlin. William war außerordentlicher badischer Gesandter am Berliner Hof und Emil Beamter im Ministerium des Inneren. Malwida besuchte Emil und seine Frau mehrmals. Sie waren liberal eingestellt und akzeptierten ihren Weg. William traf sie zufällig bei ihnen. Seit dem Gespräch am Krankenbett des Vaters hatten sie keinerlei Kontakt mehr gehabt. Malwida wußte von ihren Schwestern, daß er über ihren Aufenthalt in Hamburg und den Übertritt zur Freien Gemeinde wütend war. Er benahm sich entsprechend distanziert. Sie wartete ab, ob er sie von sich aus besuchen würde.

Er kam tatsächlich und war fürchterlich aufgebracht. Mit Malwida war Margarethe Meyer, die junge Schwester von Bertha Traun und Verlobte des steckbrieflich gesuchten Kinkelbefreiers Carl Schurz, nach Berlin gekommen. Gegenüber der Polizei hatte sie behauptet, unter Williams gesandtschaftlichen Schutz zu stehen. Der Polizeipräsident hatte ihn höchstpersönlich darauf angesprochen. Von diesem erfuhr er auch, daß Malwida mit demokratischem Gesindel in Verbindung stand und schon längst die Aufmerksamkeit der preußischen Polizei auf sich gezogen hatte. Solche Kontakte reichten völlig aus, um sie in ganz Preußen zur unerwünschten Person werden zu lassen.

Aus diesen unerfreulichen Gründen sah William sich gezwungen, seine Schwester aufzusuchen. So konnte es mit ihr nicht weitergehen. Es kam zu einer heftigen Auseinandersetzung zwischen ihnen. Seiner Meinung nach war sie von einem grundlegenden Irrtum befallen, von dem er sie unbedingt abbringen mußte: Sie, als Frau, maßte sich an, eigene politische Überzeugungen zu vertreten. Sie vergaß offenbar ihre heiligste Pflicht, und die war, bei ihrer Mutter und den Ihren zu bleiben. Gott, der Herr, hatte die religiöse und geistige Führung der Menschen auserwählten Männern anvertraut. Nur sie konnten dieses Werk verstehen und leiten. Wenn Frauen sich da einmischen wollten, so war das völlig unnütz; nicht nur das, es war verderblich, eitel und überheblich. So gingen seine Tiraden in einem fort.

Malwida sah bei seinen Worten ihre Vergangenheit wieder, sie sah ihren Vater und ihre Mutter. Szenen aus den glücklichen Tagen ihrer Kindheit und Jugend traten lebhaft vor ihre Augen. Schmerz stieg in ihr auf; Schmerz, daß all das für sie verloren war, und dazu die Trauer um ihre jüngsten Verluste und darum, daß es so verkehrt war, daß sie hier zusammensaßen und sich wegen verschiedener Ansichten fast die Köpfe einschlugen, daß sich Menschen wegen so etwas überhaupt bis auf den Tod verfeinden konnten. Sie konnte ihre Tränen nicht mehr zurückhalten und begann hemmungslos zu weinen.

William erschrak. Er begriff sofort, was los war. Natürlich: Sie war krank, das erklärte alles. Er hatte von Anfang an den Eindruck gehabt, daß es ihr schlechtging. Er fand sie überreizt und hysterisch. Das war auch kein Wunder bei einem solchen Lebenswandel. Dafür war die zarte weibliche Natur eben nicht gemacht. Ihren Widerspruch, daß sie nicht krank sei, daß ihr nur so weh tue, was er sage, konnte er ihr nicht abnehmen. Trotzdem blieb sie fest und wiederholte auch ihm gegenüber, was sie immer wieder ihrer Mutter schrieb: Sie würde ihrer Familie ihr Glück und ihre persönlichen Wünsche opfern, aber ihre Überzeugungen würde sie niemals aufgeben. Schließlich trennten sich die beiden Geschwister, ohne einander einen einzigen Schritt näher gekommen zu sein.

Malwida war aufgewühlt von diesem Gespräch. Ihre ganze alte Geschichte war wieder hochgekommen. Das Leben und die Meinungen, die sie schon lange hinter sich gelassen hatte, hatten sie mit einem Schlag wieder eingeholt. Anna versuchte, sie zu trösten. Aber das einzige, was half, war ein langer einsamer Spaziergang, auf dem ihre wirbelnden Gedanken langsam wieder klarer wurden.

TEIL III

Unabhängig sein...
(1852 – 1868)

16. Rache der Reaktion –
Haussuchung und Flucht

Wenige Tage nach diesem unerfreulichen Zusammenstoß kam die lange befürchtete polizeiliche Haussuchung. An diesem Morgen hütete Anna wegen einer schweren Migräne das Bett. Malwida schrieb gerade einen Brief an Julius Fröbel. Der Beamte kassierte sofort ihre Schreibmappe, ließ sich in ihr Zimmer führen und nahm auch dort alle Briefe und Papiere an sich. Malwida hatte gerade noch Geistesgegenwart genug, den Zettel mit den Codewörtern, die sie mit den Hamburger Arbeitern verabredet hatte, verschwinden zu lassen. Sie kochte vor Zorn, blieb aber nach außen hin so ruhig wie möglich. Der Beamte verlangte, Charlotte unter vier Augen zu sprechen, und drang sogar in das Zimmer der kranken Anna ein. Dann verzog er sich mit dem strikten Befehl, daß Malwida binnen einer Stunde auf der Polizei zu erscheinen habe.

Alle zitterten um sie. Sie blieb ruhig. Sie hatte ihren klaren Kopf noch nötig. Zu Fuß ging sie zur Polizei. Der Polizeichef empfing sie höflich. Doch hinderte ihn das nicht an einem förmlichen Verhör. Er wollte wissen, mit wem sie in Verbindung stand. Er wechselte mehrfach die Strategie, ermahnte sie väterlich, auf den rechten Weg zu ihrer Familie zurückzukehren, und säte kurz danach Mißtrauen gegen Charlotte, die sich angeblich wenig positiv über sie geäußert hatte. Aber Malwida blieb ruhig und fest, so daß er sie schließlich mit der Aufforderung, in zwei Tagen wiederzukommen, entließ, nicht ohne dabei verschlüsselt anzudeuten, daß sie besser daran täte, Berlin so bald wie möglich den Rücken zu kehren.

Nachdem sie die Amtsstuben verlassen hatte, reichte ihre Kraft gerade noch aus, sich einen Wagen zu nehmen und nach Hause zu fahren, wo sie mit großer Aufregung erwartet wurde. Man hatte ihre sofortige Verhaftung befürchtet. Alle bestürmten sie, Berlin so schnell wie möglich zu verlassen. Eine Verhaftung war für sie, aber auch für ihre ganze Familie, viel schlimmer, als wenn sie jetzt das Land verließe und nach London flüchtete. Malwida warf sich erschöpft auf ihr Bett. Ihr Herz klopfte zum Zerspringen. Es war wie damals, als sie erfahren hatte, daß Theodor eine andere liebte. Sie war zum zweiten Mal an einem Wendepunkt ihres Lebens angelangt.

Sie stand wieder auf. In diesem Zustand fand sie sowieso keine Ruhe. Sie hatte etwas Geld. Es würde für die Überfahrt reichen. Sie ergriff einen Reisesack und packte das Notwendigste ein. Als die Abenddämmerung kam, brach sie zusammen mit einem jungen Vetter von Anna auf. Sie taten so, als ob sie einen Spaziergang machen wollten, weil sie wußten, daß das Haus überwacht wurde. Um Verfolger abzuschütteln, mischten sie sich zuerst unter die dichte Menschenmenge, die wie gewöhnlich Unter den Linden promenierte. Dann suchten sie ein befreundetes junges Ehepaar auf, wo Malwida die Nacht zubringen wollte, um am nächsten Morgen mit einem Wagen zu einer Eisenbahnstation außerhalb der Stadt zu fahren. Sie fürchteten nämlich, daß die Bahnhöfe ebenfalls beobachtet würden. Unbehelligt stieg Malwida am nächsten Morgen in den Zug nach Hamburg. Doch sie stand trotzdem furchtbare Angst aus. Immer wenn der Zug hielt und jemand einstieg, drückte sie sich tief in die Polster, um nicht erkannt zu werden.

In Hamburg ging sie zuerst zu Julius Wüstenfeld, mit dem sie sich stets gut verstanden hatte. Er versorgte sie großzügig mit soviel Geld, daß sie die erste Zeit im Exil überstehen konnte. Dann suchte sie Carl Volkhausen auf. Er und der Arbeiter Martens begleiteten sie noch am selben Abend auf das nächste Schiff, das nach England abfuhr. Um Mitternacht gingen sie von Bord. Zuerst hatten die beiden Männer ein schlechtes Gewissen, daß sie diese junge Frau ganz allein und ohne männlichen Schutz in ein fremdes Land reisen ließen. Dann aber beruhigten sie sich selbst mit der Überlegung, daß es sinnlos war mitzufahren. Sie würden nur seekrank werden und konnten weder auf dem Schiff noch in dem fremden Land eine große Hilfe sein.

Malwida blieb am nächsten Morgen so lange in der Kabine, bis die routinemäßige Inspektion vorüber war. Dann fuhren sie die Elbe hinab, bis sie aufs offene Meer kamen und die Küste Deutschlands hinter dem Horizont versank. So oft hatte Malwida daran gedacht, ihr Vaterland zu verlassen, weil sich dort die ideale Staatsform, die sie ersehnte, nicht verwirklichen ließ. Jetzt war sie wirklich auf dem Weg in eine neue Heimat. Aber so hatte sie sich diese Reise nicht vorgestellt. So hastig und übereilt losfahren zu müssen, so ins Ungewisse zu gehen, ins Exil flüchten zu müssen, war ein hartes Los, das mit ihren früheren Träumen nicht viel gemeinsam hatte.

Die Überfahrt verbrachte sie seekrank in ihrer Kabine. Erst als sie die Themse hinauffuhren, wagte sie sich wieder an Deck. Eine neue Welt tat sich vor ihr auf. Die Ufer des Flusses wurden immer belebter. Malwida kam in eine Welthauptstadt, die viel größer und eindrucksvoller, viel reicher und mächtiger als Hamburg war. Sie fuhr dieser fremden Welt zugleich aufgeregt und bedrückt entgegen. Das Neue zog sie magisch an. Aber sie war ganz allein. Niemand erwartete sie. Die einzigen, an die sie sich wenden konnte, waren die Kinkels, und auch diese kannte sie bisher nur aus Briefen. Wie würde man sie aufnehmen, wenn sie so unangemeldet hereinplatzte? Wie sollte sie überhaupt dorthin kommen?

Sie hatte schon früher und dann auch auf der Hochschule noch Englisch gelernt. Aber im Land verstand sie kaum ein Wort. Zum ersten Mal hörte sie diese Sprache so, wie sie im Alltag gesprochen wurde. Zum Glück waren die Engländer freundlich zu ihr. Beim Zoll kontrollierte man nur ihren Reisesack. Einen Paß oder eine Einreiseerlaubnis benötigte sie in diesem freien Land nicht. Die an allen Grenzen der Welt üblichen Fragen nach dem Woher und Wohin wurden hier nicht einmal gestellt. Hilfsbereite Menschen zeigten ihr den Pferdeomnibus, der sie nach St.-Johns-Wood bringen würde. In diesem Stadtteil hatten sich die meisten deutschen Exilanten niedergelassen. Seit dem Ende der Revolution waren sie zu Tausenden nach London gezogen, um sich vor Verfolgung und Verhaftung zu retten.

Der Bus fuhr zuerst durch die Londoner City. Die Stadt verwirrte und betäubte Malwida. Die hohen dunklen Häuser schienen überhaupt nicht wieder aufzuhören. Darüber dehnte sich ein trister, fahlgrauer Himmel. In den engen Straßenschluchten folgte unaufhörlich ein Wagen dem anderen. Ihre Räder ratterten auf dem Steinpflaster dröhnend laut. Auf den Gehwegen drängten sich die Fußgänger. Malwida fand, sie gingen so schnell, als ob ihr Leben davon abhinge, einander zuvorzukommen. Sie war erleichtert, als sie endlich in ruhigere Gegenden kamen. St.-Johns-Wood mit seinen kleinen bunten Häusern und ihren niedlichen Vorgärten erschien ihr schon fast wieder vertraut. Die Menschen flanierten hier ruhiger durch die breiten ungepflasterten Straßen, auf denen auch die Räder nicht mehr so lärmten. An einer Ecke ließ sie der Busfahrer aussteigen. Sie nahm ihre Reisetasche und hatte nur noch einen kurzen Fußweg, bis sie vor der Haustür der Kinkels stand.

Ihr Herz klopfte bis zum Hals. Sie brauchte einen Moment, bevor sie sich traute, an der Klingel zu ziehen. Ein Mädchen erschien und ließ sie ein. Sie mußte warten, dann wurde sie gebeten, ihren Namen aufzuschreiben. Kaum war das Mädchen zum zweiten Mal aus der Tür, als Malwida Stimmen und eilige Schritte die Treppe herunterkommen hörte. Gleich darauf wurde sie von allen Seiten umarmt und freudig begrüßt. Ein Sturm von Fragen setzte ein. Sie mußte alles ausführlich erzählen. Dann wurde beraten, wie es weitergehen sollte. Johanna half ihr als erstes, in der Nachbarschaft ein möbliertes Zimmer zu finden.

Malwida blieb noch zum Essen bei den Kinkels, in deren Familienkreis sie ohne Umstände aufgenommen wurde. Als sie dann aber in ihrem kleinen häßlichen Zimmer saß, kam ihr die verzweifelte Lage, in der sie sich befand, richtig zu Bewußtsein. Sie war allein, zum ersten Mal in ihrem Leben war sie ganz und gar auf sich selbst angewiesen, fern von allen Menschen, die sie bis dahin geliebt hatte, in einem fremden Land, fast ohne Geld. Die Zukunft türmte sich wie ein schwarzer, kalter Berg vor ihr auf. Sie konnte nicht auf die Kinkels zählen. Die hatten selbst genug damit zu tun, sich eine einigermaßen gesicherte bürgerliche Existenz in der Fremde aufzubauen.

Malwida hatte immer unabhängig sein wollen. Jetzt hatte sie endlich die heißersehnte völlige Freiheit. Aber alles war überhaupt nicht so, wie sie es sich immer vorgestellt hatte. Sie würde als Erzieherin arbeiten oder Stunden geben müssen. Noch viel mehr als die Zukunft quälte sie die Vergangenheit. Sie hatte ihr Versprechen gebrochen, Deutschland nicht zu verlassen. Sie konnte nichts dafür. Trotzdem machte die Sorge um ihre Mutter sie fast krank. Sie hatte Laura noch von Hamburg aus kurz geschrieben, damit diese die Mutter auf die schlechten Nachrichten vorbereiten konnte. Jetzt schrieb sie einen langen Brief. Natürlich verdächtigte sie William, daß er hinter der ganzen Sache mit der Polizei steckte. Aber hauptsächlich beteuerte sie, daß sie selbst unschuldig war und nur widerstrebend gegen den ausdrücklichen Wunsch der Mutter hatte handeln müssen.

In den nächsten Tagen versank Malwida in immer tiefere Depressionen. Bittere Gedanken überschwemmten sie. Ihr düsteres Zimmerchen, die fette, trunksüchtige Vermieterin, die ungewohnte Armut, die trostlosen Aussichten, der Abschied von der Heimat und die Trauer um Theodor, dessen Tod erst zwei Monate zurücklag, das alles bedrückte sie schwer. Malwida machte sich keine Illusionen: Sie war nicht mehr jung und elastisch genug, um solche Schicksalsschläge hinzunehmen und schnell zu überwinden. Sie wurde immer mutloser und konnte sich zu nichts aufraffen. Sie überlegte hin und her, ob sie überhaupt in England bleiben oder nicht lieber weiter nach Amerika reisen sollte. Aber sie war nicht sicher, ob sie dort auf Julius Fröbel rechnen konnte. Sie hatte länger nichts mehr von ihm gehört. Fröbel verließ zu dieser Zeit gerade New York, um Warentransporte nach Mexiko zu begleiten. Sein Interesse an Malwida war sowieso mittlerweile gedämpft. Wenig später schrieb er einer Bekannten, Malwida habe sich mit ihrem revolutionären Enthusiasmus in einen banalen und wirkungslosen Radikalismus verirrt. Aber das wußte Malwida zum Glück nicht.

Am nächsten Sonntag – es war Pfingsten – luden die Kinkels sie zu einem Ausflug nach Hampton Court ein. Mit den Kindern fuhren sie an einem hellen, warmen Tag auf einem Dampfboot die Themse hinauf. Das fröhliche Leben, die festlich gekleideten Menschen und die Freundlichkeit der Kinkels heiterten Malwida auf. Sie begann, die neuen Eindrücke zu genießen, lernte die Schönheiten des englischen Landschaftsparks schätzen und bewunderte die Skizzen Raffaels, die im Schloß zu besichtigen waren. Dieser Tag führte zu dem Entschluß, den Amerikaplan aufzustecken und in England eine Existenz aufzubauen.

Wenig später kamen traurige Briefe aus Deutschland. Malwidas Ausweisung war veröffentlicht worden. Dem Stolz ihrer Mutter hatte diese Tatsache einen furchtbaren Schlag versetzt. Sie fühlte sich zutiefst gekränkt. Auf der anderen Seite waren alle zu Hause schrecklich besorgt, was aus Malwida jetzt werden würde. In Berlin war die Polizei noch mehrmals bei Anna gewesen. Sie war sogar auf dem Amt verhört worden. Es hatte eine Weile gedauert, bis man dort überzeugt war, daß sie von gefährlichen Verschwörungen und Majestätsverbrechen nichts, aber auch gar nichts wußte. Damals begann Malwida zum ersten Mal, ganz im geheimen an ihrem eigenen Idealismus zu zweifeln. Konnte man durch Erziehung und Gesetzgebung wirklich etwas Besseres erreichen als die brutale Gewalt, die sie überall um sich herum sah? Vorerst schob sie diesen Gedanken beiseite.

Langsam lebte Malwida sich in London ein. Die Kinkels konnten sich ihr kaum widmen. Sie waren mit Stundengeben, Vorlesungenhalten und Kindererziehung reichlich beschäftigt und hatten schon im Vorjahr ihr Haus den Flüchtlingen verschlossen, die immer noch heiße Diskussionen über alle möglichen Umsturzpläne führten. Immerhin zählte Malwida zu den wenigen Freunden, die sie überhaupt von Zeit zu Zeit zu sich einluden. Aber unter den deutschen Flüchtlingen befanden sich viele, die Malwida schon aus Hamburg kannte. Man hätte meinen können, die halbe Hochschule sei ins Exil gegangen.

Einige Häuser entfernt wohnte die Baronin Brüning, bei der sich diese Exilanten regelmäßig trafen. Sie war sehr reich und hielt die Türen ihres Hauses allen Flüchtlingen offen. Der Baronin gegenüber kam sich Malwida wie ein häßliches Entlein vor. Sie war sowieso ziemlich klein geraten. Jetzt lasteten dazu noch Trauer und Armut auf ihr. Der ernste, beinahe bittere Zug um ihren großen Mund, die fest zusammengepreßten Lippen und das kämpferisch vorgeschobene Kinn gaben ihrem Gesicht einen herben, fast männlichen Ausdruck, so daß sie viel älter aussah, als sie war. Sie wußte, daß sie auf den ersten Blick häßlich wirkte. Aber Frau von Brüning hatte ein weites Herz für alle, die Not litten. So gehörte auch Malwida bald zu ihrem Kreis, der oft bis in die tiefe Nacht hinein zusammenblieb.

Ihr gemeinsamer Enthusiasmus für die Demokratie verband und trennte die beiden Frauen, wie Malwida rasch feststellte. Sie merkte, daß die Baronin sich eigentlich mehr für die Menschen begeisterte, während sie selbst sich viel mehr für Prinzipien und Idealvorstellungen ereifern konnte. Und Malwida konnte sich heftig ereifern. Sie liebte es jetzt, im Kreis der Flüchtlinge über den richti-

148

gen Weg zu einer besseren Welt zu diskutieren und ihre Prinzipien schlüssig und wortstark zu verteidigen. In Hamburg hatte sie endlich gelernt, ihre anerzogene weibliche Furchtsamkeit beiseite zu lassen. Jetzt teilte sie ihren Enthusiasmus für alles, was ihr schön, gut und edel erschien, fast ungestüm dem Kreis der Flüchtlinge mit und setzte sich mit wahrhafter Beredsamkeit für Demokratie und Sozialismus ein.

Ganz paßte sie mit ihrem großen Ernst nicht zu den Menschen, die sich bei Frau von Brüning trafen. Es ging dort oft locker und, wie Malwida fand, etwas zu champagnersprühend zu. Wichtige Dinge wurden ihr viel zu leichtfertig abgehandelt. Manches, was in diesem Kreis gesagt wurde, empfand sie einfach als schamlos. Über solche Frivolitäten konnte sie sehr streng urteilen, wie Carl Schurz sich später erinnerte, der sie manchmal etwas zu schwärmerisch und überschwenglich fand.

Dieser Kreis um Frau von Brüning bestand nur kurze Zeit. Sie war schwer herzkrank und sah ihren Tod kommen. Im Winter wurde sie bettlägerig, so daß die meisten Bekannten ihr Haus zu meiden begannen. Malwida dagegen besuchte sie oft. In dieser Zeit kamen sich die beiden Frauen sehr nahe. Jetzt, wo alle weltliche Eitelkeit von der Baronin abfiel, konnten sie einander mit dem Herzen sehen und verstehen. Als Frau von Brüning starb, hatte Malwida das Gefühl, wieder eine Heimat verloren zu haben.

Im Herbst dieses Jahres war Malwidas sowieso schon bescheidene Barschaft sichtbar zusammengeschmolzen. Sie hatte sich geschworen, niemals im Leben ihre Familie um Geld zu bitten. Sie mußte sich nach einer Arbeit umsehen. Sie suchte nach einer Stelle als Erzieherin, obwohl sie die miserable Stellung solcher Frauen in England kannte. Sie gehörten gesellschaftlich nirgendwohin, sondern waren nur ein Etwas, das zwischen Herrschaft und Dienstboten angesiedelt war. Sie bekamen eine unmäßig lange Liste von Aufgaben und Verpflichtungen aufgedrückt und hatten fast keine freie Zeit für sich. Außerdem fürchtete Malwida, daß sie als Erzieherin entsetzlich würde heucheln müssen. Üblicherweise mußten diese Damen die Kinder des Hauses sonntags in die Kirche begleiten. Malwida aber langweilten die üblichen Gottesdienste tödlich.

Trotzdem suchte sie nach einer solchen Arbeit und freute sich, als eine entfernte deutsche Bekannte, Frau Schwabe, ihr das Angebot einer jüdischen Familie vermittelte. Dort würde sie sich wenigstens nicht um die Religion kümmern müssen. Beim Vorstellungsgespräch gab Malwida ehrlich zu, daß sie bisher noch nie als Erzieherin gearbeitet hatte. Sie wurde nicht engagiert. Brieflich berichtete sie Frau Schwabe den Mißerfolg, wobei sie sich gleich etwas ausführlicher über ihre eigenen Erziehungstheorien ausließ. Frau Schwabe war davon begeistert und lud sie ein, auf ihren Landsitz nach Wales zu kommen. Diesen Aufenthalt genoß Malwida sehr und machte sich nach einigen Wochen nur schweren Herzens wieder nach London auf.

Die Kinkels vermittelten ihr in London die Möglichkeit, Deutschunterricht zu erteilen. Stunden zu geben schien Malwida inzwischen eine bessere Alternative als das Gouvernantenleben, das sie bei den Schwabes intensiv hatte studieren können. Wenn sie nur Stunden gab, hatte sie hinterher wenigstens frei und konnte tun und lassen, was sie wollte. Der Anfang wurde ihr dadurch leichtgemacht, daß sie zwei kleine Mädchen zu unterrichten hatte, deren Mutter sie fast wie eine Freundin behandelte. Die Kinder mochten sie gern. Die Mutter empfahl sie bald an eine reichere Familie weiter, von der sie einen höheren Stundenlohn verlangen konnte. Nach einem Monat hatte sie ihr erstes selbstverdientes Geld in den Händen.

Zu Hause hatten sie immer gesagt, man müsse sich ja schämen, wenn die Töchter arbeiten müßten. Jetzt war Malwida unglaublich stolz auf ihren ersten Monatslohn. Endlich war auch sie eine Arbeiterin, wie die Töchter des Volkes! Das stimmte so natürlich nicht. Sie würde ihr Leben lang eine Aristokratin bleiben. Zwischen ihr und den arbeitenden Klassen lag immer noch ein meilenweiter Abstand. Doch sie hatte einen ersten Schritt gewagt, mit dem sie ihn verringerte, und sie hatte sich ein großes Stück von ihrer Herkunft entfernt. Wie die Armut und das Elend wirklich

aussahen, hatte sie schon in Detmold und in Hamburg kennengelernt. In London aber gab es viel schrecklichere Elendsviertel, in
die sich Leute aus Malwidas Kreisen nicht allein hineintrauten.
Malwida hatte zusammen mit Freunden einen Besuch gewagt.
Gegenüber der Armut und – sie konnte es nicht anders nennen –
der Verkommenheit, die sie dort sah, fühlte sie sich immer noch
privilegiert. Sie konnte durch ihren Verdienst wenigstens einen
gewissen, wenn auch bescheidenen Lebensstandard aufrechthal-
ten.

Malwida bekam immer mehr Stunden, so daß ihre neue Arbeit sie
bald ganz ausfüllte. Morgens um zehn brach sie zur ersten Stunde
auf, ging um ein Uhr zu Fuß zurück nach Hause, wo manchmal
Besuch auf sie wartete, aß dann in Eile ihr Mittagessen und mußte
um drei Uhr wieder im nächsten Haus sein. Danach machte sie sich
zu Hause kurz etwas frisch und legte einen eleganteren Kragen um,
gab von sechs bis halb acht den letzten Unterricht und wurde
abends manchmal abgeholt, um ein Konzert oder eine der befreun-
deten Familien zu besuchen, die ein offenes Haus hielten. Sie verbrachte viel Zeit damit, die weiten Wege innerhalb der Stadt zu-
rückzulegen. Der Winter kam und mit ihm der typische Londoner
Nebel, dessen dichte gelbe Schwaden die Welt so einhüllte, daß
man kaum die Hand vor Augen sah. Die täglichen Wanderungen
durch die Kälte und die feuchte schmutzige Luft belasteten ihre
Gesundheit. Selbst eine Fahrt in dem kalten und zugigen Pferdeomnibus, die sie sich selten leisten konnte, war kein besonderes
Vergnügen. Doch sie mußte weitermachen. Es gab kein Zurück
mehr. Sie brauchte das Geld.

Zwischendurch kamen immer wieder Tage und Stunden, in denen
sie ihrem verlorenen Glück nachtrauerte. Das Heimweh packte sie,
oder irgendeine Kleinigkeit rief die Erinnerung an Theodor zurück
und damit den Schmerz, ihn verloren zu haben. Der Zwang zur
Arbeit half ihr, auch wenn es Zeiten gab, in denen sie fürchtete,
allen Mut zu verlieren.

Ihre Kontaktfreudigkeit baute ihr weitere Brücken hinüber in das
neue Leben in der Fremde. Viele der großen Führer der Revolution

lebten in London im Exil. Die verschiedenen Nationen blieben in den Flüchtlingszirkeln zwar meistens unter sich. Doch Neuankömmlinge suchten gern den berühmten Gottfried Kinkel auf. So lernte Malwida in seinem Haus eine Reihe von bekannten Revolutionären kennen. Dort traf sie auch den russischen Revolutionär und Schriftsteller Alexander Herzen. Sein Buch »Vom anderen Ufer« hatte sie schon in Hamburg gelesen. Sie war davon gefesselt gewesen. Erbarmungslos beleuchtete Herzen die kaum vergangenen Tage der Aufstände und Verfassungskämpfe. Ein Teil ihrer eigenen Schmerzen, ihrer verlorenen Hoffnungen und Sehnsüchte trat ihr in Herzens beißender Satire, in seiner kalten Verachtung und dem verzweifelten Skeptizismus entgegen, mit dem der damals noch unbekannte Autor die geschichtlichen Zustände messerscharf analysierte und die Gründe für das Mißlingen der Revolution bloßlegte.

Herzen war nur wenig älter als Malwida. Er war der Sohn eines reichen russischen Gutsbesitzers, der sich in seiner Jugend in Süddeutschland in ein sehr junges Mädchen verliebt hatte. Seine Mutter war dem Russen in seine Heimat gefolgt. Dort wuchs Alexander auf. Als junger Mann ging er an die Moskauer Universität. Bald sprach er fließend französisch und schloß sich zusammen mit seinem besten Freund, Nikolaj Ogarew, einem frühsozialistischen Zirkel an, der rasch aufflog. Die Folgen waren Haftstrafen und die Verbannung Alexanders in eine Gegend jenseits des Ural. Dort heiratete er eine Cousine. Drei Kinder wurden ihnen geboren. 1846 starb sein Vater und hinterließ Alexander und seiner Mutter ein großes Vermögen. Ein Jahr später verließen sie alle Rußland und zogen nach Paris, wo sie den Ausbruch der Revolution miterlebten. Der Bankier Baron Rothschild schaffte es damals, Teile von Herzens Vermögen aus Rußland freizubekommen und nach Frankreich zu transferieren. So konnte Herzen sein Haus großzügig den Flüchtlingen und Revolutionären öffnen.

Dann aber widerfuhr ihm ein Schicksalsschlag nach dem anderen. Seine Frau und der Dichter der Revolution, Georg Herwegh, begannen eine Affäre miteinander. Zwar hatte er selbst es mit der

Treue nicht immer ganz genau genommen, die Untreue seiner Frau aber traf ihn schwer. Doch es kam noch schlimmer. Seine Mutter und sein jüngerer Sohn Kolja kamen bei einem Schiffsunglück im Mittelmeer ums Leben. Wenig später mußte er seine Frau in Nizza zu Grabe tragen. Plötzlich stand er mit drei kleinen Kindern – Ende 1850 war noch ein Töchterchen, Olga, geboren worden – ganz allein auf der Welt. Aus Frankreich war er wegen revolutionärer Umtriebe ausgewiesen worden. So war er mit seinem Ältesten in das Zentrum der Flüchtlingswelt, nach London, gekommen, um ein neues Zuhause zu finden, wo er zur Ruhe kommen und seine politischen Ambitionen verfolgen konnte. Seine beiden Töchter hatte er mit ihrem deutschen Kindermädchen in der Schweiz zurückgelassen.

Als Malwida an diesem Abend zu den Kinkels kam, war der dreizehnjährige Sohn Herzens, Sascha, schon mit seinem Lehrer, dem ehemaligen General Haug, anwesend. Alexander Herzen kam bald darauf. Ein gedrungener, kräftiger Mann mit schwarzem Haar und Bart, etwas breiten Gesichtszügen und lebhaften Augen, in denen sich jedes Gefühl sofort widerspiegelte. Sie kamen rasch ins Gespräch und stimmten in ihren politischen Ansichten oft überein. Am Ende begleiteten die Herren Malwida auf ihrem kurzen Weg nach Hause.

Malwida traf Herzen während des Winters einige Male. Er suchte nach einer Lehrerin für seine größere Tochter, Natalie, die gerade ins Schulalter gekommen war. Herzens und Malwidas Lebenssituation ähnelten sich in gewisser Weise. Beide waren in der kritischen Phase der Lebensmitte angekommen. Sie fühlten sich beide alt und zutiefst desillusioniert und glaubten, daß sie alle Hoffnung auf persönliches Glück und auf eine Veränderung der allgemeinen Verhältnisse aufgegeben hätten. Sie teilten ähnliche Ansichten in Erziehungsfragen, und selbst Malwidas negativer Einschätzung der sozialen Stellung der Frau stimmte Herzen ganz und gar zu.

Die eigene Trauer hatte Malwidas Sensibilität für die Schmerzen anderer erhöht. Sie spürte Herzens Einsamkeit. Als der erste Todestag seiner Frau bevorstand, gab sie ihm zu verstehen, daß sie mit ihm fühlte. Nach außen gab er sich zwar immer fröhlich, doch er fühlte sich zutiefst allein und war fast schwermütig geworden. Ihre herzliche Anteilnahme tat ihm gut. Zu diesem Jahrestag hatte er seine beiden kleinen Mädchen nach London kommen lassen. Er schrieb Malwida, um ihr mitzuteilen, daß sie angekommen waren, und fast geschäftlich zu fragen, was sie für die Unterrichtsstunde nehmen würde. Aber unter dem Schreiben rissen ihn seine Gefühle mit sich fort, und er deutete ihr sein persönliches Drama an.

Malwida übernahm probeweise den Unterricht von Herzens siebenjähriger Tochter Natalie, genannt Tata. Obwohl das Kind seit dem Tod der Mutter immer verschlossener geworden war, verstanden sie sich bald gut. So kam sie regelmäßig in Herzens Haus am Euston Square. Nach Tatas Stunden lud der Hausherr sie manchmal zu sich nach oben in seine Räume ein, um sich mit ihr zu unterhalten. Er machte sie bald mit der russischen Literatur bekannt, und ihre Freundschaft wurde so eng, daß Herzen sie sogar in seinen Bekanntenkreis einführte. Dort traf Malwida zum ersten Mal mit dem berühmten italienischen Revolutionär Josef Mazzini zusammen, der schon seit fast zwanzig Jahren im Londoner Exil lebte und von dort aus mit immer neuen Umsturzplänen und Verschwörungen sein Vaterland zu befreien und zu einigen suchte.

Dann kamen die heißen Sommermonate. Die fashionable Londoner Gesellschaft verzog sich mit ihren Kindern ans Meer oder auf den Kontinent. Malwida hatte inzwischen genug Schülerinnen gehabt, um von ihrem Verdienst etwas zu sparen. So konnte sie die schülerlose Zeit für eigene Ferien nutzen. Sie suchte sich das nahe gelegene und von Sommerfrischlern noch unbehelligte Fischerdorf Broadstairs an der Themsemündung aus, um dort ihre freien Tage am Meer zu genießen. Sie fuhr allein und hoffte, daß Herzen sein halbes Versprechen einlösen und mit seinen Kindern nachkommen würde. Sie war froh, dem Trubel der Großstadt zu entfliehen. Sie hatte sich durch das tägliche Stundengeben so zerrissen gefühlt und sich nach ruhigen Tagen gesehnt, um endlich einmal wieder Zeit für sich selbst zu finden.

Herzen meldete sich nicht einmal bei ihr. Malwida hatte sich die ganze Zeit mit keinem Gedanken erlaubt, in Herzen mehr als einen guten Freund zu sehen. Ihrer Mutter schrieb sie, daß ihre Freundschaft auf nichts anderem als auf gegenseitiger Hochachtung gegründet sei. Ihn habe sein schweres Geschick vereinsamt, und sie sei ein wenig stolz darauf, daß er sie zuweilen besuche und gern bei ihr zu sein scheine, obwohl er der Welt und besonders den Frauen den Rücken gekehrt habe. Aber insgeheim mußte sie sich doch eingestehen, daß ihr Herz manchmal ein wenig heftiger zu klopfen begann, wenn er den Raum betrat. So wanderten ihre Gedanken in Broadstairs oftmals zu ihm und seinen Kindern.

Schließlich hielt sie es nicht mehr aus und schrieb ihm mit einem leicht ironischen Unterton, daß er sich wohl von London nicht trennen könne, besonders da ihn in Broadstairs nur Klippen und Wellen erwarteten. Die Antwort kam umgehend: Sascha war krank geworden. Außerdem kannte sie doch jetzt sein zerrissenes und wüstes Leben. Es gab nur zwei Dinge, die er fanatisch liebte: seine persönliche Unabhängigkeit – aber dort am Meer würde Malwida ihn wohl nicht tyrannisieren – und seine Kinder. Nein, gerade sie durfte ihn so nicht beurteilen, sie war schließlich die einzige Person, der er hier sein Herz geöffnet hatte. In diesem Brief fragte er sie auch nach ihrer eigenen Geschichte. Er fürchtete sich davor, solche Fragen im direkten Gespräch zu stellen, ihm war dann immer so, als wenn er seine Hand auf ein schlagendes, ganz heißes Herz lege, schrieb er. Jetzt stelle er diese Frage und bitte um Antwort.

Sie schrieb ihm ausführlich. Er antwortete sofort mit einigen nichtssagenden Phrasen. Danach herrschte wieder Stille. Dieser Briefwechsel verwirrte Malwida. Einerseits tauschten sie ihre innersten Gedanken und Gefühle aus, andererseits hielt Herzen Abstand und kam nicht. Nach zehn Tagen fragte sie an, was los sei. Habe er sich etwa umgebracht vor lauter Verzweiflung? Nein, antwortete er, nach all seinem Unglück besitze er nicht mehr Leidenschaft genug, um sich etwas anzutun. Er habe nur noch die Kraft der Gleichgültigkeit und Resignation. Er sei alt und skeptisch geworden. Wenn doch einmal ein Sturm in seinem Herzen tobe, wandere er durch die nächtlichen Straßen. Dann gehe alles wieder vorbei. Oder er trinke eine halbe Flasche Wein, ein Geschenk des Himmels, das ihn wieder sich selbst zurückgebe.

Malwida antwortete ihm darauf mit der Darlegung ihres ganzen Weltbildes. Sie konnte sich nicht mit der Überzeugung abfinden, daß das Leben bloß das Spiel eines unbekannten Zufalls sein sollte, der die Menschen in Momente eines scheinbaren Glücks von Jugend, Liebe, Schönheit und Geist hineinwerfe, sie damit grausam täusche und danach wieder in das Nichts der Materie, in die Auflösung in Atome entlasse, aus denen sich dann neue Nichtigkeiten von Existenzen bildeten. Nein, selbst nach ihren schlimmsten Kämpfen hatte sie immer intuitiv gewußt, daß das Leben mehr war, daß es eine Einheit, eine höchste Vernunft gab, oder wie immer er es nennen wollte, die die ganze Menschheit zu neuen höheren Idealen und größerer Vollkommenheit führen wollte. Sie lebe gern, weil sie Zeuge davon sein wolle. Sie liebe Kinder. Sie würden die Erben dieser Zukunft sein, deren Samen sie selbst ihnen einpflanzen wolle. Herzen stimmte ihr im Prinzip zu. Aber er arbeitete auch den Unterschied heraus: Für ihn waren Liebe, Glück, Freundschaft, Aufopferung keine Illusionen. Er war wirklich sehr glücklich gewesen. Er hatte sich wohl gefühlt, zu Hause in dieser Welt – genug davon, es gab kein dauerhaftes Glück. Alles war vergänglich. Sie würden später noch einmal darüber sprechen. Warum behauptete sie, er wolle nicht kommen? Tatsächlich ließ er aber trotz der Briefe und halben Versprechungen die Zeit verstreichen und fuhr nicht nach Broadstairs.

Mitte September kehrte Malwida nach London zurück. Die Ferientage hatten ihr gutgetan. Sie fühlte sich erholt und gestärkt. London war noch leer, so daß sie sich fast ganz den Stunden mit Tata widmen konnte. Natürlich traf sie Herzen regelmäßig in seinem Haus. Sie setzten ihren intensiven Gedankenaustausch fort. Malwida war einer der wenigen Menschen, denen er volles Vertrauen schenkte.

Alexander Herzen, Malwidas letzte Liebe. (Foto: Ullstein Bilderdienst, Berlin)

Er fühlte sich noch immer schrecklich einsam und bekam sein Hauswesen nicht richtig in den Griff. Auch mit den Kindern kam er nicht zurecht. Sie gehorchten ihm nicht: Sascha, dessen Lehrer nach Australien ausgewandert war, war mitten in der Pubertät, Tata war verschlossen und Olga im besten Trotzalter. Eines Abends brach Herzen vor Malwida zusammen, klagte ihr sein Leid und bat sie um ihren Rat. Natürlich wußte er, daß sie sich nicht auf gute Worte beschränken würde. Er hatte ihr oft genug gesagt, wie sehr er ihre tätige Freundschaft schätzte. Malwida war hin- und hergerissen. Eigentlich konnte sie Herzen nur anbieten, bei ihm als Gouvernante seiner Töchter zu arbeiten. Genau das wollte sie auf keinen Fall. Sie würde sich nicht in diese zwiespältige Lage begeben, in der sie weder richtig zu den Dienstboten gehörte noch zu der gesellschaftlichen Schicht des Hausherrn. Sie fühlte sich als seine Freundin und ihm durchaus ebenbürtig.

Andererseits war das Stundengeben mühsam. Der Winter stand wieder vor der Tür. Die Wege durch die Kälte und der öde Deutschunterricht mit den Kindern, die oft so furchtbar langweilig und unbegabt waren, schreckten sie. Sie war nicht sicher, ob sie das gesundheitlich noch lange durchhalten würde. Außerdem hätte sie mit Tata und Olga eine wirkliche Aufgabe. Mit ihnen konnte sie ihr erklärtes Lebensziel verwirklichen, Mädchen zu ganzen und freien Menschen zu erziehen.

Schließlich fand sie einen Ausweg für sich: Sie beschloß, zu Herzen wie eine Schwester zu gehen, die ihrem Bruder zu Hilfe eilt, um seine verwaisten Kinder zu erziehen. Sie würde zu ihm ins Haus ziehen, aber keine Bezahlung annehmen. Für ihre geringen privaten Bedürfnisse würde sie weiterhin ihren liebsten Schülerinnen einige Stunden geben. Sie freute sich darauf, endlich eine neue Familie zu haben; eine Familie, die sie sich selbst ausgewählt hatte. Sie teilte ihm diesen Plan schriftlich mit und schloß ihren Brief damit, daß sie beide diesen Vertrag als freie, gleichberechtigte Menschen eingehen sollten, mit der vollen gegenseitigen Freiheit, ihn wieder aufzulösen, wenn einer von beiden es wünsche.

Herzen verhehlte seine Besorgnis nicht. Schließlich war sie nicht seine Schwester, sondern eine erwachsene, fremde Frau. Er war um seine Freiheit und Unabhängigkeit entsetzlich besorgt, und er hatte Angst davor, mit ihr unter einem Dach zu leben. Er kannte seine Anfälligkeit für das weibliche Geschlecht. Andererseits wußte er, daß er so schnell wie möglich jemanden für die Kinder brauchte. Die Probleme wuchsen ihm über den Kopf. So entschied er sich für ihr Angebot. Im Dezember 1853 zog Malwida in sein Haus.

18. Alexander Herzen und seine Kinder – Malwidas neue Familie

Kaum eingezogen, krempelte Malwida Herzens Hauswesen mit echt deutscher Gründlichkeit um. In der allerersten Zeit war sie kaum zur Ruhe gekommen, weil andauernd irgendwelche russischen oder polnischen Exilanten wie Heuschreckenschwärme in das Haus einfielen und jedes geregelte Leben unmöglich machten. Bald überzeugte sie Herzen davon, daß er zwei Abende in der Woche festsetzte, an denen er jeden empfing, der ihn sprechen wollte. An den anderen Tagen aber herrschte ein strenges Gebot, nur die engsten Freunde vorzulassen. Natürlich machte Malwida sich damit eine Menge Feinde. Schließlich erschwerte sie den bis dahin stets offenen Zugang zu dem reichen und hilfsbereiten Russen, den viele Bittsteller belagerten, ganz erheblich.

Herzen entwickelte damals den Plan, eine russische Druckerei einzurichten und eine Exilzeitschrift herauszugeben, die unter abenteuerlichen Umständen nach Rußland geschmuggelt werden sollte. Dazu hatte er viele Kontakte zu den Größen der internationalen Flüchtlingskreise. Außerdem veröffentlichte er unter dem Pseudonym Iskander Artikel in verschiedenen Blättern, und er hatte damit angefangen, seine Memoiren aufzuzeichnen.

Malwida übernahm in ihrer neuen Familie alle Aufgaben einer Hausfrau. Als die Kinder bald nach ihrer Ankunft krank wurden, pflegte sie sie mit Hingabe. Danach setzte sie den regelmäßigen Schulunterricht mit Tata wieder fort. Sie führte ein richtiges Familienleben mit gemeinsamen Mahlzeiten, Zubettgehzeremonien und Geburtstags- beziehungsweise Namenstagsfeiern ein. Bald schloß sich die knapp dreijährige Olga immer enger an sie an. Das deutsche Kindermädchen war anfangs froh gewesen, daß endlich eine Frau im Haus war und eine gewisse Ordnung einkehrte. Es dauerte aber nicht lange, bis sie auf Malwida eifersüchtig wurde. Bisher war das Mädchen allein für den Tagesablauf der Kinder zuständig gewesen. Jetzt kam es darüber zu einem Machtkampf zwischen den beiden Frauen. Das Mädchen wurde Malwida gegenüber immer argwöhnischer und begann, Tata gegen sie aufzuhetzen.

Malwida beklagte sich bei Herzen und forderte von ihm, klare Verhältnisse zu schaffen. Er sollte ihr eindeutig die häusliche Macht übertragen. Aber Herzen schwankte. Er hatte mit solchen Dingen immer Schwierigkeiten. Er schob seine Entscheidungen gern auf die lange Bank. Malwida hatte es ja schon im Sommer erlebt, als er nicht nach Broadstairs kam. Sie sollte diese Art, Probleme auszusitzen, anstatt sie sofort beim Schopf zu packen und zu beseitigen, noch öfter erleben. Sie, die alles vorherbedachte und dann mit festem Willen entschied und ordnete, konnte schwer mit dieser Art umgehen. Später erklärte sie sich ihre unterschiedlichen Charakterzüge als nationale Eigenschaften, die Russen und Deutsche an den jeweils anderen als unsympathisch empfanden.

Erst einmal kam es, wie es kommen mußte. Die Auseinandersetzungen zwischen den beiden Frauen eskalierten so, daß Malwida schließlich Herzen vor die Alternative stellte: Entweder das Mädchen ging, oder sie würde selbst das Haus verlassen. Malwidas Einfluß auf die Kinder hatte sich inzwischen sehr positiv ausgewirkt. Es blieb ihm also nichts anderes übrig, als sich für sie zu entscheiden. Allerdings hatte dieser Machtkampf zur Folge, daß Tata sich deutlich von Malwida zurückzog. Sie entwickelte auch später niemals das gleiche innige Verhältnis zu ihr, das Olga und sie verbinden sollte. Immerhin konnte Malwida ihr Leben mit den beiden Mädchen jetzt ungestört so einrichten, wie sie es für richtig befand. Neben der Tagesarbeit mit den Kindern gab es genug Abwechslung im Hause Herzen. Ein russisches Emigrantenpaar, die Engelsons, kamen häufig zu Besuch. Sie kannten die Familie noch aus Nizza. Viele Mitglieder der internationalen Emigration besuchten Herzen, so daß Malwida bald in freundschaftlichem Kontakt mit den meisten großen Revolutionären stand.

Im Frühjahr mietete Herzen ein Haus in Richmond, das weit außerhalb der City im Grünen lag. Malwida war froh, dadurch den immer noch viel zu vielen Besuchern zu entkommen, die ihnen die Zeit stahlen. Jeder glaubte offenbar, daß er die Ausnahme war, mit der man unbedingt seine Zeit verbringen mußte, dachte sie grimmig. Nach langer Zeit war Malwida wieder richtig glücklich. Sie fand, daß sie alles hatte, was sie brauchte. Die Erziehung der Kinder befriedigte ihr Gefühl ebenso wie ihre tatkräftige Natur, der Umgang mit Herzen bot ihr reichlich Nahrung für ihren Geist. Brauchte sie wirklich nicht mehr? Sie gestand es sich nicht ein, daß da ganz tief unten im Grunde ihrer Seele noch ein anderer Wunsch verborgen lag. Sie hätte eigentlich nichts dagegen gehabt, wenn aus der geistigen Nähe zu Herzen auch ein Weg in seine Arme geführt hätte. In ihr hatte sich eine tiefe Zuneigung zu ihm entwickelt. Sein schweres Schicksal hatte ihr von Anfang an große Sympathie eingeflößt. Schon im Vorjahr, als sie ihm zu Hilfe eilte, hatte sie ihm gesagt, daß sie nicht nur seiner Kinder wegen komme, sondern auch ihn selbst heilen wollte.

Normalerweise aber verdrängte sie diese Seite ihrer Zuneigung. Sie fand sich überhaupt nicht attraktiv. Sie war – ebenso wie die meisten ihrer Freunde – davon überzeugt, daß sie mit ihren achtunddreißig Jahren und ihrem herben Gesicht alt und häßlich aussah. Außerdem hatte sie noch nie etwas für erotische Spiele mit Männern übrig gehabt. So etwas hatte sie immer als Frivolität oder Koketterie heftig abwehren müssen. Alles was damit zusammenhing, fand sie anzüglich und abstoßend. Zwar lagen die wenigen zärtlichen Momente mit Theodor tief unten in ihrer Seele als kostbarer Schatz verborgen. Doch diese Erfahrungen und Sehnsüchte holte sie nur selten einmal in einer stillen Stunde der Erinnerung hervor. Meist hatte sie keine Probleme, diese Seite des Lebens zu verdrängen. Daß sie eine weiche Stunde bei Kerzenlicht und Wein ausnutzen und sich Herzen mehr oder weniger in die Arme werfen könnte, kam ihr überhaupt nicht in den Sinn. Sie besaß weder Vorstellungskraft noch Phantasie genug dafür, ihn mit weiblichen Reizen zu umgarnen, obwohl er dafür durchaus offen war.

Tatsächlich ließ Malwida nur ganz selten das Gefühl zu, daß ihr etwas entgehen oder fehlen könnte. Nein, sie fühlte sich wohl im Hause Herzen. Mit Tata kam sie nicht ganz so gut zurecht, aber das konnte sich noch ändern. Wenigstens lernte Tata bei ihr, fleißig zu arbeiten. Schon dadurch waren die Bemühungen um dieses Kind nicht vergeblich. Olga wurde mit jedem Tag zugänglicher und süßer, so daß Malwida ihre helle Freude an ihrer Entwicklung hatte. Sascha war fast erwachsen geworden und sollte bald zur Universität gehen, um Naturwissenschaften zu studieren. Für ihn hatte Malwida den Franzosen Domengé als Lehrer in das Haus geholt, mit dem sie eine herzliche Freundschaft verband.

Natürlich war das Leben mit Herzen nicht immer einfach. Er war leicht beeinflußbar. Die Engelsons hatten immer mehr sein Vertrauen gewonnen und begannen, Malwidas Erziehungsstil zu kritisieren. Sie brachte den Kindern zuwenig Anstandsregeln bei, erlaubte ihnen zu viele Freiheiten, übte einfach nicht genug Autorität aus. Die Kinder gehorchten ihr nicht. Kurz gesagt: Ihnen fehlte es an der notwendigen Dressur, die aus Kindern erst annehmbare Menschen machte. So kam es zu einer schweren Auseinandersetzung. Malwida konnte Herzen schließlich überzeugen, daß ihre Art, mit den Kindern umzugehen, richtig war. Nur so konnte man sie zu offenen und ehrlichen Menschen erziehen. Wenn sie damit beginnen würde, ein Kind zum Beispiel wegen irgendwelcher Ungeschicklichkeiten vor den Erwachsenen zu beschämen, würde sie nur Heuchelei hervorrufen. Gerade bei Olga, die sehr eigensinnig und störrisch sein konnte, würde es immensen Schaden anrichten, wenn sie bei jedem Versehen und jedem trotzigen Wort mit Gewalt einschreiten und sie streng bestrafen würde.

Durch diese Auseinandersetzung konnte Malwida den Einfluß der beiden Engelsons auf Herzen zum Glück verringern. Ein halbes Jahr später zerbrach die Freundschaft nach einer dramatischen Szene endgültig. Aus irgendeinem Grund hatte sich Herr Engelson von Herzen beleidigt gefühlt und stürmte in das Haus, fuchtelte vor Malwida und Tata, die im Schulzimmer saßen, mit einem Revolver herum und stieß wilde Drohungen aus. Malwida blieb kaltblütig. Sie schickte ihn mit strengen Worten zur Tür hinaus. Als Herzen davon hörte, nahm er sogar die testamentarische Bestimmung zurück, mit der er seinen schriftlichen Nachlaß Engelson anvertraut hatte, und setzte anstatt seiner Malwida ein. Gleichzeitig bestimmte er, daß sie im Falle seines Todes die Erziehung seiner Töchter übernehmen sollte.

Schon nach der ersten Auseinandersetzung wegen des Kindermädchens hatte Malwida begonnen, Russisch zu lernen. Sie unterhielten sich zwar meistens französisch, doch mit Russen sprach Herzen natürlich in ihrer Muttersprache und mit Malwida und dem Kindermädchen manchmal auch deutsch, das er leidlich gut beherrschte. Da keine Sprache wirklich vorherrschte, wuchsen die Kinder mehrsprachig auf. Malwida wollte ihnen wenigstens die Muttersprache erhalten. Zugleich aber tauchte sie damit noch tiefer in seine Welt ein. Sie konnte bald seine Schriften und andere russische Bücher im Original lesen. Sie gab ihre letzten Schülerinnen auf und übersetzte statt dessen die beiden ersten Memoirenbände von Herzen ins Englische.

Um Malwida und Herzen bildete sich in dieser Zeit ein neuer deutscher Kreis, der zum Teil aus Malwidas alten Freunden bestand. Auch die Kinkels gehörten dazu, obwohl Herzen sie in seinen Memoiren sehr ironisch charakterisierte. Besonders aber Friedrich Althaus, der jüngere Bruder von Theodor, war ein gerngesehener Gast. Herzen verstand sich gut mit ihm. Malwida sah dadurch ihre Berliner Freundin und Vertraute Anna Koppe oft bei sich. Friedrich und sie waren schon in Detmold ein Liebespaar gewesen. Jetzt hatten sie nach jahrelanger Wartezeit endlich heiraten können.

Ende Februar 1855 kam ein berühmter Deutscher nach London. Der Komponist Richard Wagner, der schon durch seine ersten Opern auf sich aufmerksam gemacht hatte, übernahm für vier Monate die Leitung der philharmonischen Konzerte. Malwida hatte noch in Deutschland seine Schriften über »Kunst und Revolution« und »Das Kunstwerk der Zukunft« gelesen und ihm einen enthusiastischen Brief geschrieben. Sie hatte in seinen Schriften ihre eigene revolutionäre Haltung wiedergefunden: den Traum von einer völligen Umwälzung der Verhältnisse, aus der eine neue, bessere Menschheit hervorgehen würde, ebenso wie den Traum, die Welt durch Bildung und Kunst zu vervollkommnen. Jetzt freute sie sich, daß sie ihn auf einer Abendgesellschaft bei Friedrich kennenlernen sollte.

Der Abend wurde ein Fiasko. Wagner hatte inzwischen seine revolutionäre Weltanschauung weit hinter sich gelassen. Malwidas schwärmerische Zustimmung zu seinen abgelegten Ansichten war ihm unangenehm. Er wies sie gereizt zurück. Friedrich versuchte die Peinlichkeit zu überbrücken, indem er den Meister bat, ihnen die Lehre Schopenhauers zu erläutern. Wagner, der inzwischen ein Anhänger dieser Philosophie geworden war, ließ sich nicht zweimal bitten. Er liebte es sowieso, lange Monologe vor bewundernden Zuhörern zu halten. Hier aber dauerte es nicht lange, bis Malwida und er in einen heftigen Disput über Schopenhauers Satz von der Verneinung des Willens zum Leben gerieten. Malwida konnte das überhaupt nicht verstehen. Ihr erschien eine solche Verneinung das genaue Gegenteil ihrer eigenen Schlußfolgerungen zu sein, die sie gerade zum Willen zum Leben, zur praktischen Tat und damit auch zur Revolution geführt hatten. Wagner versuchte Schopenhauers Weltbild zu erläutern, der die Welt zu einem Ort der bloßen Erscheinungen erklärt. Doch Malwida beharrte darauf, daß sie sich keine höhere Aufgabe denken könnte, als zur Weltbeglückung, wie Wagner es ironisch apostrophierte, beizutragen. Der Meister verließ die Gesellschaft schlecht gelaunt. Malwida kam von dieser Begegnung, die sie sich ganz anders vorgestellt hatte, enttäuscht nach Hause. Dennoch hatte dieser Streit Nachwirkungen. Mit der ihr eigenen Gründlichkeit und Wißbegierde begann Malwida, sich mit Schopenhauers Schriften zu beschäftigen.

19. Unabhängig und einsam –
Trennungsschmerz und Überlebenskampf

Im Herbst dieses Jahres zogen sie zurück nach London, weil Sascha die Universität besuchen sollte. Der Beginn des neuen Jahres brachte einen schweren Verlust für Malwida mit sich. Ihre Freundin Anna erwartete trotz ihres – für damalige Verhältnisse – schon fortgeschrittenen Alters noch ein Kind. Malwida besuchte sie oft. So hatten sie an einem Nachmittag wieder ein Stündchen zusammen verbracht und sich fröhlich getrennt. Am nächsten Morgen brachte der erschrockene Herzen ihr die Botschaft, daß Anna in der Nacht plötzlich gestorben war. Dieser Verlust schmerzte Malwida zutiefst. Und ein weiterer Verlust wartete schon auf sie.

Malwida ahnte nichts Schlimmes, als drei Monate später ein bepackter Wagen vor ihrem Haus vorfuhr. Herzens ältester russischer Freund Nikolaj Ogarew war mit seiner Gattin Natalja Tuchkowa-Ogarewna angekommen. Sie war eine enge Freundin von Herzens verstorbener Frau gewesen. Malwida freute sich mit Herzen und den Kindern, daß die russische Heimat mit den alten Freunden wieder näher gekommen war. Sie bemühte sich, beide herzlich aufzunehmen. Ogarew, der schwer krank war, war ihr von Anfang an sympathisch. Bei Natalja empfand sie dagegen gleich eine gewisse Antipathie, die sie zu überspielen suchte.

Herzens Frau hatte kurz vor ihrem Tod ihrer besten Freundin die Sorge um ihre Kinder anvertraut. Die frischgebackene Frau Ogarewna hatte offenbar erwartet, sie könne bei Herzen die Stellung einer Hausherrin übernehmen. Jetzt fand sie diese Stelle von einer Frau besetzt, die für sie nur eine untergeordnete Angestellte war. Malwida hatte den besten Willen, sich mit den Neuankömmlingen zu arrangieren. Sie hatte sich in den letzten drei Jahren immer ausschließlicher Herzens Familie gewidmet. Sie hatte fast alles mit

Nikolaj Ogarew und Alexander Herzen (rechts) zusammen im Atelier des Londoner Fotografen Mayer Brothers, um 1860.

(Foto: Bildarchiv Preußischer Kulturbesitz, Berlin)

Herzen geteilt: die Sorge um die Kinder, seine schriftstellerische Tätigkeit, seine politischen Ziele ebenso wie das Abendessen. Jetzt dauerte es nur wenige Wochen, bis ihr klar wurde, daß mit den Ogarews nicht nur eine vorübergehende Unordnung in ihr tägliches Leben eingebrochen war. Hier war ein neues, ein russisches Element hinzugekommen, das ihr bisheriges Leben von Grund auf veränderte.

Wenn man es genau nahm, so versuchte Natalja fast vom ersten Tag an, Malwida in den Hintergrund zu drängen. Wann immer sie konnte, überschüttete sie die Kinder mit Gunstbeweisen und Geschenken. Malwida mußte schließlich Herzen auffordern, das permanente Schenken zu verbieten. Mit Olga hatte Malwida gerade die ersten Schulstunden begonnen. Jetzt stellte Natalja andauernd den ganzen geregelten Tagesablauf auf den Kopf. Malwidas erzieherische Anforderungen an die Kinder hintertrieb sie durch entgegengesetzte Anweisungen. Natürlich sprach sie mit ihnen nur Russisch. Die beiden Mädchen begeisterten sich für die freigebige neue Freundin. Besonders Olga ließ sich leicht von Unbekannten vereinnahmen. Malwida sah sich auf einmal in die Rolle der bösen Stiefmutter gedrängt, die immer alles verbot, was gerade am meisten Spaß machte.

Auch ihre Stellung zu Herzen selbst war plötzlich anders geworden. Im Haus wurde jetzt nur noch Russisch gesprochen. Malwida verstand es zwar einigermaßen, aber den schnellen und lebhaften Gesprächen konnte sie nicht folgen. Außerdem war da ein neuer Ton. Sie konnte ihn nicht genau benennen. Aber wenn Herzen und Natalja zusammen waren, dann lag etwas Knisterndes, Aufregendes, Spannendes in der Luft. Sie nannte es bei sich das russische Element, das jetzt auf einmal gefühlvoll und sentimental, exaltiert und erregend die bisher so friedlichen Abende veränderte, auf die sie sich sonst immer gefreut hatte. Das Gespräch mit Herzen oder im Freundeskreis war ihre Erholung gewesen. Die Tagesarbeit mit den Kindern erfüllte sie zwar, aber sie war oft auch anstrengend.

Jetzt kam sich Malwida abends wie das fünfte Rad am Wagen vor. Sie verließ das Wohnzimmer oft schon früh und fühlte sich plötzlich schrecklich einsam in dem Haus, das bis dahin das ihre gewesen war. Herzen schien nichts davon zu merken. Er bemühte sich nicht, sie in die Gespräche einzubeziehen, sondern ging ganz in seinem wiedergefundenen russischen Leben auf. Malwida hielt diesen Klimawechsel nicht lange aus. Als Natalja wieder einmal mit Geschenken beladen von einem Stadtbummel zurückkam, obwohl Herzen das ausdrücklich untersagt hatte, verbat sie sich ärgerlich die ständigen Eingriffe in ihre Erziehungsmethoden. Natalja ließ sich einen solchen Ton von einer Gouvernante nicht bieten. Ein Wort gab das andere, der Streit wurde laut und heftig. Der angestaute Ärger brach bei Malwida um so stärker durch, da sie ihn bis dahin zu unterdrücken versucht hatte. So führte der eigentlich geringfügige Anlaß zu einer explosionsartigen Entladung ihrer Wut. Herzen und Ogarew kamen hinzu. Zitternd vor Erregung erklärte Malwida, daß Herzen jetzt sofort und ein für allemal Nataljas ständige Einmischungen beenden müsse. Schließlich habe sie, Malwida, den Auftrag, sich um die Kinder zu kümmern. Sie müsse auch das Recht haben, allein zu bestimmen, was für diese richtig und angemessen sei. Herzen müsse jetzt endlich klare Verhältnisse schaffen.

Den nächsten Morgen, den 30. Mai 1856, sollte Malwida nie mehr vergessen. Herzen hatte das Haus für diesen Tag verlassen. Man brachte ihr einen Brief von ihm. Fiebernd vor Aufregung las sie seine Worte. Er versicherte ihr seine Freundschaft. Aber dann kam es. Er schrieb doch tatsächlich, daß er nichts Besseres mehr wüßte als die schlichte Trennung. Wenn sie ein anderes Mittel kenne, den Streit beizulegen, sei er zwar zu allem bereit, aber sie möge doch bedenken, daß sich eine Trennung jetzt mit den Kindern noch in reiner Freundschaft machen ließe. Bei einem neuen Streit könnte die Bitterkeit zu groß werden. Das wünsche er nicht.

Seine Sätze trafen sie wie ein Keulenschlag. Sie hielt es nicht eine Minute länger aus. Sie würde das Haus sofort verlassen. Sie riß ein paar Sachen aus dem Schrank, schrieb einen kurzen Abschiedsbrief, setzte sich mit beiden Kindern zum Essen nieder und bat sie – die Tränen gerade noch unterdrückend –, sie nicht zu vergessen.

Dann ließ sie die Kinder zu Natalja bringen, um sofort selbst aus dem Haus zu eilen. Sie ging zu Friedrich und Charlotte, die in der Nähe wohnten.

Charlotte, Annas Freundin der Hamburger Zeit, lebte bei Friedrich und versuchte Malwida zu trösten, doch diese versank nur in dumpfes Brüten. Abends kamen Ogarew und Sascha mit einem zweiten Brief von Herzen, der seine Zwiespältigkeit deutlich spiegelte. Einerseits besiegelte er darin die Trennung, andererseits schrieb er von seiner unbegrenzten Freundschaft und grenzenlosen Bewunderung für ihren Schritt. Malwida las die Worte. Sie war gerührt, aber die bitteren Gedanken ließen sich nicht mehr unterdrücken: Warum hatte er, wenn er sie so schätzte, nicht rechtzeitig eingegriffen und mit einem klaren Wort das Zusammenleben gerettet?

Sie fand keine Antwort. Sie wollte nur noch allein sein, um zur Ruhe zu kommen. Sie war verzweifelt und traurig. Alles um sie herum schien ihr wie ein tiefes schauriges Grab, so öde und leer war ihre Welt plötzlich geworden. Der Tod wäre eine Erlösung gewesen. Doch der Tod kam nicht. Nur bittere Gedanken über Herzen zerfraßen ihr die Seele. Im Grunde hatte er ihre Freundschaft verraten. Er hatte sie aufgegeben wie ein nutzloses altes Kleidungsstück, das man nicht mehr trägt. Alles war nur Einbildung gewesen. Ihm lag überhaupt nichts an ihr. Kaum waren die russischen Freunde da, da war ihre ganze Liebe und Aufopferung für ihn und seine Familie keinen Pfifferling mehr wert. Sie konnte gehen. Wut wallte in ihr auf. Natalja hatte sie geschickt ausgespielt. Jetzt sah es auch noch so aus, als ob sie – Malwida – an den ganzen Streitereien die Schuld hatte. Sie war gegangen, und Natalja stand rein und weiß da wie ein Unschuldslamm. Dann überflutete sie eine heiße Welle von Selbstmitleid: Sie war allein und verlassen. Sie steigerte sich immer tiefer in dieses Gefühl, bis sie endlich ein wenig schlief.

In den nächsten Tagen fand Malwida langsam wieder zu ihrem vernünftigen Selbst zurück. Sie konnte nicht länger bei Friedrich und Charlotte bleiben, die selbst kaum genug Platz hatten. Sie mußte irgendwie für ihre Existenz sorgen. Sie mußte ganz von vorne anfangen. Sie hatte sich durch die Vereinbarung mit Herzen, daß jeder von beiden den Vertrag jederzeit lösen könnte, überhaupt nicht abgesichert. Sie hatte einen solchen Absturz nicht vorausgesehen, schon gar nicht nach so langer Zeit. Jetzt saß sie ohne Schülerinnen, ohne Arbeit und ohne einen Pfennig für ihr Alter da.

Wie immer in solchen Fällen begann sie, bei sich selbst die Schuld zu suchen. Wenn sie sich anders benommen hätte, wenn sie nicht so auf ihren Einfluß im Herzenschen Hause bedacht gewesen wäre, wenn – lauter »wenn« türmten sich in ihr auf. Vielleicht konnte man den Bruch doch wieder rückgängig machen? Wenn das nicht ging, vielleicht konnte Herzen ihr wenigstens helfen, ihren Lebensunterhalt zu verdienen. Sie schrieb an ihn und Natalja. Sie schlug vor, zurückzukehren oder aber wenigstens die geistige Zusammenarbeit mit ihm fortzusetzen und weiter für ihn zu übersetzen.

Herzen war erleichtert. Er hatte sich Sorgen um sie gemacht. Er kannte ihre Ausschließlichkeit und Tatkraft, wenn sie sich etwas in den Kopf gesetzt hatte. Er hatte auf der einen Seite ein schlechtes Gewissen und fand sie auf der anderen reichlich überspannt. Anderen gegenüber hielt er sich keine Spur zurück. Diese Deutschen waren schrecklich, besonders wenn sie alte Jungfern waren, ließ er verlauten. Er wollte nicht, daß sie wieder in sein Haus zurückkam. Aber er versicherte ihr noch einmal seine unverbrüchliche Freundschaft und schrieb, daß er ihr die Hand zur gemeinsamen Arbeit an den Übersetzungen reiche. Damit hatte Malwida wenigstens eine Möglichkeit gefunden, ihren Lebensunterhalt zu sichern.

Den Sommer nach der Trennung verbrachte sie mit den Kinkels und ihren Kindern am Meer. Tagsüber widmete sich jeder seinen Aufgaben. Malwida übersetzte, die Kinkels waren in ihre schriftstellerische Tätigkeit vertieft. Abends gingen sie zusammen spazieren und lasen sich aus den eigenen Werken vor. Malwida hatte sich noch nicht von dem Schlag erholt. Manchmal wachte sie morgens mit Tränen in den Augen auf. Sie machte sich inzwischen schreckliche Vorwürfe, daß sie an dem ganzen Unglück selbst schuld war, und geriet oft so tief in depressive Stimmungen, daß ihr der Freitod als beste Alternative erschien.

Domengé, der Sascha immer noch unterrichtete, wusch ihr brieflich den Kopf. Sie solle endlich aufhören, sich selbst zu zerfleischen. Diese ewigen Selbstvorwürfe, diese übertriebenen Schuldgefühle und ihre völlige Selbstaufgabe seien genauso unehrlich, als wenn sie sich überhaupt keine Schuld gäbe. So ein Verhalten wirke zwar nach außen hin heldenhaft, sei aber trotzdem unnatürlich. Damit sie endlich den Tatsachen ins Auge sah, analysierte er mit scharfen Worten die Charaktere von Herzen, Natalja und Ogarew.

Malwida fiel es unendlich schwer, Herzen, den sie zu ihrem neuen Apostel gemacht hatte, als ganz normalen Sterblichen und dazu noch als einen Mann wahrzunehmen, der die gleichen Wünsche und Triebe hatte wie alle seine Geschlechtsgenossen. Wieder mußte sie ein Idol von dem Sockel stürzen, auf den sie es in ihrem Inneren gestellt hatte. Sie litt unendlich darunter, Herzens Unvollkommenheit ohne Illusionen sehen zu müssen.

Anfang September kehrten die Kinkels wieder nach London zurück. Malwida wollte allein in Hastings bleiben und dort an ihren Übersetzungen arbeiten. Das Leben war in dem kleinen Ort viel billiger als in London. Außerdem glaubte sie, daß sie die Nähe zu den Herzens noch nicht aushalten konnte. Das Wetter wurde rasch unfreundlicher. Es dauerte nicht lange, bis sie unter dem rauhen Seeklima, dem ewigen Heulen des Windes, der Düsternis des Nebels und den kalten regnerischen Tagen zu leiden begann. Die Einsamkeit verstärkte ihre seelische Qual zu psychosomatischen Beschwerden. Sie bekam wieder Herzrasen und nervöse Zustände; Anfälle, die ihr Sorgen machten. Ende September hielt sie es in der selbstgewählten Einsamkeit nicht mehr aus und entschloß sich, nach London zurückzukehren.

Mit Herzen hatte sie die ganze Zeit wegen der Übersetzungen in Briefkontakt gestanden. Er antwortete auf ihre Mitteilung, daß sie doch zurückkomme, in einem ironischen Ton und verletzte sie damit zutiefst. Sie hatte sich drei Jahre für ihn aufgeopfert, ihre Freunde, ihre Unabhängigkeit aufgegeben, und jetzt spottete er darüber, daß sie wohl die Abwechslung brauche, die die Großstadt biete. Außerdem hörte sie von Kinkel, daß Herzen kein Blatt vor den Mund nahm, wenn das Gespräch auf sie kam. Sie schwur in ihrer Gekränktheit, daß sie keinen Fuß mehr über seine Schwelle setzen würde, wenn er sich ihr gegenüber nicht so benehmen würde, wie er es gegen die treueste Freundin seiner Familie müsse. Aber gleichzeitig sehnte sie sich nach einem Ausgleich. Wenn Herzen nur wollte: Sie würde sich sofort mit ihm versöhnen. Sie hatte sie alle zu sehr geliebt, um nicht alles vergeben zu können.

Zurück in London, machte sie die bittere Erfahrung aller, die unter einer Trennung leiden. Alte Freunde, die sie in der Zeit mit Herzen gern besucht hatten, zogen sich jetzt von ihr zurück, als ob sie eine ansteckende Krankheit hätte. Nur ein ganz kleiner Kreis blieb ihr treu. Sie war oft einsam, und sie fühlte sich doppelt einsam, weil sie an die gemeinsamen Abende mit Herzen allein oder in Gesellschaft anderer dachte. Sie mietete sich ein Klavier, um wenigstens in der Musik Trost zu suchen, und flüchtete sich in stillen Stunden in ihren Gesang.

Doch manchmal zogen traurige Lieder sie tiefer hinab in den Strudel ihres Unglücks. Einmal wurde es besonders schlimm. Sie fühlte sich so heimatlos und verlassen. Ihr Leben kam ihr so sinnlos vor, so schrecklich öde und leer. Sie hatte keine Hoffnung mehr. Warum sollte sie noch auf dieser Erde bleiben? Ein scharfes Messer war vom Abendbrot liegengeblieben. Sie ergriff es und setzte es an die Brust. Sie wollte zustoßen. Es würde rasch vorbei sein. Aber das Bild ihrer Mutter trat ihr vor Augen. Dieser Schritt würde auch sie töten. Sie hatte ihr schon so viele Schmerzen bereitet. Nein, sie durfte es nicht tun.

Malwida hielt es nicht mehr in ihrem Zimmer aus. Sie lief wie von Furien getrieben aus dem Haus. Im Strand Theatre gab man Shakespeares »Othello«. Sie hatte gehört, daß der Hauptdarsteller sehr gut sein sollte. Dorthin lenkte sie ihre Schritte. Sie nahm keine Rücksicht mehr darauf, daß es für eine Dame völlig unmöglich war, abends allein durch Londons Straßen zu gehen. Was kümmerten sie jetzt noch diese Anstandsregeln. Wenn sie wie eine Arbeiterin schuftete, dann konnte sie sich auch deren Vergnügungen leisten. So mischte sie sich unter das Theaterpublikum.

Malwida fand einen Platz im Parkett neben einer eifrig kauenden Frau. Aber es dauerte nicht lange, bis sie nichts mehr von ihrer Nachbarin bemerkte, so sehr nahm sie das Geschehen auf der Bühne gefangen. Wie gebannt folgte sie dem Spiel von Liebe, Leidenschaft, Verrat und Eifersucht. Dort auf der Bühne, in der Gestalt des Othello, erlebte sie ihr eigenes Drama wieder. Die Zeit des Glücks und des gegenseitigen Vertrauens; das Gift des Mißtrauens, das die Zuneigung zersetzte; die Wut des betrogenen Othello, seine Raserei, seine fürchterliche Rache und am Schluß seine Erkenntnis der eigenen Schuld, die er nur mit dem Tod sühnen konnte. Es war, als ob sie selbst alle Gefühle Othellos in sich erlebte, und dieses Miterleben machte ihr auf einmal ihre eigene Eifersucht auf Natalja ebenso klar wie ihre Liebe zu Herzen. In Othello erkannte sie ihren eigenen Haß und ihre Rachsucht wieder. Sie verstand plötzlich, daß sie diese Gefühle nicht hatte wahrhaben wollen und daß sie sich gegen sie selbst gerichtet hatten. Als ob ihr Schuppen von den Augen fielen, sah sie sich selbst und Herzen plötzlich in klarerem Licht. Er hatte ihr Natalja vorgezogen. Er war ihrer nicht wert. Er war es auch nicht wert, daß sie sich seinetwegen umbrachte. Sie würde nie wieder in diese Versuchung kommen. Sie würde aufhören, seinetwegen zu leiden.

Trotzdem fühlte Malwida sich traurig und einsam, als ihr Geburtstag herankam, der in den letzten Jahren immer fröhlich gefeiert worden war. Doch dann erlebte sie eine Überraschung. Der junge Sascha kam am Nachmittag und brachte einen Brief von Herzen und Geschenke der Kinder zusammen mit der Bitte, sie doch in den nächsten Tagen zu besuchen. Malwida vergaß alle Vorsätze. Sie war viel zu einsam und viel zu gerührt, um nicht alles zu vergeben.

Herzen war inzwischen nach Putney gezogen, so daß der Weg dorthin einer kleinen Reise gleichkam. Malwida freute sich, die beiden Mädchen wiederzusehen. Aber Olga verhielt sich ihr gegenüber merkwürdig scheu und zurückhaltend. Erst als sie einen Augenblick allein blieben, warf sich das Kind ihr plötzlich in die Arme. Das war kein gutes Zeichen. Sie wurde offenbar eingeschüchtert. Malwida war es schwer ums Herz, als sie wieder wegfuhr. Alles war anders geworden in diesem Haus, das sie so sehr geliebt hatte. Trotzdem hielt sie danach den Kontakt zu den Herzens weiter aufrecht und besuchte sie manchmal. Aber der Schwerpunkt ihres Lebens entfernte sich langsam immer mehr von ihrer ehemaligen Familie.

Die meiste Zeit des Tages verbrachte sie am Schreibtisch. Sie mußte schließlich von ihren Übersetzungen leben. Sie hatte sich selbst feste Arbeitsstunden aufgestellt, die sie strikt einhielt. Sie war ungeheuer fleißig und fertigte eine ganze Reihe von Übersetzungen und Aufsätzen an. Trotzdem wahrte sie nur mühsam ihre Unabhängigkeit, auch wenn sie genug verdiente, um sich einen Sommerurlaub am Meer zu gestatten. Dort traf sie zufällig Giuseppe Mazzini wieder. Zurück in London, freundete sie sich mit ihm enger an und fand durch ihn ein letztes Mal zu ihren revolutionären demokratischen Idealen zurück. Auf seine Anregung hin versuchte sie, einen Geheimbund unter den deutschen Arbeitern zu organisieren, der Teil einer weltumspannenden Organisation werden sollte.

Doch die Londoner Arbeiter waren anders als jene, die sie in Hamburg getroffen hatte. Viele teilten die kommunistischen Ideen von Karl Marx. Außerdem herrschten in der kleinen Gruppe, deren regelmäßige Treffen Malwida organisierte, rasch Neid, Eifersucht, Egoismus und persönlicher Ehrgeiz vor. Sie fühlte manchmal fast so etwas wie Menschenverachtung in sich aufsteigen und zog sich nach einiger Zeit enttäuscht von diesen Treffen zurück.

Malwida versuchte zwar, sich durch ihre politischen und andere Aktivitäten von ihrer Schwermut abzulenken, aber die Angst vor der Zukunft wich nicht von ihr. Sie hatte inzwischen ihr vierzigstes Lebensjahr überschritten und lebte in einem winzigen möblierten Zimmer. Sie besaß fast kein Vermögen, um für ihr nahendes Alter vorzusorgen. Außerdem schadeten die vielen Stunden am Schreibtisch ihren Augen, und sie war oft krank.

Dann starb im November 1858 ihre liebste Freundin, Johanna Kinkel. Im Frühjahr danach mußte sie sich eingestehen, daß ihre politischen Bemühungen komplett gescheitert waren. Dazu kam, daß Mazzini London endgültig verließ, um in Italien in den neu ausgebrochenen Befreiungskampf einzugreifen. London war leer geworden für Malwida. Außerdem waren ihre Augen durch die viele Arbeit so schlecht geworden, daß ihr der Arzt empfahl, mindestens sechs Monate lang die Schreibtischarbeit zu meiden.

Gequält von Existenzangst, sah sie sich nach einer neuen Verdienstmöglichkeit um. Da bat Herzen sie plötzlich, seine Töchter wieder anzunehmen. Sie hatte die Verbindung zu ihm in den vergangenen Jahren immer aufrecht erhalten. Er hatte ihr regelmäßig bei den Übersetzungen geholfen, die er teilweise selbst in Auftrag gab. Die Kinder waren ab und an zu Besuch gekommen oder hatten ihr kleine Briefchen geschrieben. Sie war manchmal hinausgefahren, um mit ihnen einen Tag oder Abend zu verbringen. Ihr war immer wieder aufgefallen, daß es Olga nicht gutging. Das Kind benahm sich oft aus dem geringsten Anlaß störrisch und wurde dann hart und ungeduldig angefaßt.

Anfangs hatte Malwida versucht, die abgebrochene Erziehungsdiskussion um Olgas willen wiederaufzunehmen. Sie hatte ihre Eindrücke in einem Brief zusammengefaßt. Doch Herzen hatte ihr darauf geantwortet, daß er ihren Erziehungsstil des Laisser-faire strikt ablehne, und unumwunden erklärt, daß die Umsetzung ihrer Theorien in die Praxis nicht ihre Stärke sei. Malwida hatte nach diesem Brief eingesehen, daß sie keine Möglichkeit zum Eingreifen bekommen würde.

Jetzt aber kamen Natalja und Herzen mit Olga nicht mehr zurecht. Natalja gab sogar sich selbst die Schuld, bei Olgas Erziehung ganz und gar versagt zu haben. Olga war im Grunde zum Prügelknaben der Familie geworden. Meistens bekam sie die Schuld, wenn irgend etwas im Haus kaputtgegangen war. Bestritt sie es, so hieß es, sie sei eine Lügnerin. Dann mußte sie stundenlang im Büro ihres Vaters sitzen, bis sie schließlich ihre angebliche Schuld zugab, für die sie am Ende auch noch geschlagen wurde. Es war kein Wunder, daß sie sich, so oft sie konnte, unerträglich gegenüber Natalja benahm, sie zu ärgern versuchte und den Gehorsam verweigerte. Die Situation hatte sich noch verschlimmert, als Natalja im September 1858 ihr erstes eigenes Kind, Liza, zur Welt brachte. Jetzt griff Herzen auf Malwida als letzte Rettung zurück.

Normalerweise hätte Malwida nicht im Traum daran gedacht, sich wieder hauptberuflich um seine beiden Mädchen zu kümmern. Außerdem hatte sie schon Frau Schwabe zugesagt, im kommenden Winter als eine Art Gesellschafterin und Privatsekretärin nach Paris mitzukommen. Herzens Anfrage löste daher sehr gemischte Gefühle bei ihr aus. Aber dann gab ihr Herz den Ausschlag. Die kleine Olga war in Gefahr. Sie war durch Nataljas Erziehung schon fast verdorben worden. Malwida mußte ihr helfen. So verbrachte sie versuchsweise die Sommermonate gemeinsam mit Herzens Familie auf der Isle of Wight. Aber sie mußte bald erkennen, daß zwischen ihr und Natalja immer noch keine Verständigungsmöglichkeit bestand. So beschloß sie endgültig, Frau Schwabe nach Paris zu begleiten.

Ende Oktober fuhren sie in einer vielköpfigen Gesellschaft auf den Kontinent. In Paris mietete man ein großes Haus, in dem Malwida ein kleines, schlecht beheizbares Durchgangszimmer erhielt. So fehlte ihr jede Privatsphäre. Sie richtete sich trotzdem so gut wie möglich ein, gab den kleineren Kindern Schulunterricht, den beiden größeren Töchtern Deutschstunden und plante einen eigenen Kinderchor.

Im Haus herrschte immer lebhafter Betrieb. Morgens, wenn alle zusammen frühstückten, saßen siebzehn Personen am Tisch. Malwida fehlte oft die Ruhe, die sie vorher im Übermaß gehabt hatte. Frau Schwabe bezahlte ihr nur ein kleines Taschengeld, und sie wollte nicht mehr fordern, weil sie so besser über ihre Zeit verfügen konnte. Sie baute sich einen eigenen kleinen Bekanntenkreis in Paris auf. Herzen hatte ihr einen Empfehlungsbrief für den bekannten Historiker Michelet mitgegeben, bei dem sie freundschaftliche Aufnahme fand. Eine Rückzugsmöglichkeit, die sie vor den Schwabes geheimhielt, fand sie im Atelier des jungen Malers Czermack, den sie schon in Wales kennengelernt hatte. Zu ihm ging sie so manchen Morgen, um in Ruhe zu schreiben, während er mit seinen eigenen Werken beschäftigt war.

In diesem Jahr war auch Richard Wagner nach Paris gekommen. Selbstverständlich besuchte Malwida alle drei Konzerte, die er dirigierte. Seine Musik hatte eine ungeheure Macht über sie. Durch ihre Klänge und Melodien fühlte sie sich wie in einen seligen Traum versetzt, in dem ihr eine schönere und erhabenere Welt erschien. Zu gern hätte sie den Meister selbst wiedergesehen, aber sie hatte die Verstimmung in London noch viel zu gut in Erinnerung, um ihn von sich aus aufzusuchen. Zufällig traf sie ihn bei einem anderen Konzert unter den Zuhörern wieder. Wagner erinnerte sich bei ihrem Anblick mit einem leichten Schrecken an seine erste Begegnung mit der – wie er fand – alten, demokratischen Jungfer, die unglaublich garstig aussah. Doch Malwida machte ihm das Entgegenkommen leicht. Sie erklärte ihm sofort, daß der damalige Streit entscheidenden Einfluß auf sie gehabt habe. Danach habe sie begonnen, sich intensiv mit Schopenhauers Werk auseinanderzusetzen. Jetzt könne sie seinen Ärger gut verstehen. Ihre damaligen heftigen Äußerungen über die Weltbeglückung mußten ihm seicht und oberflächlich erschienen sein.

Ihr ganzes bewußtes Leben lang hatte Malwida immer nach einer Antwort auf die menschlichen Grundfragen: Warum bin ich? Wer bin ich? Wozu bin ich auf der Welt? gesucht. Nach der Konfirmation hatte sie sich vom christlichen Glauben und seiner Trennung von Geist und Körper abgewandt, die nur zur weltfremden Askese führte. Danach hatte sie lange geglaubt, daß die Welt und das Leben sich rein wissenschaftlich durch eine genaue Analyse der Materie und der greifbaren Tatsachen erklären ließen. Sie hatte geradezu von der Vorstellung geschwärmt, daß dieselben Kohlenstoffatome sich in ewigem Wandel das eine Mal zu einer Dichterstirn, das andere Mal zu einer Rose zusammenfügten.

In den letzten Jahren aber war sie zu dem Schluß gekommen, daß auch die Wissenschaften nicht ausreichten, um das Rätsel zu lösen, warum überhaupt Leben auf der Erde bestand und wozu ihr eigenes Leben eigentlich gut war. Von der Lektüre Schopenhauers inspiriert, glaubte sie jetzt zu verstehen, daß in allen Menschen ein höherer Kern wirksam war. Sie nannte es ein Wesen, das sich im kreativen, wissenschaftlichen und sozialen Handeln bemerkbar machte. Dieses Wesen war als Geist mit allem Geistigen eins, als schaffende Kraft mit allem Schöpferischen, als Mitleid mit der gewaltigen Liebe, die das Leid anderer zu dem eigenen machte. Damit ging es weit über die unvollkommene diesseitige Erscheinung von Körper und Geist hinaus.

Malwida hatte die Vorstellung intuitiv eingeleuchtet, daß es sozusagen hinter dem irdischen Leben eine Einheit allen Seins geben müsse, das Wesen an sich. Der Mensch konnte diese Einheit nicht erkennen, weil sie weit über sein Fassungsvermögen hinausging. Die ganze Welt mit allen ihren Erscheinungen, mit Erde und Luft, Häusern und Gärten, Bergen und Bäumen, war nur eine Verdinglichung dieses Wesens. Es war ein Wahn, daß das diesseitige Leben mit seinen weltlichen Gütern, seinen Freuden und Schmerzen etwas anderes war als die vorübergehende Erscheinungsweise dieses eigentlichen Wesens. Auch wenn eine verstandesmäßige Erkenntnis des Wesens an sich nicht möglich war, hatte Malwida oft gefühlt, daß in der Intuition eine Quelle lag, über die sie sich ihm annähern konnte.

So war also das Leben auf der Erde mit seinen weltlichen Gütern, seinen Freuden und Leiden nichts als eine Scheinwelt, eine wahnhafte Vorstellung. Durch seine Geburt wurde der Mensch aus einer ihm unbekannten Einheit und Vollkommenheit herausgerissen und dem Schmerz und der Qual der Endlichkeit, des irdischen Körpers anheimgegeben. Aber dieser Schmerz öffnete auch die Augen, durch ihn konnte man begreifen, daß alles Vergängliche nur ein Gleichnis war, nur eine vorübergehende Erscheinung der ewigen Einheit, von deren Seligkeit Malwida zuweilen in den höchsten Momenten ihres Lebens eine ferne Ahnung durchzuckt hatte.

Man mußte die irdische Endlichkeit durchleben, um zu einem höheren Ziel zu gelangen, und die Aufgabe dabei war die Arbeit an der eigenen Persönlichkeit, an der eigenen Erlösung von den Wahnvorstellungen hin zu einem Ideal. Sie konnte dieses Ideal mit dem inneren Drang nach etwas Höherem, Reinerem, Unbekanntem nur unklar umschreiben. Aber dieser Drang hatte ihr eigenes Leben immer durchzogen, andere teilten diese Empfindung, und auch die Mythen der Völker berichteten davon. Die Qual, die ihr das Leben zuweilen bereitete, die Schmerzen, die sie durchleiden mußte, das alles war bloß das Mittel, die Aufgabe, aus der sie verklärter, reiner und heiliger hervorgehen sollte.

Damals am Meer, als sie zwei Jahre nach der Trennung von Herzen ihr Leben an sich vorüberziehen ließ und wieder einmal Bilanz zog, waren ihr diese Zusammenhänge klargeworden. Sie hatte sie nicht nur verstandesmäßig erfaßt. Sie hatte sie innerlich wahrgenommen, als sie am Strand in ein Gebet versank, in dem sie selbst zu Wellen und Wind, Sand und Sonne wurde und das Bewußtsein ihrer kleinen menschlichen Existenz für einen langen Augenblick mit dem großen Weltbewußtsein verschmolz. Sie hatte damals ein Stück Ewigkeit und sich selbst als einen Teil davon erfahren. Und sie begann, sich selbst und ihrer weiblichen Intuition zu vertrauen.

So trat sie Wagner jetzt mit einem ganz anderen Bewußtsein entgegen. Sie glaubte nicht mehr, daß sich ihre Weltverbesserungsideen und revolutionären Ziele durchsetzen lassen würden. Nur

Richard Wagner, den Malwida tief verehrte. Eine Zeitlang wohnte sie bei ihm in Bayreuth. (Kolorierter Lichtdruck um 1910, nach einem Gemälde von Schweninsky; Abbildung: Archiv für Kunst und Geschichte, Berlin)

die Arbeit an sich selbst schien ihr jetzt noch als Lebensziel sinnvoll zu sein. Auch Wagner war wesentlich umgänglicher als in London. Hatte er doch das Gefühl, daß er seine damalige Schroffheit ein wenig wiedergutmachen mußte. Malwida wurde seiner Frau vorgestellt. Die Wagners luden sie zu ihrem wöchentlichen Empfangsabend ein, und bald war sie ständiger Gast in seinem Hause. Nach einiger Zeit durfte sie sogar vormittags zu ihm kommen und ihm bei seiner Arbeit im Musikzimmer zuhören. Je tiefer sie in die Welt seiner Musik eindrang, desto mehr wurde sie davon ergriffen. In der Wagnerschen Vereinigung aller Künste zum musikalischen Drama sah sie den wahren Fortschritt der Kunst. Durch das Wagnersche Gesamtkunstwerk konnte die Menschheit wie in einem heiligen Tempel geläutert und gereinigt werden. Kunst wurde ihr zu einem Religionsersatz.

So ging der Winter zu Ende. Die Stadt, das milde Klima, die neuen Bekannten und Freunde, die Entfernung von den alten schmerzhaften Erinnerungen, das alles hatte Malwida gutgetan. Ihre gesundheitliche Konstitution war wesentlich besser als im Vorjahr, sie war gekräftigt und seelisch gestärkt. Noch bevor sie mit Frau Schwabe nach England zurückging, kam ein Brief von Herzen. Er bat sie, doch noch einen letzten Versuch mit der Erziehung seiner beiden Töchter zu wagen.

Olga machte ihm inzwischen große Sorgen. Sie war ein hübsches kleines Mädchen geworden, doch sehr zart und schmal. Sie kränkelte oft, und sie konnte immer noch nicht richtig lesen und schreiben, obwohl sie schon zehn Jahre alt wurde. Außerdem war sie frech, heckte andauernd irgendwelche Streiche aus, neckte jeden und ging allen auf die Nerven. Malwida war seine letzte Hoffnung. Er wollte besonders, daß sie Olgas unglaublicher Zerstreutheit entgegenwirken, sie stabilisieren und auf das Lernen konzentrieren sollte. Olga mußte langsam wenigstens die grundlegenden Kulturtechniken erlernen. Malwida würde das sicher zustande bringen. Sie war schließlich immer ein ruhender Pol in seinem chaotischen Haushalt gewesen.

Frau Schwabe wollte Malwida nicht gern fortlassen. Sie riet ihr, Olga doch erst einmal zu sich zu holen, um zu sehen, ob sich nicht ein gemeinsames Zusammenleben im ihrem Hause organisieren ließe. Herzen willigte ein. Olga war überglücklich, als Malwida sie abholte. Sie freute sich über alles, was sie sah, und nahm Malwidas Herz sofort wieder für sich ein. Doch der unaufhörliche Trubel, die vielen Kinder, die Gäste und die ewige Unruhe und Abhängigkeit im Schwabeschen Hause wurden Malwida bald zuviel. Ein erneutes Zusammenleben mit Herzen schien ihr weitaus angenehmer. Sie trennte sich von Frau Schwabe in herzlichem Einvernehmen und zog mit Olga für den Sommer nach Bournemouth, wo sie ein Haus hoch über den Klippen mietete. Herzen, Sascha und Tata kamen später nach.

Mit Olga allein hatte Malwida anfangs sogar genug Ruhe, um den Roman endlich zu vollenden, an dem sie in Paris geschrieben hatte. Sie versuchte, ihn mit Kinkels Hilfe zu veröffentlichen. Doch er landete letztendlich wie so vieles, das sie aus eigenem Antrieb schrieb, in der Schublade. Auch als die anderen Familienmitglieder nachgekommen waren, konnte Malwida ihr Leben viel mehr nach ihrem eigenen Geschmack einrichten, als es bei Frau Schwabe möglich gewesen war. Herzen ließ ihr in den häuslichen Angelegenheiten unumschränkte Freiheit. Wieder brachte sie Ordnung und Ruhe in sein Leben, genoß die gemeinsamen Leseabende und freute sich über die Fortschritte, die die Mädchen unter ihrer Anleitung machten.

Im Grunde aber wünschte sie sich inzwischen nichts sehnlicher als einen Durchbruch als Schriftstellerin, um völlig unabhängig leben zu können. Gegen Ende des Sommers hatte sie sich wieder ihren Memoiren zugewandt. Das Konzept war schon lange fertig. Einzelne Teile waren schon formuliert. Jetzt wollte sie endlich einen richtigen Anfang schreiben. Auch wenn die Memoiren geschrieben waren, würde es ihr nicht an Ideen und Einfällen für Novellen, Romane und Aufsätze mangeln, das wußte sie. Aber trotzdem wagte sie nicht, ihr ganzes Leben auf dem Schreiben aufzubauen. Solange sie sich diesen Wunsch nicht erfüllen konnte, hatte sie wenigstens die Befriedigung, etwas für Olga tun zu können. Deren Schicksal hatte ihr die ganze Zeit über schwer auf der Seele gelegen. So drückte sie ihre Gedanken und Gefühle jedenfalls – leicht resigniert – in einem Brief an ihren alten Freund Kinkel aus.

Schon zu Anfang hatte sie durchgesetzt, daß sie im Winter allein mit Olga und einem jungen deutschen Kindermädchen nach Paris gehen konnte. Die Ogarews würden wieder zurückkommen. Weder sie noch Olga wollten mit Natalja unter einem Dach leben. Malwida hatte schon im letzten Winter gehört, daß Wagner in Paris die Aufführung seines »Tannhäuser« vorbereitete. Jetzt legte sie ihre Abreise so, daß sie rechtzeitig zu den letzten Vorbereitungen eintraf. Sie lebte dieses Jahr nicht in dem Luxus, der im letzten Winter im Schwabeschen Haus geherrscht hatte, sondern in einer bescheidenen Wohnung im vierten Stock eines Mietshauses hoch über den Bäumen der Tuilerien. Aber sie war endlich von allen finanziellen Sorgen befreit und dabei ihre eigene Herrin. Bald nach ihrer

Ankunft besuchte sie zusammen mit Olga die Wagners, die sie von da ab regelmäßig traf.

Der große Tag der Opernaufführung kam heran. Malwida nahm Olga in die Generalprobe mit. Das Kind sollte die Kunst dort liebenlernen, wo sie Malwida am größten und schönsten erschien. Wie gehofft, verzauberte die Aufführung das kleine Mädchen. Olga verfolgte das Bühnengeschehen andächtig und ohne zu ermüden, obwohl die Probe bis in die späte Nacht dauerte. Aber über der Premiere braute sich Unheil zusammen. Die jungen Pariser Löwen, die Herren des Jockey-Klubs, waren empört, daß zur üblichen Zeit kein Ballett in die Oper eingebaut war. Sie waren Freunde und Gönner der Ballettdamen und gingen gewöhnlich nach dem Abendessen in die Oper, um sie tanzen zu sehen und sie danach hinter der Bühne zu besuchen.

Zuerst ging bei der Premierenvorstellung alles seinen normalen Gang. Aber dann, als sich die Szene gerade von dem wüsten Bacchanal des Venusberges zu der reinen Morgenfülle des Thüringer Waldtales wandelte und das Hirtenlied zu den Klängen der Schalmei erklang, in diesem weihevollen Augenblick brach im Zuschauerraum ein gewaltiger Lärm aus. Die Herren des Jockey-Klubs machten ihrem Ärger mit Trillerpfeifen Luft. Erst nach wütenden Auseinandersetzungen im Publikum konnte die Aufführung schließlich zu Ende gebracht werden. Malwida war empört. Sie hoffte, daß wenigstens die zweite und dritte Aufführung ohne Unterbrechung stattfinden würden, und mietete sich dafür eigens eine Loge. Aber sie hatte sich geirrt. Auch die folgenden Abende wurden durch Pfeifkonzerte gestört. Die kleine Olga übernahm Malwidas leidenschaftliche Erregung. Auch sie rief so laut wie möglich über die Brüstung der Loge den Störenfrieden ihr »Raus, raus!« zu. Wagner zog nach dem dritten Versuch seine Oper zurück und verließ bald danach Paris in Richtung Karlsruhe und Wien, wo sein »Lohengrin« enthusiastisch gefeiert wurde.

Malwida saß an ihrem Schreibtisch und dachte über den Schluß ihrer Memoiren nach. Die »Tannhäuser«-Aufführung lag jetzt schon sieben Jahre zurück. Danach hatte sie sich fast ganz auf Olgas Erziehung konzentriert. Im Juni 1861 waren sie nach England zurückgekehrt. Den Sommer hatte sie in einem kleinen Küstenort verbracht. Sie war mit den beiden Mädchen und der schwangeren Natalja vorausgefahren, die ihre kleine Tochter Liza dabeihatte. Herzen kam später nach.

Tata vertraute sich damals Malwida an. Die familiären Verhältnisse im Hause Herzen bedrückten das junge Mädchen immer mehr. Die Probleme mit Olga waren ganz und gar Nataljas Werk. Seitdem war Malwida sich fast sicher, daß die kleine Liza die Tochter von Herzen und nicht von Ogarew war. Sie sprach diese Vermutung natürlich niemanden gegenüber laut aus. Sie fühlte sich immer noch von Natalja abgestoßen. Diese leidenschaftliche Frau war bis zum krassesten Egoismus in ihr Kind vernarrt. Wie immer, wenn sie im selben Haus lebten, dauerte es auch diesmal nicht lange, bis die beiden Frauen wieder heftig aneinandergerieten. Doch die Zeiten hatten sich geändert. Herzen gab Malwida recht und legte die Erziehung von Olga und Tata ganz in ihre Hände.

Den folgenden Winter blieb Malwida in London und kümmerte sich um ihre beiden Schutzbefohlenen. Natalja hatte einem Zwillingspärchen das Leben geschenkt, und Herzen begann sein Familienleben so zu organisieren, daß sich Malwida und Natalja möglichst wenig trafen. So erlaubte er Malwida, im folgenden Winter mit den beiden Mädchen nach Italien zu gehen. Endlich sollte sie das Land ihrer Sehnsucht wirklich kennenlernen und mit ihren beiden Schutzbefohlenen jene große Bildungsreise machen, die sonst nur jungen Männern vorbehalten war. Kurz vor Weihnachten fuhren die drei los. Über Florenz gelangten sie nach Rom, wo sie sich für einige Zeit niederließen. Olgas Schulunterricht wurde dort fortgesetzt, während Tata ihr Maltalent auszubilden versuchte. Sie blieben nicht nur diesen einen Winter, sondern vier Jahre lang in Italien, unterbrochen von mehreren Reisen, die sie entweder in den tieferen Süden oder nach England zurückführten, um mit Herzen zusammenzusein.

Natalja verließ im Winter 1864 mit ihren Kindern London und zog nach Paris. Herzen reiste ihnen nach und mietete sich in Malwidas kleiner Pariser Wohnung hoch über den Tuilerien ein. Dieser Aufenthalt endete mit einem schweren Schicksalsschlag: Die Zwillinge bekamen Diphterie. Herzen hielt das sterbende kleine Mädchen in seinen Armen, als ein Luftröhrenschnitt gemacht wurde, der ihr keine Erleichterung mehr verschaffte. Kurz darauf mußte er auch dem kleinen Jungen nach einem schweren Todeskampf die Augen schließen. Der Verlust dieser beiden Kinder bestärkte ihn in seinem Entschluß, London zu verlassen und nach einer neuen Bleibe Ausschau zu halten.

Sein Leben, das durch die Dreiecksbeziehung zu Ogarew und seiner Frau schon schwierig genug war, war jetzt vollends aus den Fugen geraten. Ogarews Trunksucht war nicht mehr zu übersehen. Natalja war durch den Verlust ihrer Kinder fast dem Wahnsinn nahe. Auch politisch hatte es in der letzten Zeit Schwierigkeiten gegeben. Die Auflage seiner beiden russischen Exilzeitschriften ging rapide zurück. Manchmal klagte Herzen Malwida in seinen Briefen über seine Einsamkeit. Gedanken an seinen eigenen Tod mischten sich hinein.

Er schlug seine neue Bleibe in Genf auf und unternahm im folgenden Sommer einen Versuch, seine Familie irgendwie wieder zusammenzuführen. Er wollte Olga zurückgewinnen, die ihm und Natalja immer noch äußerst sekptisch gegenüberstand. Sie sollte in der Schweiz in eine Schule gehen. Ihre Lernerfolge, die sowieso unter ihrer sprichwörtlichen Zerstreutheit litten, ließen immer noch zu wünschen übrig. Seine größte Sorge war, daß sie ihre eigentliche Muttersprache, das Russische, ganz verlernte. Schon deswegen wollte er Olga endlich wieder in seiner Nähe wissen. Malwida folgte notgedrungen seinem Wunsch. Zwar bestand zwi-

Olga Herzen, Malwidas »Tochter«, 1865 in Florenz.
(Foto: Nordrhein-Westfälisches Staatsarchiv Detmold)

schen Herzen und ihr eine Freundschaft, aber er war zugleich auch ihr Dienstherr.

Kurz bevor sie nach Genf kamen, hörte Herzen von einer russisch geleiteten Schule mit angeschlossener Pension in Bern und meldete Olga dort an. Malwida zog in ihre Nähe. Doch Unterricht und Unterbringung entsprachen überhaupt nicht den Erwartungen, die sie in die Schule gesetzt hatten. Außerdem schadete das rauhe Bergklima Malwida. Sie verlebte den Sommer in einem besorgniserregenden Gesundheitszustand. Für die Herbstferien zog sie mit Olga nach Genf. So war die Familie tatsächlich wieder an einem Ort vereint.

Auch Natalja und Liza wohnten in dem palastartigen Haus, das Herzen gemietet hatte. Natalja konnte den Tod der Zwillinge nicht verwinden. Ihr Doppelleben mit Herzen belastete sie zusätzlich. So zog sie Malwida ins Vertrauen. Wie diese schon lange geahnt hatte, war Herzen tatsächlich der Vater von Liza und den Zwillingen. Malwida fand ihn schon lange nicht mehr so anbetungswürdig wie in den ersten Londoner Jahren. Sie kannte ihn inzwischen gut genug, um zu wissen, daß ihm das Intrigenspiel zu einer Art zweiter Natur geworden war. Trotzdem fühlte sie sich von seinen ewigen Lügen und seinem Vertrauensbruch gekränkt. Nach Nataljas Geständnis schrieb sie ihm einen seitenlangen Brief voller Vorwürfe. Er hatte sie schließlich jahrelang hintergangen. Mit seinen Klagen über seine Einsamkeit hatte er es immer wieder geschafft, ihr Mitleid zu erwecken und ihre Hilfsbereitschaft zu mobilisieren. Hätte sie gewußt, daß er gar nicht allein war, so hätte sie niemals zugestimmt, Olgas Erziehung immer wieder seinetwegen zu unterbrechen.

Nach den Ferien begleitete Malwida Olga zurück nach Bern. Olgas Schulaufenthalt war für ein ganzes Jahr im voraus bezahlt. Malwida war in einer Zwickmühle. Einerseits mußte sie die Schweiz über Winter verlassen, wenn sie ihre Gesundheit nicht aufs Spiel setzen wollte. Andererseits wollte sie Olga nicht in Bern allein lassen. Obwohl sie zuerst selbst sehr für den Schulaufenthalt gewesen war, klagte sie jetzt Herzen an, daß er ihr Olga entziehen wolle. Er widersprach ihr und übertrug ihr sogar noch einmal schriftlich für alle Zeit die volle mütterliche Gewalt über Olga.

Im November bahnte sich eine Lösung des Problems an. Sascha berichtete von einer Schule in Florenz, die neu eröffnet worden war. Die Zustände in Bern waren inzwischen so schrecklich geworden, daß Herzen Sascha zu Hilfe rief, weil er sich selbst um dieses Problem nicht mehr kümmern konnte oder wollte. Sascha schuf in wenigen Tagen vollendete Tatsachen. Er nahm Malwida und Olga mit sich nach Florenz. Er würde mit ihnen zusammenwohnen und sozusagen einen zweiten Familienkern bilden.

In Florenz hatte Malwida sich von dem Schweizer Zwischenspiel erst einmal erholen müssen. Ihr Asthma und ihr Rheumatismus hinderten sie lange daran, regelmäßig am Schreibtisch zu arbeiten. Doch dann hatte sie sich endlich an ihre Memoiren setzen können. Jetzt überflog sie noch einmal ihre Aufzeichnungen. Sie würde mit der »Tannhäuser«-Aufführung aufhören. Die Jahre danach waren noch zu frisch in Erinnerung. Außerdem hielt sie die Auseinandersetzungen mit Herzen und seine Familiengeheimnisse für zu privat, um daran zu rühren. Noch war sie die Erzieherin seiner Tochter.

So zog sie zum Schluß nur noch einmal Bilanz: Die Menschen, die dieses Buch lasen, sollten begreifen, daß es möglich war, als Frau eigenständig zu handeln. Frauen waren fähig, einen eigenen Weg durchs Leben zu gehen, auf eigenen Füßen zu stehen und dabei ein ehrliches und anständiges Leben zu führen. Sogar das höchste Ziel, das es für eine Frau geben konnte, die Mutterschaft, konnten alleinstehende Frauen erreichen. Es gab genug Kinder, die mutterlos waren und ihrer Liebe dringend bedurften. Sie hatte ein Beispiel gegeben. Sie hatte in ihrem Leben ein Ziel und eine Pflicht gefunden: ein Wesen zur höchstmöglichen Vollendung seiner selbst zu erziehen.

Sie näherte sich jetzt ihrem sechzigsten Lebensjahr und erwartete nur noch das Alter und den Tod. Noch einmal blickte sie auf ihr Leben zurück. Es hatte viele Stunden schwerer körperlicher Leiden, andere voll von tiefem Seelenschmerz und nur spärliche Momente reiner Freude und innigen Genusses enthalten. Doch sie schloß ihre Memoiren feierlich mit den Worten ihres Philosophen Arthur Schopenhauer: »Und dennoch dürfen wir getrost sein!«

Malwida hatte fast ein Jahr lang an ihrer Lebensgeschichte gearbeitet. Sie hatte auf französisch geschrieben, in der Sprache, in der sie mit Herzen korrespondierte und die auch in Florenz ihre Umgangssprache bildete. Das Buch verkaufte sich überraschend gut. Sie wurde sozusagen über Nacht zu einer berühmten Schriftstellerin. Bald kamen Anfragen aus Deutschland nach einer Übersetzung. Später wurden die Memoiren auch ins Englische übertragen.

Herzen erlebte den Anfang ihres Ruhmes noch mit. Er starb 1870 in Paris. Olga verlobte sich noch vor seinem Tod mit Gabriel Monod, einem jungen Franzosen, der in Florenz zu ihrem engsten Kreis gehörte. Drei Jahre danach heiratete das junge Paar und zog allein nach Paris. Malwida litt entsetzlich unter der Trennung. Es schien so, als ob sie dazu verdammt war, immer wieder in ihrem Leben ganz von vorn anzufangen.

Seit der Pariser »Tannhäuser«-Aufführung hatte sie die Freundschaft mit Richard Wagner aufrecht erhalten. Selbst seine illegitime Beziehung zu Cosima von Bülow hatte sie nicht von ihrer Bewunderung für den Meister abbringen können. Man hatte sich an verschiedenen Orten immer wieder getroffen.

Nach der Trennung von Olga beschloß Malwida, nach Bayreuth zu ziehen, wo sie wie eine liebe Großmutter im Kreise der Wagnerschen Familie aufgenommen wurde. Aber der strenge deutsche Winter löste bei ihr erneute rheumatische Anfälle und heftige Kopfschmerzen aus. Der Arzt riet ihr, sofort nach Italien zurückzukehren, da das harte Klima ihren Tod bedeuten würde.

So suchte sie sich Rom als letzten Zufluchtsort aus. Zusammen mit ihrem langjährigen deutschen Dienstmädchen, Trina, verlebte sie

Malwidas Arbeitszimmer in Rom.
(Foto: Nordrhein-Westfälisches Staatsarchiv Detmold)

die Winter in ihrer Wohnung in der Via Polveriera im zweiten Stock eines Mietshauses, das in der Nähe des Kolosseums lag. Nachdem Olgas erste Kinder geboren wurden, reiste Malwida in den Sommermonaten stets nach Frankreich, um sie zu besuchen. Oft war sie noch anderswo zu Gast oder verbrachte die kalten Monate mit Freunden noch weiter im Süden, wie 1876/77, als sie zusammen mit Friedrich Nietzsche, den sie bei den Wagners kennengelernt hatte, und seinen beiden Freunden Paul Rée und Albert Brenner in Sorrent lebte, wo auch die Wagners sich für eine Weile in der Nähe eingemietet hatten.

Malwida war zwar durch ihre pädagogische Tätigkeit und ihre Schriftstellerei nicht reich geworden, aber für ihre bescheidenen Bedürfnisse reichten ihre Mittel aus.

Ihr wirklicher Reichtum aber blieb auch im hohen Alter noch ihre besondere Fähigkeit, immer wieder neue Freundschaften zu schließen. Sie, die durch soviel Leid gegangen war und nie von ihren hochgesteckten Zielen hatte lassen können, sah es anderen Menschen an, wenn sie ihr ähnlich waren. Dann versuchte sie, sie zu unterstützen. Das führte noch 1890 zu ihrer Freundschaft mit dem Dichter Romain Rolland, mit dem sie über Jahre jede Woche Briefe wechselte. Von ihm stammt die schönste Würdigung ihrer Persönlichkeit.

Er beschreibt, wie er ihren Salon in Rom betrat, »wo aus drei Fenstern Licht hereinflutete, von Doppelvorhängen durchfiltertes Licht – wo die Geräusche erstorben waren. Im Winkel links hinten, neben dem Fenster, darin das Kolosseum erschien, hob sich von purpurdunklem Wandbehang die weiße Büste Wagners ab. Ein matter Sonnenstrahl liebkoste ein Anemonensträußchen in einem Kristallpokal. Das, woraus die Anemonen gemacht waren, erschien nicht zarter und heller als die kleine alte Dame im schwarzen Schultertuch, mit den graublauen Augen und dem feinen, weißen, straff anliegenden Haar, die nun lächelnd, ohne zu sprechen, gelassen und doch eilig auf mich zukam mit filzweichen Schritten; sie ergriff meine Hand und sah mich an mit ihrem hellen Blick, der alles Unreine von der Seele fortspülte und,

Malwida an ihrem Schreibpult in Rom.
(Foto: Nordrhein-Westfälisches Staatsarchiv Detmold)

ohne dieses zu beachten, auf den Grund drang. Die Immaculata . . .
Sie hatte ein ganzes Leben zugebracht neben Helden und Unge-
tümen des Geistes, neben den Wirrnissen und Unsauberkeiten
derselben; alle hatten sich ihr anvertraut; fast alle hatten sie geliebt; – und nichts hatte die Kristallklarheit ihres Denkens ge-
trübt. Verschleiert nur war da eine fernabliegende Melancholie,
wie in ihrem Fenster, hinter den Neubauten des Lateran der
halbversunkene Saum der Albanerhügel. Um die Linie ihrer vio-
letten Lippen zu sehen, mußte man sich niederbeugen. Das Geheimnis ihrer Melancholie gab sie nur sehr wenigen Eingeweih-
ten preis. Die anderen sahen nichts als ihr Lächeln und ihren
Frieden.«

Malwida starb hochbetagt am 26. April 1903 in Rom. Olga und Gabriel Monod, ihre selbstgewählten liebsten Angehörigen, waren bei ihr. Ihr Leichnam wurde – wie es sich für eine Freidenkerin ihrer Zeit gehörte – verbrannt, damals noch eine ultramoderne Bestattungsart. Ihr Grabmal mit der Urne kann man noch heute auf dem protestantischen Friedhof in Rom neben dem Grab von Goethes Sohn August finden. Darauf stehen die Worte »Amore – Pace« – Liebe – Frieden.

Anhang

DANK

An erster Stelle danke ich Henriette Hochhuth. Ohne ihre Freundschaft und Hilfe wäre dieses Buch nicht entstanden. Elke Kleinau hat mir vor mehreren Jahren im Rahmen ihrer Arbeit über Frauenbildung von der Hamburger Frauenhochschule erzählt und mich damit zum ersten Mal auf Malwida von Meysenbug aufmerksam gemacht.

Mein ganz besonderer Dank aber gilt Frau Hannelore Teuchert, die sich in langjähriger Auseinandersetzung immense Kenntnisse über Malwida von Meysenbug und ihre Zeit angeeignet hat. Sie hat mir ihr Wissen großzügig zur Verfügung gestellt, mir mit der Ausleihe schwer zugänglicher Literatur unter die Arme gegriffen und das Manuskript kritisch durchgesehen. Danken möchte ich auch der Malwida-von-Meysenbug-Gesellschaft und Herrn Martin Reuter, der mir freundlicherweise ein Kapitel aus seinem neuen Buch über die »politische Malwida« vorab zur Verfügung stellte.

Prof. Dr. Dr. Wenzel Lohff hat durch zahlreiche Gespräche und seine interessierte Frage nach dem, was eigentlich eine Rebellin ausmacht, und wie eine Frau wie Malwida von Meysenbug dazu kommt, ihre rebellische Haltung auch wieder aufzugeben, mein Forschen nachhaltig angeregt. Nicht zuletzt bedanke ich mich bei Frau Dr. Doris Mendlewitsch für die ermunternde und produktive Kritik während der Schreibphase.

30. Mai 1998
Barbara Leisner

HINWEISE AUF ZITATE UND
BENUTZTE LITERATUR

Um eine bessere Lesbarkeit zu erreichen, wurde im Text weitgehend auf wörtliche Zitate und ganz auf eine Durchnumerierung von Anmerkungen verzichtet. Aber es soll nicht verschwiegen werden, daß auch diese Biographie aus verschiedenen Quellen zusammengestellt ist. Im Folgenden werden die entsprechenden Stellen unter den einzelnen Kapitelüberschriften in der Reihenfolge belegt, in der sie im fortlaufenden Text erscheinen.

Die Basis bilden die »Memoiren einer Idealistin« von Malwida von Meysenbug. Hier wurde die zweibändige Ausgabe von 1917 benutzt. Im allgemeinen hält sich der Text an den Ablauf der Memoiren, deshalb werden hier nur solche Stellen belegt, die davon abweichen.

Florenz 1867
Memoirenschreiben: Meysenbug 1917/1, S. V; Rossi 1982, S. 129, 187, 203

Teil I: Aristokratische Jugend

1. Helle Räume – Kindheit in Kassel
Märchen: Meysenbug 1917/1, S. 1; Schleicher 1929, S. 25, 47, 51
Euryanthe: Engelbrecht 1959, S. 98
Brief der Mutter: Ich danke Hannelore Teuchert, die mir diese Textstelle aus einem Brief an Karl von Meysenbug vom 5. 8. 1828 zur Verfügung gestellt hat (Nordrhein-Westfälisches Staatsarchiv Detmold, D 72 Meysenbug Nr. 40).

2. Stöcke und Steine – ein jähes Erwachen
Zustände in Hessen-Kassel: Seier 1986, S. 452–3; Nipperdey 1983, S. 367; Huber 1988, S. 64 ff.
Kurfürstliche Familienzustände: Kühn 1929, vgl. das Kapitel über den Kurfürsten; Tomaschewsky, S. 18–25
Kasseler Brotunruhen: Kühn 1929, S. 11
Adresse an den Kurfürsten: Kühn 1929, S. 110
Forderung nach Bruch mit der Gräfin: Kühn 1929, S. 115

3. Heimlicher Aufbruch – Flucht und Wanderjahre
Wanderjahre: Rossi 1982, S. 26
Kurfürst in Frankfurt: Kühn 1929, S. 127
Mädchenbildung: Schaub 1992, S. 47 f.
Benennung der Körperteile: Schaub 1992, S. 209
Freiheit als Kind: Monod 1906, S. 362
Sexualität: Schaub 1992, S. 227

4. Von Gott verlassen – Konfirmation in Detmold
Detmold: Eisenhardt 1990, S. 220; Bergmann 1990, S. 278 f.
Freundin Sophie: Bergmann 1953, Anm. 22

5. Im besten Heiratsalter – warten auf den Erlöser
Haushalt: Gerhard 1978 S. 283–4
quälende Gedanken: Meysenbug 1917/1, S. 83
»Die Versöhnung«: Meysenbug 1917/1, S. 49; Monod 1908, S. 320
Ressource: Eisenhardt 1990, S. 244
Louises unglückliche Ehe: Bergmann 1953, Anm. 48
Pauluszitat und »Eichbaum und Efeu«: Polko 1872, S. 197 f.
Goethezitat: Meysenbug 1917/1, S. 48 f.
Musikdirektor und Schauspieler: Bergmann 1953, Anm. 32 u. 33
Heiratsantrag: Meysenbug 1917/1, S. 55 f.; Bergmann 1953, Anm. 32

6. Die große Welt – eine Enttäuschung
Bruder Karl und Sophie: Bergmann 1953, Anm. 36
Kur in Baden-Baden: Bergmann 1953, Anm. 38
naturgetreue Skizzen: vgl. die Abbildungen von Malwidas Zeichnungen in: Wiersing 1990; Bergmann 1953

7. Rückkehr in die Provinz – Schritte zu neuen Ufern
Fanny Lewald: Für und wider die Frauen, Berlin 1875, S. 41, zitiert nach: Möhrmann 1977, S. 125
Ledig bleiben: Schaub 1992, S. 19
Jungfräulichkeit: Schaub 1992, S. 20
Gängelung: Schaub 1992, S. 42
kindliches Aussehen: Rossi 1982, S. 29
Pauperismus: Lippe im Vormärz, S. 28
Elisabeth Althaus: Meysenbug 1917/1, S. 77; Rossi 1982, S. 80
Predigtübungen Theodor: Wegele 1922, S. 37; vgl. bei Wegele 1922 jeweils auch: Wegele 1927 (Erweiterung des Aufsatzes von 1922)
Theodors Studienzeit: Wegele 1922, S. 36 f.
Theodor in Berlin: Wegele 1922, S. 37; Bergmann 1953, Anm. 42

Bettine von Arnim: Chronik 1996, S. 342; Hirsch 1995, S. 91
Schriftsteller im Vormärz: Chronik 1996, S. 341
Frauen im Vormärz: vgl. Möhrmann 1977 und 1978
Freiheit und Existenzkampf: Wegele, 1922, S. 38

Teil II: Ein Frauenschwur

8. Neue Horizonte – Reise in die Provence
Tätigkeit: Monod 1905, S. 233

9. Theodor Althaus – junger Apostel und Messias
»Die Zukunft des Christentums« und andere Schriften: Wegele 1922, S. 41 ff.
*Silberjubiläum des Fürsten (Artikel in: Sonntagsblatt der Weserzeitung Nr. 74,
13. 7. 1845):* Meysenbug 1917/1, S. 115; Stöber 1990, S. 73 f., Anm. 92
Ausschluß aus der Ressource: Tomaschewsky 1993, S. 79; Stöber 1990, S. 69
Leseverein: Althaus 1881, S. 122, zitiert nach Tomaschewsky 1993, S. 79; Bar-
meyer 1990, S. 40; Dohmeier 1990, S. 109
Strauß und Feuerbach: Wegele 1922, S. 40 f.; Chronik 1996, S. 326
Theodor aus dem Gefängnis: Wegele 1922, S. 43
Redakteur bei der Weserzeitung und »Rheinfahrt im August«: Wegele 1922,
S. 43; Bergmann 1953, Anm. 51; vgl. auch Nachruf auf Theodor Althaus,
abgedruckt in Bergmann 1954, S. 240; Tomaschewsky 1993, S. 103

10. Frankfurt 1848 – Trennung, Tod und Revolution
Theodor nach Leipzig: Wegele 1922, S. 44; Tomaschewsky 1993, S. 103
Abschiedsbesuch Theodors: Meysenbug 1917/1, S. 126 ff.; Tomaschewsky
1993, S. 104, 121, Anm. 7
Schulden des Bruders und Ende der Ehe von Louise: Für diesen Hinweis danke
ich Hannelore Teuchert. Laut ihrem Brief vom 15. 5. 1998 befindet sich der
Beleg dafür in den Briefen Malwidas, die aus Lauenau in das Nordrhein-West-
fälische Staatsarchiv Detmold übergeben worden sind.
Tod des Kurfürsten: Kühn 1929, S. 196
Theodor Althaus »Mährchen aus der Gegenwart« Leipzig 1848: Wegele 1927,
S. 31
Revolution 1848/49: Kuenheim 1998; 1848/49 (Damals; Spezial) 1998
neue Kommunikationsmittel: Kuenheim 1998, S. 92

11. Verletzt und verzweifelt – Bruch mit Theodor
Theodor nach Frankfurt: Wegele 1922, S. 52; Rossi 1982, S. 27, Anm. 24
Einschätzung Theodors: Wegele 1922, S. 55
Wahlspruch Theodors: Wegele 1922, S. 58 f.
herber Zug: Rossi 1982, S. 29

199

12. Die Reaktion siegt – die Revolution schwört Rache

Redaktionsposten für Theodor: Bergmann 1953, Anm. 65

Grundrechte und Revolution: Chronik 1996, S. 380

Gedichtzyklus »Ein Leiden«: Herrberg/Wagner 1988, S. 159

kokett: Sanders 1876 unter »kokett«; Herrberg/Wagner 1988, S. 159 ff.; Monod 1908, S. 207

Auflösung der Abgeordnetenkammer in Berlin: Kuenheim 1998, S. 49 f.

revolutionäre Frauenzeitschriften: vgl. Wischermann 1996

Louise Aston: Möhrmann 1978, S. 223 ff.

Louise Dittmar: Möhrmann 1978, S. 230

Malwidas Brief an Dittmar: Möhrmann 1978, S. 208 ff.; Wischermann 1996, S. 48 und Anm. 48

Kritik am weiblichen Bildungsideal durch L. Dittmar: Wischermann 1996, S. 46

Louise Otto: Möhrmann 1978, S. 252 ff.

Freie Gemeinden: Kayser 1925; Paletschek 1990, S. 19 f.;

Leipziger Bekenntnis: Paletschek 1990, S. 27 f.

Frauenvereinssatzung von 1847: Paletschek 1990, S. 200

Revolution Frühjahr 1849: Chronik 1996, S. 388 f.

»Ein Frauenschwur«: s. Literaturverzeichnis

Theodors Aufruf (13. Mai 1849): Wegele 1922, S. 53

Rastatts Fall: Helmert/Usczeck 1973, S. 266 f.

13. Zur Erholung ans Meer – eine Reise nach Ostende

Leuchtturmwärterin: Meysenbug 1905, S. 80 ff.

Vision neuen Frauenlebens: Meysenbug 1905, S. 147

Ablehnung des Kommunismus: Meysenbug 1905, S. 148

heiteres Dasein in Ostende: Meysenbug 1905, S. 153

Johanna und Gottfried Kinkel: Asten-Kinkel 1901, S. 65 ff.; Rossi 1982, S. 9; Schmidt 1996

Brief an Johanna Kinkel (16. 10. 1849): Rossi 1982, S. 19 ff.

Klagen über Familie: Rossi 1982, S. 32

Schriftstellerversuche/Hilfe von Johanna: Rossi 1982, S. 33, 36

Druck Frauenschwur: Rossi 1982, S. 40

Logiergast bei Johanna (28. 3. 1850): Rossi 1982, S. 35

Amerikaträume: Rossi 1982, S. 33

Fröbel/Amerikaplan (16. 4. 1850): Rossi 1982, S. 38 f.

14. Eine neue Welt begründen – die Hochschule für das weibliche Geschlecht

Plan, auf Hochschule zu gehen: Rossi 1982, S. 38 f.

Vereine der Hamburger Frauen: Kleinau 1997, S. 75 ff.; Paletschek 1990, S. 194 ff.

Malwida als Mittelpunkt: Monod 1905, S. 221, 235
Unterrichtspläne der Hochschule: Tomaschewksy 1993, S. 532; Kleinau 1997, S. 71
Malwidas Begeisterung über Unterricht: Monod 1905, S. 222
Ausbildung zur Kindergärtnerin: Monod 1905, S. 352, 361
Freie Gemeinde: Monod 1905, S. 350
Brief an die Mutter wg. Amerika: Monod 1905, S. 223 ff.
Antwortbrief auf die Vorwürfe der Mutter: Monod 1905, S. 229 ff.; Rossi 1982, S. 45
revolutionär: Rossi 1982, S. 45
Gehilfin Johanna Fröbels: Rossi 1982, S. 45, Anm. 13; Monod 1905, S. 232; Kleinau 1997, S. 88
Übertritt Freie Gemeinde: Monod 1905, S. 240; Rossi 1982, S. 54
Schulkommission: Kayser 1927, S. 122; Monod 1905, S. 239; Rossi 1982, S. 54
Schüchternheit: Meysenbug 1917/1, S. 204
Begnadigung Theodors: Kayser 1927, S. 125
Vorstellung Theodors in Hamburg: Monod 1905, S. 344; Rossi 1982, S. 52
Theodors Verhältnis zu Malwida: Rossi 1982, S. 55
Kinkelbefreiung: Bergmann 1954, S. 233, Anm. 106; Rossi 1982, S. 52
Briefe von Schurz und Kinkel an Malwida: Rossi 1982, S. 52
Fröbel über Hochschule: Grumbach 1992, S. 153
Konfliktstoff mit Fröbels: Monod 1905, S. 347; Kleinau 1997, S. 89 ff.
Bertha Trauns Scheidung: Kleinau 1997, S. 90 f.
Klagen über Malwida: Kleinau 1997, S. 88 f.
Fröbels Kritik an den Frauen: Kleinau 1997, S. 90
Fröbels verlassen Hochschule/Malwida soll Amt übernehmen: Monod 1905, S. 347; Kleinau 1997, S. 92
Verweigerung von Theodors Aufenthalt: Monod 1905, S. 346
Theodor nach Stuer: Rossi 1982, S. 69
Theodors Charakter: Rossi 1982, S. 27, 34, 52 ff., 57, 65, 68, 69
revolutionär sein: Rossi 1982, S. 44 f.
Kinkel in Amerika: Rossi 1982, S. 86, Anm. 5; Schmidt 1996, S. 154
Arbeiter/Parteiorganisation: Rossi 1982, S. 77, 86 f.

15. Unersetzliche Verluste – Theodors Tod und der Untergang der Hoch-
    schule

Volkhausens Bewerbung an die Gemeindeschule: Bergmann 1954, S. 200 ff.
Schrift gegen Hochschule: Rossi 1982, S. 73
Finanzen der Hochschule: Monod 1906, S. 361; Kleinau 1997, S. 92 f.
Verhältnis zu Theodor/Besuch in Stuer: Rossi 1982, S. 80, 83
Theodor in Hamburg: Rossi 1982, S. 84

Theodor in Gotha: Bergmann 1954, S. 241
Angriffe gegen Hochschule: Rossi 1982, S. 73
Ehescheidung Wüstenfeld: Staatsarchiv Hamburg, E. Wüstenfeld Nachlaß No. 10, Scheidungsakte Wüstenfeld, Nr. 2, Blatt 4 vom 1. 1. 1852
Ende der Hochschule: Bergmann 1954, S. 221, Anm. 50; Grumbach 1992, S. 157 nennt den 1. Mai 1852; für April sprechen Malwidas Briefe Ende März an ihre Mutter und Gottfried Kinkel und der Brief an Volkhausen vom 17. 4. aus Berlin. Bergmann 1954, S. 163
Entschluß für Berlin: Monod 1906, S. 363
erstes Treffen mit William: Monod 1906, S. 364
Williams Wut: Meysenbug-Gesellschaft 1996, S. 70

Teil III: Unabhängig sein ...

16. Rache der Reaktion – Haussuchung und Flucht
Flucht: Monod 1906, S. 369; Bergmann 1954, S. 163 f.
Fröbel: Fröbel 1972, S. 109
Fröbel über Malwida: Bergmann 1954, S. 213, Anm. 23

17. Flüchtlingswelten – »Little Germany« in London
Brüning: Schurz 1906, S. 399 ff.; Herzen, Bd. 3 1962, S. 192;
Briefe Wüstenfeld: Staatsarchiv Hamburg, Emilie Wüstenfeld Nachlaß No. 10, Scheidungsakte Wüstenfeld, Briefe Emilies aus London, Sommer 1852
Beschreibung Malwidas: Schurz 1906, S. 407
Frau Schwabe: Rossi 1982, S. 89; Stumman-Bowert 1996, S. 39
Tagesablauf: Monod 1908, S. 205
Erstes Treffen mit Herzen (31. 8. 1852): Völkerling 1996, S. 52
Herzens Leben: Tomaschewsky 1993, S. 196, 199; Herzen Pisma 25/1961, S. 60
verschlossene Tata: Tomaschewsky 1993, S. 196
Mazzini: Schurz 1906, S. 391 f.
Verhältnis zu Herzen: Monod 1908, S. 208
Briefwechsel mit Herzen in Broadstairs: Herzen Pisma 25/1961, S. 87, 91, 100; Meysenbug 1917/1, S. 375, 377, 378–9.
Rückkehr nach London: Herzen Pisma 25/1961, S. 106 f., 113
Vertrag mit Herzen: Monod 1908, S. 210
Herzens Angst: Herzen Pisma 25/1961, S. 160
Umzug zu Herzen: Rossi 1982, S. 97, Anm. 2; Monod 1908, S. 209

18. Alexander Herzen und seine Kinder – Malwidas neue Familie
Familienleben: Monod 1908, S. 211, 213 f., 316 f.; Völkerling 1996, S. 60
Streit wg. Kindermädchen: Herzen Pisma 25/1961, S. 160 ff.
Malwida will auch Herzen heilen: Herzen Pisma 25/1961, S. 199

Florenz 1868

Tata vertraut sich Malwida an: Rossi 1982, S. 216

Szene mit Ogarewna: Rossi 1982, S. 217

Winter 1861/62 und Zwillinge: Tomaschewsky 1993, S. 268 f.

Sommer auf Wight (1862): Confino 1973, S. 47

Reise nach Italien (1863): Rossi 1982, S. 218 ff., Tomaschewsky 1993, S. 269

Sommer in Süditalien (1863): Rossi 1982, S. 228

Winter in Rom/Sommer in England (1864): Rossi 1982, S. 231

Winter wieder im Süden (1864/65): Rossi 1982, S. 235, 241

Tod der Zwillinge: Herzen Pisma Bd. 27,2, 1963, S. 528, 549; Tomaschewsky 1993, S. 277

Niedergang Herzens Exilzeitschrift: Tomaschewsky 1993, S. 274

Sorge um Olgas Lernerfolge: Herzen Pisma Bd. 28, 1963, S. 39 ff.

Pensionat für Olga/Malwida nach Genf: Herzen Pisma Bd. 28, 1963; S. 53, 70, 77, 81; Rossi 1982, S. 247

Schule entspricht nicht Erwartungen: Tomaschewsky 1993, S. 278 ff.

Herzens Vaterschaft: Tomaschewsky 1993, S. 278 ff.; Herzen Pisma Bd. 28, 1963, S. 96 f.

Herbstferien in Genf und Rückkehr nach Florenz: Rossi 1982, S. 247; Tomaschewsky 1993, S. 282 f.

Ein Nachwort

Herzen hilft bei Veröffentlichung der Memoiren: Herzen Pisma Bd. 29,1 1963, S. 304, 308, 375 f.

Guter Verkauf der Memoiren: Confino 1973, S. 115; Tomaschewsky 1993, S. 302

Herzens Tod: Tomaschewsky 1993, S. 306

Olgas Verlobung: Tomaschewsky 1993, S. 325

Olgas Hochzeit/Malwidas Trennungsschmerz: Tomaschewsky 1993, S. 331

bei Wagners in Bayreuth: Tomaschewsky 1993, S. 332 ff.

zu den späteren Jahren Malwidas: vgl. Schleicher 1926; Tomaschewsky 1993, S. 392 ff.

mit Nietzsche in Sorrent: Tomaschewsky 1993, S. 345 ff.

Malwidas Porträt: Rolland 1946, S. 11

Malwidas Grabmal: Andreas 1983, S. 204

LITERATURVERZEICHNIS

Bibliographie

Nickel, Karl-Heinz: Bibliographische Übersicht. In: Malwida-von-Meysen-bug-Gesellschaft e. V. (Hrsg.): Malwida von Meysenbug. Ein Wegweiser zu ihrem Leben und Werk. Kassel 1996, S. 62–93.

Aufsätze und Bücher:

1848/49 – Für die Freiheit streiten. Stuttgart (Deutsche Verlagsanstalt) 1998 (Damals; Spezial).

Allen, Ann Taylor: »Geistige Mütterlichkeit« als Bildungsprinzip. Die Kindergartenbewegung 1840–1870. In: Kleinau/Opitz, a.a.O., S. 19–34.

Andreas, Peter: Im Totengarten. Porträts berühmter Gräber. Dortmund (Harenberg) 1983.

Asten-Kinkel, Adelheid: Johanna Kinkel in England. Von ihrer Tocher. In: Deutsche Revue, 26. Jg. (1901), H. 1, S. 65–80, 178–192.

Barmeyer, Heide: Lippe 1800–1848. Biedermeier oder Vormärz? In: Wiersing, Erhard (Hrsg.): 1990, a.a.O., S. 17–55.

Bergmann, Alfred: Die Detmolder Kapitel in den »Memoiren einer Idealistin« von Malwida von Meysenbug. In: Mitteilungen aus der lippischen Geschichte und Landeskunde, 22. Jg. (1953), S. 38–94.

Bergmann, Alfred (Hrsg.): Fünfzehn Briefe Carl Volkhausens an Malvida von Meysenbug aus den Jahren 1849–1852. In: Mitteilungen aus der lippischen Geschichte und Landeskunde, 23. Jg. (1954), S. 159–245.

Bergmann, Eckart: Das klassizistische Stadtbild Detmolds. In: Wiersing 1990, a.a.O., S. 278–307.

Binder, Elsa: Malwida von Meysenbug und Friedrich Nietzsche. Die Entwicklung ihrer Freundschaft mit besonderer Berücksichtigung ihres Verhältnisses zur Stellung der Frau. Berlin 1917.

Confino, Michael: Daughter of a Revolutionary. Natalie Herzen and the Bakunin-Nechayev Circle. LaSalle Illinois (61301 Library Press) 1973.

Dohmeier, Hans Jürgen. Das kirchliche Leben zwischen Tradition, Aufklärung und Erweckung. In: Wiersing 1990, a.a.O., S. 83–127.

Dröge, Kurt: Zum Leben der »kleinen Leute« in Detmold. In: Wiersing 1990, a.a.O., S. 253–277.

Eisenhardt, Georg: Zum Leben der »feinen Leute« in Detmold. In: Wiersing 1990, a.a.O., S. 218–252.

Engelbrecht, Christiane: Theater in Kassel. Aus der Geschichte des Staatstheaters Kassel von den Anfängen bis zur Gegenwart. Kassel 1959.

Frevert, Ute: Frauen-Geschichte. Zwischen Bürgerlicher Verbesserung und Neuer Weiblichkeit. Frankfurt a. M. (Suhrkamp) 1986.

Fröbel, Julius: Lebensschicksale eines 48ers in der Alten und Neuen Welt. Berlin 1972.

Gehlhaus, Christa: Malwida von Meysenbug (1816–1903). Eine Frau gegen ihr Jahrhundert. In: Lippische Mitteilungen aus Geschichte und Landeskunde, 57. Jg. (1988), S. 207–250.

Geiss, Imanuel (Hrsg.): Chronik des 19. Jahrhunderts. Gütersloh/München (Chronik Verlag) 1996.

Gerhard, Ute: Verhältnisse und Verhinderungen. Frauenarbeit, Familie und Rechte der Frauen im 19. Jahrhundert. Mit Dokumenten. Frankfurt a. M. (edition suhrkamp) 1978.

Grumbach, Detlef: Malwida von Meysenbug und die Hamburger »Hochschule für das weibliche Geschlecht«. In: Grabbe-Jahrbuch, 11. Jg. (1992), S. 149–161.

Gutmann, Robert: Richard Wagner. Der Mensch, sein Werk, seine Zeit. München (Heyne Verlag) 1968.

Heinemeyer, Walter (Hrsg.): Das Werden Hessens. Marburg (Elwert Verlag) 1986.

Helmert, Heinz; **Usczeck,** Hans Jürgen: Bewaffnete Volkskämpfe in Europa 1848/49. Berlin 1973.

Hering, Sabine: Malwida von Meysenbug in Detmold – Daten einer Lebenswende. In: Grabbe-Jahrbuch, 7. Jg. (1988), S. 163–168.

Herrberg, Heike; **Wagner,** Heidi: »Das größte Leiden ist die Abwesenheit des Ideals.« Malwida von Meysenbug – Emanzipation im Zeitgeist? In: Grabbe-Jahrbuch, 7. Jg. (1988), S. 143–163.

Herzen, Alexander: Vom anderen Ufer. Hamburg (Hoffmann und Campe) 1850.

Herzen, Alexander: Mein Leben. Memoiren und Reflexionen, Bd. 3. Berlin (Aufbau-Verlag) 1962.

Herzen, Alexander: Sobranie sotschenii w tridzati tomach:
- Pisma 1853–1856 godov. Bd. 25, Moskau 1961.
- Pisma 1856–1859 godov. Bd. 26, Moskau 1962.
- Pisma 1860–1864 godov. Bd. 27,1, Moskau 1963.
- Pisma 1860–1864 godov. 1864. Bd. 27,2, Moskau 1963.
- Pisma 1865–1866 godov. Bd. 28, Moskau 1963.
- Pisma 1867–1868 godov. Bd. 29,1, Moskau 1963.
- Pisma 1867–1868 godov. Juli 1868 – Dezember 1868. Bd. 29,2, Moskau 1964.

Hirsch, Helmut: Bettine von Arnim. Reinbek bei Hamburg (Rowohlt Taschenbuchverlag) 1995 (4. Auflage).

Huber, Ernst Rudolf: Deutsche Verfassungsgeschichte seit 1789. Bd. II Der Kampf um Einheit und Freiheit. Stuttgart 1988 (2. überarb. Aufl.).

Kayser, Rudolf: Die deutsch-katholische Bewegung in Hamburg. In: Zeitschrift für hamburgische Geschichte, Bd. 26 (1925), S. 116–128.

Kayser, Rudolf: Malwida von Meysenbugs Hamburger Lehrjahre. In: Zeitschrift für hamburgische Geschichte, Bd. 28 (1927), S. 116–128.

Kleinau, Elke: Bildung und Geschlecht. Eine Sozialgeschichte des höheren Mädchenschulwesens in Deutschland vom Vormärz bis zum Dritten Reich. Weinheim (Deutscher Studien Verlag) 1997.

Kleinau, Elke; **Opitz,** Claudia (Hrsg.): Geschichte der Mädchen- und Frauenbildung. Vom Vormärz bis zur Gegenwart (Bd. 2). Frankfurt a. M. (Campus) 1996.

Kohler, Stephan: »Die Welt ist mir einmal durchaus conträr!« Richard Wagner und Malwida von Meysenbug – Geschichte einer Freundschaft. In: Jahrbuch der Bayerischen Staatsoper, Jg. 1981, S. 61–100.

Kröll, Ursula: Erinnerungen an Malwida. Ein Besuch bei Germaine Rist in Versailles. In: Meysenbug-Gesellschaft Jahrbuch 1994, S. 48–51.

Kühn, Joachim: Das Ende einer Dynastie. Kurhessische Hofgeschichten 1821 bis 1866. Nach ungedruckten Dokumenten aus den Archiven von Paris, Wien, Berlin und Kassel. Berlin (Brückenverlag) 1929.

Kuenheim, Haug von (Hrsg.): Freiheit, schöner Götterfunken! Europa und die Revolution 1848/49. Hamburg (Die Zeit. Zeitpunkte) 1998

Meysenbug, Malwida von: Ein Frauenschwur. In: Sonntagsblätter. Beiblatt zum Mainzer Tagblatt 22. 9. 1850. Nachgedruckt in: Meysenbug-Gesellschaft Jahrbuch 1996, a.a.O., S. 163–166

Meysenbug, Malwida von: Eine Reise nach Ostende (1849). Berlin und Leipzig (Schuster & Loeffler) 1905.

Meysenbug, Malwida von: Memoiren einer Idealistin und ihr Nachtrag: Der Lebensabend einer Idealistin. 2 Bde. Berlin (Schuster & Loeffler) 1917.

Meysenbug, William (Wilhelm) von: Brief vom 27. Mai 1852 an seinen Bruder Carl von Meysenbug. Mit Vorbemerkung und Kommentar von Hannelore Teuchert. In: Meysenbug-Gesellschaft Jahrbuch 1996, a.a.O., S. 69–71.

Meysenbug-Gesellschaft, Malwida von:
– Jahrbuch 1986. Kassel 1986.
– Jahrbuch 1988. Kassel 1988.
– Jahrbuch 1990. Kassel 1990.
– Jahrbuch 1994. Kassel 1994.
– Jahrbuch 1996. Kassel 1996.
– Malwida von Meysenbug. Ein Wegweiser zu ihrem Leben und Werk. Kassel 1996.

Möhrmann, Renate: Die andere Frau. Emanzipationsansätze deutscher Schriftstellerinnen im Vorfeld der Achtundvierziger-Revolution. Stuttgart (J. B. Metzlersche Verlagsbuchhandlung) 1977.

Möhrmann, Renate (Hrsg.): Frauenemanzipation im deutschen Vormärz. Texte und Dokumente. Stuttgart (Philipp Reclam jun.) 1978.

Monod, Gabriel: Briefe von Malwida von Meysenbug an ihre Mutter.
- Hamburg 1850–1852. In: Deutsche Revue, 30. Jg. (1905), H. 3, S. 217–226; H. 4, S. 229–241.
- Hamburg 1850–1852. In: Deutsche Revue, 31. Jg. (1906), H. 1, S. 359–370.
- London 1852 bis 1858 und Paris 1860. In: Deutsche Revue, 33. Jg. (1908), H. 1, S. 202–214, S. 316–325; H. 2, S. 89–100.

Nipperdey, Thomas: Deutsche Geschichte 1800–1866. Bürgerwelt und starker Staat. München 1983.

Paletschek, Sylvia: Frauen und Dissens: Frauen im Deutschkatholizismus und in den freien Gemeinden 1841–1852. Göttingen (Vandenhoek und Ruprecht) 1990.

Polko, Elise: Unsere Pilgerfahrt von der Kinderstube bis zum eignen Herd. Lose Blätter. Leipzig (E. F. Amelang's Verlag) 1872 (4. Auflage).

Rolland, Romain: Malwida von Meysenbug. Ein Briefwechsel. Stuttgart (Engelhornverlag Adolf Spemann) 1946 (4. Auflage).

Rossi, Stefania (Hrsg): Malwida von Meysenbug. Briefe an Johanna und Gottfried Kinkel 1849–1885. Bonn (Ludwig Röhrscheid Verlag) 1982.

Sanders: Wörterbuch der Deutschen Sprache. Leipzig 1876.

Schaub, Ingrid: Zwischen Salon und Mädchenkammer. Vom Biedermeier bis zur Kaiserzeit. Hamburg (Kabel) 1992.

Schleicher, Bertha (Hrsg.): Briefe von und an Malwida von Meysenbug. Berlin (Schuster & Loeffler) 1920.

Schleicher, Bertha (Hrsg.): Im Anfang war die Liebe. Briefe an ihre Pflegetochter von Malwida von Meysenbug. München (Beck'sche Verlagsbuchhandlung) 1926.

Schleicher, Bertha (Hrsg.): Märchenfrau und Malerdichter. Malwida von Meysenbug und Ludwig Sigismund Ruhl. Ein Briefwechsel. München (Beck'sche Verlagsbuchhandlung) 1929.

Schmidt, Klaus: Gerechtigkeit – das Brot des Volkes. Johanna und Gottfried Kinkel. Eine Biographie. Stuttgart 1996.

Schurz, Carl: Lebenserinnerungen, I. Bis zum Jahre 1852. Berlin 1906.

Seier, Helmut: Modernisierung und Integration in Kurhessen 1803–1866. In: Heinemeyer, 1986, a.a.O., S. 431–462.

Stöber, Rudolf: Presse und öffentliche Meinung in Lippe im Vormärz. In: Wiersing 1990, a.a.O., S. 56–82.

Stumman-Bowert, Ruth: Die politischen und sozialen Erfahrungen Malwida von Meysenbugs in England (1852–1862). In: Meysenbug-Gesellschaft 1996, a.a.O., S. 38–49.

Tietz, Gunther (Hrsg.): Malwida von Meysenbug. Ein Porträt. Frankfurt/Berlin/Wien (Ullstein Verlag) 1985.

Tomaschewsky, Michaela: Malwida von Meysenbug and the cult of humanism. Ann Arbor, Michigan 48106 (U.M.I. Dissertation Services, 300 N. Zeeb Road, Ann Arbor, Michigan 48106) 1993.

Völkerling, Hedwig: Malwida von Meysenbug und Alexander Herzen im Spiegel der Briefe an ihre Familie. In: Meysenbug-Gesellschaft 1996, S. 50–53.

Wegele, Dora: Malwida von Meysenbug und Theodor Althaus. Ein Beitrag zur Geschichte der vormärzlichen Demokratie. In: Deutscher Staat und Deutschte Parteien. Beiträge zur Deutschen Partei- und Ideengeschichte. Friedrich Meinecke zum 60. Geburtstag dargebracht. München, Berlin 1922, S. 36–62.

Wegele, Dora: Theodor Althaus und Malwida von Meysenbug. Zwei Gestalten des Vormärz. Mit 12. Abbildungen. Marburg/Lahn (N. G. Elwertsche Verlagsbuchhandlung) 1927.

Wiersing, Erhard (Hrsg.): Lippe im Vormärz. Von bothmäßigen Unterthanen und unbothmäßigen Demokraten. Bielefeld (Aisthesis Verlag) 1990.

Wischermann, Ulla: »Das Himmelskind, die Freiheit – wir ziehen sie groß zu Haus«. Frauenpublizistik im Vormärz und in der Revolution von 1848. In: Kleinau/Opitz, a.a.O., S. 35–50.

Die **Malwida-von-Meysenbug-Gesellschaft** e. V. beruft jährliche Kolloquien zu ihrem Thema ein und gibt seit 1986 Jahrbücher heraus. Adresse: Malwida-von-Meysenbug-Gesellschaft e. V., An der Turnhalle 47, 34134 Kassel.

REGISTER

Barbara Leisner

**»Unabhängig sein ist mein heißester Wunsch«
Malwida von Meysenbug**

216 Seiten, 20 Abbildungen

TB 26515-6

Originalausgabe

Malwida von Meysenbug verschmähte den im 19. Jahrhundert vorgezeichneten Weg für ein junges Mädchen aus adeligem Haus. Sie erlebte die 48er Revolution und war von da an eine leidenschaftliche Demokratin. Sie kämpfte für die Emanzipation der Frau und war eine der Lehrerinnen an der Hamburger »Hochschule für das weibliche Geschlecht«. Verfolgung trieb sie ins Exil nach London, wo sie bald mit dem russischen Sozialisten Alexander Herzen zusammenlebte. Ihre intellektuelle Kraft und ihre Warmherzigkeit machten sie zur geschätzten Gesprächspartnerin der europäischen Geistesgrößen ihrer Zeit.

Die Historikerin Barbara Leisner zeichnet in diesem Buch das Porträt einer ungewöhnlichen Frau, die gegen Monarchie, Kirche und Familie rebellierte und trotz aller Widerstände ihren eigenen Weg ging.

Annette Seemann

»Ich bin eine befreite Frau«
Peggy Guggenheim
304 Seiten, 20 Abbildungen
TB 26512-1
Originalausgabe

»Ich habe schon immer getan, was ich wollte. Women's lib? Ich war schon eine befreite Frau, bevor es den Namen überhaupt gab.« Die stets gelangweilte Amerikanerin aus reichem Hause, Venedigs letzte Dogeressa, war immer auf der Suche nach dem Funkeln in ihrem Leben. Alle zerrissen sich die Mäuler über sie: Und allen hat sie es gezeigt, die unverbesserliche, kunstwütige, zugleich schüchtern und provokant wirkende Peggy Guggenheim.

Ein unglückliches Kind, aber eine reiche Erbin, ihre legendäre Kunstsammlung machte sie zu einer der bedeutendsten Frauen ihrer Zeit.